丰田精益管理系列

U0734497

丰田精益管理：员工关系管理

（图解版）

郭黎勇　主编

人民邮电出版社

北　京

图书在版编目（CIP）数据

员工关系管理：图解版/郭黎勇主编. —北京：
人民邮电出版社，2015.3
（丰田精益管理系列）
ISBN 978-7-115-38521-5

Ⅰ.①员… Ⅱ.①郭… Ⅲ.①丰田汽车公司—工业企
业管理—人事管理—经验 Ⅳ.①F431.364

中国版本图书馆CIP数据核字（2015）第026102号

内 容 提 要

员工关系管理是企业增强员工凝聚力、向心力、战斗力的重要手段。融洽、和谐的员工关系能让企业形成互相帮助、协调开展工作的良好氛围，进而不断提高员工满意度。

本书采用丰田精益管理的思想，涵盖了员工关系管理工作15个方面的内容，具体包括建立沟通机制、员工激励管理、员工纪律与奖惩、员工关怀管理、企业文化活动、薪酬与福利、员工满意度调查、离职员工管理、职业生涯规划、心理健康辅导、员工冲突管理、劳动合同管理、劳动争议管理、员工类别管理、人力资源信息化管理。本书可以帮助企业建立科学的员工关系管理体系，确保企业顺利、平衡地开展生产工作。

本书适合各类企业的中高层管理者、人力资源管理人员、行政管理人员、企业培训师、咨询师，以及高校相关专业师生阅读和使用。

- ◆ 主　　编　郭黎勇
　　责任编辑　刘　盈
　　执行编辑　贾璐帆
　　责任印制　焦志炜
- ◆ 人民邮电出版社出版发行　　　北京市丰台区成寿寺路11号
　　邮编　100164　　电子邮件　315@ptpress.com.cn
　　网址　http://www.ptpress.com.cn
　　北京天宇星印刷厂印刷
- ◆ 开本：787×1092　1/16
　　印张：17.5　　　　　　　　　　2015年3月第1版
　　字数：170千字　　　　　　　　2025年11月北京第22次印刷

定价：55.00元
读者服务热线：（010）81055656　印装质量热线：（010）81055316
反盗版热线：（010）81055315

伴随国内外市场竞争越来越激烈，许多中小企业的产品利润空间越来越小。原材料价格成倍上涨、劳动力成本快速上升、企业融资困难、产品积压严重，这些因素都严重影响了中小企业的发展，使不少中小企业在经营中举步维艰。但从另一个角度来看，这些因素将会促使企业进行产业升级、科学管理、提升生产力、节约成本、减少浪费、提高效率。那么，如何才能使企业在目前这种竞争激烈的环境中更好地生存、发展与壮大呢？我们认为丰田精益管理就是一种非常有效的解决办法。

丰田精益管理是由丰田汽车集团缔造的一种生产方式（Toyota Production System，TPS），它可以说是世界制造史上的一大奇迹。以丰田生产方式和经营管理方法为标志的日本制造业，对"生产方式""组织能力""管理方法"进行了创新，改变了21世纪全球制造业的存在形式和秩序。就我国企业的实际情况来讲，实现高品质、低成本生产的最大困扰，从根本上说并不是设备、资金、材料、技术、人才等经营资源本身，而是缺少能够使这些经营资源最有效地发挥作用的"生产方式""组织能力""管理方法"。

丰田精益管理实质上是一种独特的企业管理理论和方法，它以识别管理中的浪费并持续地减少浪费为核心思想，通过一系列方法和工具来定义管理中的问题。企业能通过精益管理来测量浪费，分析浪费产生的时间、区域、过程和原因，进而获得系统减少浪费的方法，并能通过使改进措施标准化来实现管理效率的提高。丰田精益管理注重用最少的投入获取最大的效益，即"在需要的时候，按需要的质与量，生产所需的产品"。丰田精益管理最显著的特点是强调客户对时间和价值的要求，以科学合理的制造体系来组织为客户带来增值的生产活动，缩短生产周期，从而显著提高企业适应市场瞬息万变的能力。

然而，有许多中小企业却不敢实施丰田精益管理，担心丰田精益管理要求投入大量的资源而企业承受不起；担心自行推广、实施丰田精益管理有难度以致企业无从下手；担心请外部专家进行辅导成本高，却达不到理想的目的；担心企业自身人员素质达不到丰田精益管理活动推广的要求；担心丰田精益管理推进速度慢，影响企业日常运转等。其实，丰田精益管理对企业在硬件方面的投入要求并不多，最主要的是时间的投入以及坚持正确的方式、方法。

我们的咨询老师在辅导企业推行丰田精益管理活动的过程中，发现有些中小企业虽然也轰轰烈烈地推广过该类活动，然而效果并不理想。究其原因，原来许多企业只是照搬优秀企业的一些样板，而没有真正地理解丰田精益管理活动的意义及推广的步骤、技巧、实施要领等。

基于此，我们对自己在实际辅导企业推行丰田精益管理活动过程中积累的经验进行归纳、总结，组织众多工作在企业一线的实战专家策划、编写了这套"丰田精益管理系列"图书，以帮助中小企业走出困境，更好地适应复杂多变的市场要求。该系列图书包括10本，具体为：

★《丰田精益管理：现场管理与改善（图解版）》

★《丰田精益管理：物料与仓储管理（图解版）》

★《丰田精益管理：采购与供应商管理（图解版）》

★《丰田精益管理：员工关系管理（图解版）》

★《丰田精益管理：成本控制与管理（图解版）》

★《丰田精益管理：TPM推进体系建设（图解版）》

★《丰田精益管理：生产事故防范（图解版）》

★《丰田精益管理：人力资源风险控制与管理（图解版）》

★《丰田精益管理：职业健康安全（图解版）》

★《丰田精益管理：企业文化建设（图解版）》

"丰田精益管理系列"图书的特点是内容深入浅出、文字浅显易懂，作者将深奥的理论用平实的语言讲出来，让初次接触丰田精益管理的企业管理人员也能看得懂、看得明白。同时，本系列图书利用图解的方式，能使读者阅读更轻松、理解更透彻、应用更方便。另外，本系列图书特别突出了企业在管理实践过程中的实际操作要领，读者可以结合自身情况分析和学习，并直接应用于工作中，具有很高的参考价值。

本书由深圳第二高级技工学校郭黎勇老师主编，安建伟、宁小军、陈超、车转、陈宇娇、成晓霞、程思敏、郭鹏丽、蒋昆波、李建伟、李相田、马晓娟、王丹、王雅兰、王振彪、武晓婷、徐亚楠、赵娜、赵仁涛、谭双可、冯永华、李景安、吴少佳、赵静洁、唐晓航、陈海川、马会玲、卢硕果、庞翠玉、闻世渺、唐琼参与了本书的资料收集和编写工作，滕宝红对全书相关内容进行了认真细致的审核。

本书在编写过程中，得到了广东省中小企业发展促进会、深圳市时代华商企业管理咨询有限公司、山西管理职业学院等咨询机构、职业学院及相关企业的支持与配合。在此，作者向他们表示衷心的感谢。

C目录
CONTENTS

导　读　**从细节着手搞好员工关系** 1

一、精益管理的起源 1

二、员工关系管理的目的 2

三、员工关系管理的内容 3

第1章　建立沟通机制

沟通是开展一切工作的前提，没有沟通，人力资源经理就很难有效地开展日常工作，人力资源经理要充分认识到沟通的重要性，发现问题要及时解决。员工的内部沟通主要分为正式沟通与非正式沟通两大类。

第1节　**新员工入职沟通** 7

1.1　招聘面试沟通 7

1.2　岗前培训沟通 9

1.3　试用期间沟通 10

　　　【范本1-1】员工转正申请表 12

第2节　**职位变动沟通** 13

2.1　职位变动类型 14

2.2　岗位调动流程 14

2.3　职位变动沟通要点 14

第3节　**离职面谈管理** 15

3.1　离职面谈的内容 16

3.2　离职面谈的流程 17

　　　【范本1-2】员工离职面谈记录表 19

第2章　员工激励管理

在现代企业中，人才是企业发展最重要的驱动因素。企业能否成功地留住人才，充分发挥人才应有的作用，是企业精益化管理工作的一个重要组成部分。因此，建立和实施激励制度，激发、调动组织成员的工作积极性，使员工的边际努力最大化，将成为企业持续发展和在竞争中获胜的关键。

第1节　激励的制度化..25

   1.1　员工激励理论基础..25

   1.2　激励制度的建立..27

第2节　激励的方式..28

   2.1　为员工设定工作目标..28

   2.2　实行工作轮换制度..29

   2.3　进行工作扩大化安排..29

   2.4　培育良好的学习环境..29

   2.5　评选优秀员工..30

第3节　激励机制的建立..30

   3.1　激励机制的步骤..31

   3.2　建立激励机制的要点..31

第3章　员工纪律与奖惩

一个企业要想生存下去，没有纪律是不行的。严明的员工纪律可以改变员工的精神面貌，提高员工的工作效率。如果员工的行为违反了企业的规章制度，就要遵照规章制度对其进行适当的处分。

第1节　员工考勤管理..37

   1.1　考勤管理的内容..37

      【范本3-1】常见缺勤事项..38

      【范本3-2】员工考勤表..38

   1.2　员工加班管理..41

      【范本3-3】加班申请单..42

   1.3　员工出差管理..42

      【范本3-4】出差申请单..43

第2节	奖励的方式	44
	2.1　月度奖项	44
	2.2　半年奖项（1～6月、7～12月）	45
	2.3　年度奖项	46
第3节	纪律处分	46
	3.1　纪律处分的流程	46
	3.2　纪律处分的方式	48

第4章　员工关怀管理

　　近年来，市场竞争日趋激烈，员工在工作、心理等方面的压力随之加大。如何给企业员工减压，增强员工对企业的归属感已成为企业人力资源管理工作的核心问题。员工关怀计划和福利计划的制订和实施，能让员工拥有阳光心态，营造一个和谐、融洽的团队氛围，提高员工对企业的满意度和归属感。

第1节	员工关怀的类型	53
	1.1　新员工的关怀	54
	1.2　长期出差及外派员工的关怀	54
	1.3　核心人才的关怀	55
	1.4　普通员工的关怀	56
第2节	女员工特殊权益保护	57
	2.1　女员工特殊权益保护的内容	58
	2.2　女员工特殊权益保护专项集体合同	58
第3节	员工关怀的方法	60
	3.1　管理层的关怀	60
	3.2　企业环境的关怀	60
	3.3　建立关怀的企业文化	61

第5章　企业文化活动

　　企业文化作为一种企业管理工具，其主要作用在于把企业价值观渗透到企业经营管理的各个方面、各个层次和全过程，用文化的手段、文化的功能、文化的力量促进企业整体素质、管理水平和经济效益的提高。在企业文化建设中，最有效的手段是通过开展各种文体活动来教育和引导企业员工。

第1节 员工活动实施流程...67

1.1 策划撰写活动方案...67

1.2 活动实施流程...69

第2节 企业文体活动类型...70

2.1 企业员工培训活动...71

2.2 文体活动内容及安排...71

第3节 企业户外拓展训练...73

3.1 拓展训练课程的设计...73

3.2 拓展训练的流程...74

3.3 拓展训练的安全...75

3.4 拓展训练成功的要点...76

3.5 常见室外拓展训练内容方案...77

第6章 薪酬与福利

在企业运营过程中，尽管精神激励仍然需要，但物质激励更为有效和普遍。薪酬体系体现了组织对员工的物质激励，而且可以吸引、留住、激励组织所需的人才。

第1节 薪酬体系设计...83

1.1 薪酬调查...83

1.2 激励性薪酬设计...85

第2节 企业福利管理...88

2.1 制定企业福利政策...88

2.2 员工福利的构成...89

第3节 绩效考核管理...93

3.1 绩效考核管理的内涵...93

【范本6-1】考核者组成表...94

3.2 绩效考核实施步骤...96

【范本6-2】一般、主办职能年中/年终工作绩效考核资料...96

【范本6-3】监督、指导职能绩效考核资料表 ……………………………97

【范本6-4】工作成绩考核表 ……………………………………………98

【范本6-5】工作成绩考核结果一览表 ………………………………99

第7章　员工满意度调查

　　员工满意度指数是衡量员工关系良好与否的晴雨表，而员工满意度调查则是员工关系建设的基础。通过员工满意度调查，企业可以对管理工作进行全面审核，管理层能够有效地诊断企业潜在的问题，了解企业决策和变化对员工的影响，进而减少和纠正生产率低、损耗率高、人员流动率高等紧迫问题，保证企业工作效率，实现企业最佳经济效益，达到企业精益化管理的目标。

第1节　员工满意度调查的内容 …………………………………………105

　1.1　员工满意的要素 ……………………………………………………105

　1.2　员工满意度调查的目的 ……………………………………………106

　1.3　员工满意度的表现 …………………………………………………106

　1.4　满意度调查的维度 …………………………………………………107

第2节　员工满意度调查的方法 …………………………………………108

　2.1　满意度调查方法的特点与比较 ……………………………………108

　2.2　问卷调查法 …………………………………………………………109

　　【范本7-1】明尼苏达满意度问卷（MSQ）短式量表 ………………110

　2.3　访谈调查法 …………………………………………………………111

　　【范本7-2】员工座谈会访谈表 ………………………………………114

　　【范本7-3】员工满意度调查问卷 ……………………………………114

第3节　员工满意度调查的流程 …………………………………………118

　3.1　取得管理层支持 ……………………………………………………119

　3.2　计划实施时间等细节 ………………………………………………119

　3.3　制定调查方案 ………………………………………………………120

　　【范本7-4】年度员工满意度调查方案 ………………………………120

　3.4　与员工沟通 …………………………………………………………121

　3.5　收集调查资料 ………………………………………………………121

　3.6　分析并作出报告 ……………………………………………………121

　　【范本7-5】年度员工满意度报告 ……………………………………122

　3.8　分享调查结果 ………………………………………………………124

3.8　与员工沟通调查结果..125

3.9　制订改进计划..125

3.10　对改进行动进行跟踪...125

第8章　离职员工管理

对许多企业，尤其是高成长性、中小型高科技企业来说，离职员工管理已成为人力资源工作的热点和难点。对离职员工不适当的处理方式往往会给企业造成不良的影响。对于紧缺型岗位，替换一名员工的成本相当于该岗位全年工资支出的1.5倍。所以，做好离职员工管理工作是企业实施精益化管理过程中一个非常重要的内容。

第1节　离职流程管理..129

1.1　离职管理的要点..129

1.2　辞职管理的要点..131

　　【范本8-1】员工辞职申请表..132

　　【范本8-2】员工离职应办事项表...................................133

　　【范本8-3】工作内容交接表..135

第2节　离职面谈管理..136

2.1　离职面谈前的准备...136

2.2　离职面谈的内容..136

　　【范本8-4】员工离职面谈表..137

第3节　员工辞退管理..138

3.1　辞退原因..138

　　【范本8-5】辞退情况一览表..138

3.2　辞退员工流程...139

3.3　辞退面谈..140

3.4　辞退员工反应处理策略..140

第9章　职业生涯规划

职业生涯规划是指一个人对职业生涯乃至人生进行持续的、系统的计划的过程，它包括职业定位、目标设定、通道设计三部分内容。企业为员工做职业生涯规划时，要在员工个人发展与组织发展相结合的基础上，对员工职业生涯的主客观因素进行分析、总结和测定，以确定其事业奋斗目标，并为其实现这一目标，编制相应的工作、教育和培训等行动计划。

第1节　职业生涯规划管理..145

　　1.1　职业生涯规划管理的目的 145

　　1.2　职业生涯规划的要点 146

　　　　【范本】个人成长阶段特点分析表 147

　　1.3　职业生涯规划的方法 147

　　1.4　职业生涯规划的流程 148

第2节　职业定位管理..150

　　2.1　职业定位的内涵 150

　　2.2　职业定位的类型 151

　　2.3　职业定位的方法 152

第3节　目标设定要点..154

　　3.1　职业生涯目标设定的步骤 154

　　3.2　职业生涯各阶段目标规划的特点 154

　　3.3　职业生涯目标设定的方法 155

第4节　职业通道设计管理..157

　　4.1　职业通道模式 157

　　4.2　员工职业发展通道的建立步骤 157

　　4.3　职业发展通道设计的注意事项 158

第10章　心理健康辅导

　　长期以来，企业在安全管理过程中对"物的安全"的关注超过了对"人的安全"的关注，忽视了对员工心理安全的关注，使得部分员工的不健康心理长期存在，给企业的安全生产埋下了隐患。因此，解决员工的心理安全问题，提升员工的安全感直接关系到企业的稳定和健康发展，具有深刻的社会意义和重大的现实意义。

第1节　员工心理健康分析..163

　　1.1　员工心理健康管理的内容 163

　　1.2　员工心理压力管理..164

第2节　员工心理健康援助计划 167

　2.1　员工心理援助管理 167

　2.2　员工心理援助计划（EAP）的实施流程 169

第3节　员工心理危机管理 170

　3.1　心理危机的产生 171

　3.2　治疗性干预 172

　3.3　自杀危机干预 173

第11章　员工冲突管理

　　人际冲突在组织中是不会消失的，只要人是组织的参与者，那么冲突也会"参与"到组织中来。企业员工冲突管理是企业实施精益化管理的重点之一。企业管理人员必须学会正确看待和处理不同意见，理解不同的观点，充分利用双向沟通或争论来有效控制和化解冲突。

第1节　冲突管理的内容 179

　1.1　冲突的产生 179

　1.2　冲突的分类 181

　1.3　冲突与绩效的关系 182

第2节　冲突处理的程序 183

　2.1　冲突处理的步骤 183

　2.2　冲突的控制方法 185

　2.3　纪律处分的方法 186

第3节　高效沟通管理 189

　3.1　高效沟通的流程 189

　3.2　不同类型对象的沟通技巧 191

第12章　劳动合同管理

　　劳动合同是企业人力资源管理的重要工具和手段。劳动合同管理的内容主要包括劳动合同的订立、履行、变更、解除、终止和续订。

第1节	**劳动合同管理流程**	197
	1.1　劳动合同的签订	197
	1.2　劳动合同的续签	198
	1.3　劳动合同的变更	199
	1.4　劳动合同的终止	199
	1.5　无固定期限劳动合同管理	202
第2节	**劳动合同的具体内容**	204
	2.1　法定必备条款	204
	2.2　商定条款（约定条款、补充条款）	206
	【范本】××实业有限公司劳动合同	207
第3节	**合同风险防范管理**	208
	3.1　合同签订前的风险防范	208
	3.2　试用期的管理及风险防范	210
	3.3　劳动合同订立的管理及风险防范	212

第13章　劳动争议管理

　　劳动争议又称劳动纠纷，是指劳动关系当事人即用人单位与劳动者之间因劳动的权利和义务产生分歧而引起的争议。我国现行的劳动争议解决机制具体表现为"一调一裁两审"制，包括劳动争议协商、劳动争议调解、劳动争议仲裁及劳动争议诉讼共四种形式。其中，劳动争议调解是解决劳动争议最稳妥的方式之一。

第1节	**劳动争议内部调解**	217
	1.1　劳动争议的内容	217
	1.2　劳动争议调解委员会调解流程	218
第2节	**仲裁诉讼程序管理**	220
	2.1　劳动争议仲裁注意要点	221
	2.2　劳动争议仲裁的流程	222
	2.3　劳动争议诉讼的程序	223
	2.4　劳动争议案件的管理	224
	【范本】劳动争议仲裁申请书	225

第3节　劳动争议举证管理 226

　3.1　劳动争议举证的内容 226

　3.2　劳动争议案件的证据管理 227

　3.3　举证的风险防范 228

第14章　员工类别管理

　　企业与企业的重要区别在于人力资源，人力资源与人力资源的重要区别就在于对员工的管理方式。企业要做好员工关系管理、培养出优秀的人才，就需要对员工进行科学的分类和管理。一般来说，企业可以按照高层、中层和基层，男性和女性，核心和非核心，技术类和非技术类等常规标准对员工进行分类管理。企业对员工进行分类管理的目的是提升员工和管理者的素质，提高企业的管理水平，保证企业的可持续发展。

第1节　新入职员工管理 233

　1.1　新入职员工的特点 233

　1.2　新入职员工的培训内容 234

　1.3　新入职员工管理的注意事项 235

第2节　在职员工管理 235

　2.1　在职员工的特点 236

　2.2　在职员工的教育培训 236

　2.3　在职员工管理的注意事项 237

第3节　女员工管理 239

　3.1　女员工的特点 239

　3.2　女员工的培训内容 240

　3.3　女员工管理的注意事项 240

第4节　基层管理人员管理 242

　4.1　基层管理人员的特点 242

　4.2　基层管理人员的培训内容 243

　4.3　基层管理者管理的注意事项 244

第5节　实习生管理 245

　5.1　实习生的特点 245

5.2　实习生的学习内容 245

5.3　实习生管理的注意事项 246

第15章　人力资源信息化管理

员工信息管理对企业来说很重要。员工信息管理是指利用软件或是企业自有的表格，把员工的个人信息全部记录下来，以备急用。企业一般使用ERP管理员工信息。ERP是英文Enterprise Resource Planning的缩写，意思是企业资源规划。ERP把企业的物流、人流、资金流、信息流统一起来进行管理，以求最大限度地利用企业现有资源，实现企业经济效益的最大化。

第1节　人力资源信息化管理系统的特点 251

1.1　人力资源信息化管理系统的作用 251

1.2　人力资源信息化管理系统的功能模块 252

第2节　人力资源信息化管理系统的建设 254

2.1　人力资源信息化建设的模式 254

2.2　人力资源信息化管理系统的建设流程 255

第3节　人力资源信息化管理软件的选择 256

3.1　选择软件供应商的要点 256

3.2　人力资源信息化管理软件的选择步骤 257

　　【范本】软件供应商选择评分表 258

3.3　常用ERP软件的特点 259

3.4　开源ERP系统比较 261

参考文献 263

导读 从细节着手搞好员工关系

一、精益管理的起源

随着企业间竞争的加剧和整体经济增长逐步放缓，企业面临的经营环境也日益严峻。比如，企业内部生产成本的提高（包括劳动力成本、原材料成本、物流成本等）、企业外部环境的变化以及人民币汇率的上升等都给我国的企业带来了新的挑战。在这个新的背景下，企业必须进一步细化运营战略，进行精益化管理。

随着人类生产技术的进步以及市场竞争环境的改变，商品生产经历了手工作坊小批量生产、机器化大规模生产和精益化生产的发展过程，具体如图1所示。

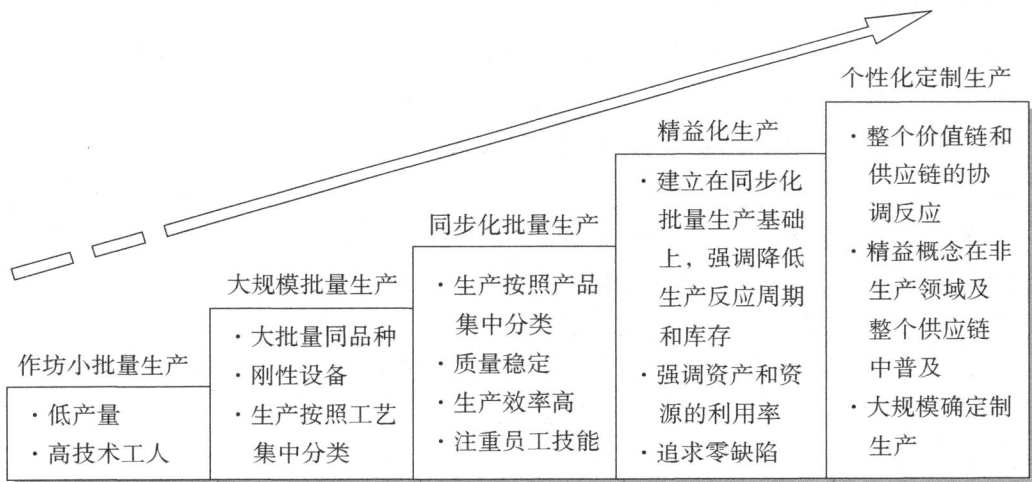

图1 精益生产进化路线图

从20世纪初福特汽车公司实现了通用零件的互换，使生产率大幅度提高开始，到随后大规模生产模式的逐步建立和完善，实行大批量生产模式的企业获得了巨额利润。在20世纪70年代日本汽车大规模进入美国市场后，美国汽车工业面临重大压力，美国工业界、学术界开始重视与思考这一重大的市场变化。美国麻省理工学院在做了大量的调查和对比后，认为高质量、低消耗的生产方式是最适合于现代制造企业的一种生产组织管理方式，并将其称为精益生产。精益生产方式的形成过程可以划分为四个阶段，具体如图2所示。

①大规模批量生产阶段	②精益生产方式的形成与完善阶段	③精益生产方式的系统化阶段	④精益生产方式的新发展阶段

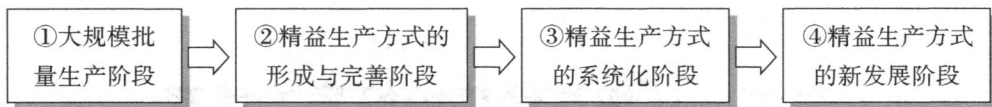

图2　精益生产的形成阶段

阶段说明：

①20世纪初，福特汽车公司创立了第一条汽车生产流水线，这标志着大规模批量生产阶段的开始。

②第二次世界大战后，日本丰田公司开始以多品种、小批量的方式生产汽车。随着日本汽车制造商大规模海外设厂，丰田高质量、低消耗的生产方式传播到了美国。

③1985年美国麻省理工学院数位国际汽车计划组织（IMVP）的专家，经过近10年的研究，提出并完善了精益生产的理论体系。

④20世纪末很多大企业将精益生产方式与本企业实际相结合，构建了适合本企业需要的精益管理体系。

那么，精益管理与传统管理的侧重点有哪些不同呢？

精益管理相对传统管理模式，就是要将具体的量化标准渗透到企业管理的各个环节。精简冗余的消耗，没有冗余的机构设置，冗余的产业流程，对企业人力、物力、财力资源进行最大化的利用，以最小的成本投入实现最大化的企业效益，为客户提供高附加值的产品或服务。精益管理的"精"除了减少不必要的物质资源消耗外，还要精简不必要的生产环节、销售环节、服务环节、管理环节等，以及减少人力资源、财力资源、物力资源、社会资源、时间资源等方面的消耗，具体如图3所示。

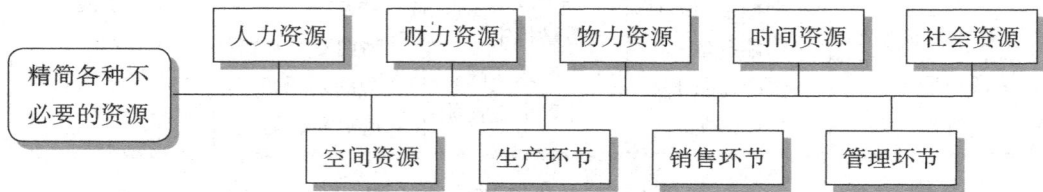

图3　精益管理的内涵

二、员工关系管理的目的

随着人类社会从工业化时代进入信息时代，企业的管理也从以物为中心的管理体系演变成以人为中心的现代管理体系。而员工关系的精益化管理主要是指管理好企业与员工之间、员工与企业之间的关系。企业通过与员工深入交流沟通，使企业理解并影响员工行为，最终实现提升员工忠诚度、满意率、人才稳定率等目的。

员工关系管理客观地说就是满足员工和企业双方的需求，提高企业生产力，提升员工工作质量，并使双方彼此取得经济效益为目的的一种管理过程。员工关系管理是企业增强员工凝聚力、向心力、战斗力的重要手段。融洽、和谐的员工关系能让企业形成互相帮助、协调开展工作的良好氛围，进而不断提高员工满意度。加强员工参与企业管理的意识，提高横向和纵向的沟通效率，促进团队整体工作效率与合作意识的提高，企业就能实现在市场中保持良好竞争优势的最终目的。总得来说，良好的企业员工关系具有以下三个方面的作用，如图4所示。

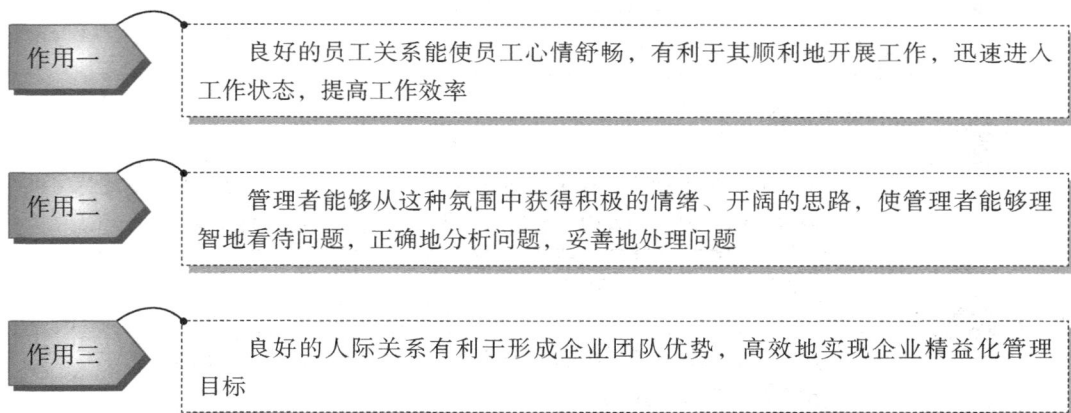

作用一	良好的员工关系能使员工心情舒畅，有利于其顺利地开展工作，迅速进入工作状态，提高工作效率
作用二	管理者能够从这种氛围中获得积极的情绪、开阔的思路，使管理者能够理智地看待问题，正确地分析问题，妥善地处理问题
作用三	良好的人际关系有利于形成企业团队优势，高效地实现企业精益化管理目标

图4　企业员工关系良好的作用

如果企业管理者不注重、不讲究员工关系精益化管理，一味地横冲直撞，那么以上三个方面的优势将因缺失而转化为劣势，这将对管理工作带来很大阻力。所以，建立和谐、友好的员工关系是管理者实现企业精益化管理目标的重要条件。

三、员工关系管理的内容

员工关系管理作为人力资源管理的一个子项目，将在企业里发挥其独特的管理效用。员工关系管理的内容至少应包括以下六个方面的内容，如图5所示。

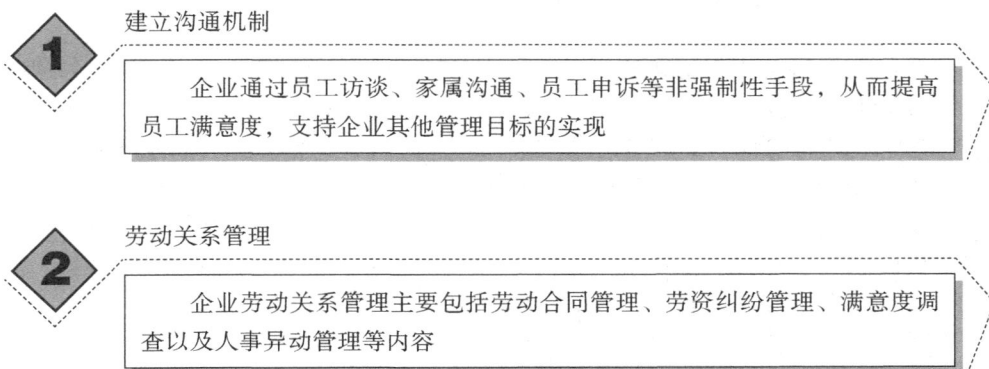

1 建立沟通机制

企业通过员工访谈、家属沟通、员工申诉等非强制性手段，从而提高员工满意度，支持企业其他管理目标的实现

2 劳动关系管理

企业劳动关系管理主要包括劳动合同管理、劳资纠纷管理、满意度调查以及人事异动管理等内容

3 企业文化活动

企业通过开展各种文化活动，来提高企业员工的文化素质和劳动技能，并增加企业的凝聚力

4 员工关怀管理

企业通过重大事件时的慰问、节假日时的祝福等方式，对员工进行人性化管理和关怀，以此增进员工对企业的认同感、归属感及忠诚度

5 心理健康辅导

在条件允许的前提下，企业设置专人不定期地对员工进行心理辅导或开设心理类培训课程，缓解因职场压力与家庭矛盾带来的心理隐患

6 职业生涯规划

企业以现有岗位体系为基础，结合组织发展的趋势，将员工的个人职业发展和企业的发展愿景相统一

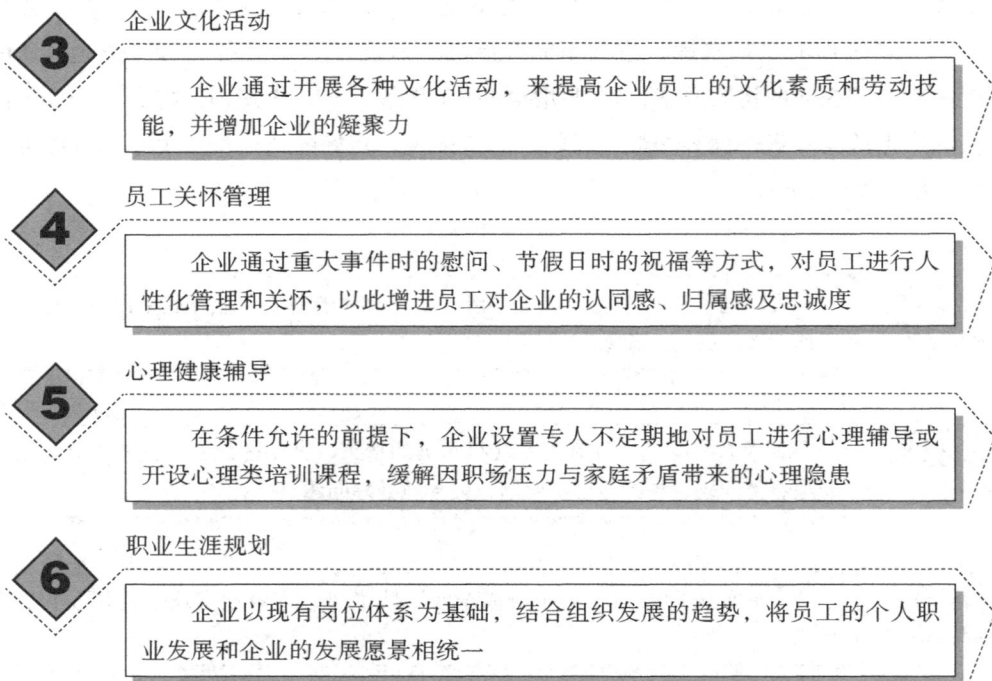

图5　员工关系管理的内容

企业内不同部门的管理者，由于管理层次的高低、工作性质的差异，能力标准也有所不同。对于企业内各个层次的管理者来说，都应具备三项基本能力：业务能力、管理能力、人际关系管理能力。然而，不同层次的领导因工作任务不同，管理范围不同，被领导对象不同，对三种能力要求的水平也略有不同，各有侧重，但不论哪个层次的管理者都必须具有较高的人际关系能力。具体来说，企业各部门领导在人际关系管理中的角色分工管理职责如图6所示。

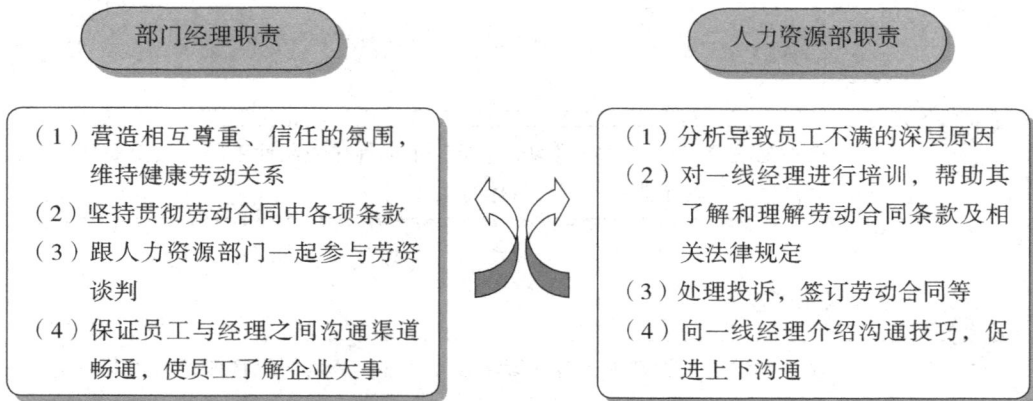

部门经理职责

人力资源部职责

（1）营造相互尊重、信任的氛围，维持健康劳动关系
（2）坚持贯彻劳动合同中各项条款
（3）跟人力资源部门一起参与劳资谈判
（4）保证员工与经理之间沟通渠道畅通，使员工了解企业大事

（1）分析导致员工不满的深层原因
（2）对一线经理进行培训，帮助其了解和理解劳动合同条款及相关法律规定
（3）处理投诉，签订劳动合同等
（4）向一线经理介绍沟通技巧，促进上下沟通

图6　部门领导的管理职责

第 **1** 章

建立沟通机制

.... **关键指引** ....

沟通是开展一切工作的前提，没有沟通，人力资源经理就很难有效地开展日常工作，人力资源经理要充分认识到沟通的重要性，发现问题要及时解决。员工的内部沟通主要分为正式沟通与非正式沟通两大类。

第1节　新员工入职沟通

通常，新员工进入企业都会接受一次入职培训。新员工通过培训，可以减少对企业的陌生感和由此产生的压力。

1.1　招聘面试沟通

1. 招聘面试沟通内容

为达到"以企业理念凝聚人，以事业机会吸引人，以专业化和职业化要求选拔人"的目的，人力资源部在招聘、选拔、面试人员时须对企业文化、工作职责等进行客观描述。招聘面试沟通主要有以下两种情况。

（1）人力资源部招聘专员负责完成对企业拟引进的一般职位人员的入职前沟通。

（2）人力资源部负责人、其他各部门负责人与分管副总完成对中高级管理人员的入职前沟通。

2. 招聘沟通的STAR法则

STAR法则是一种用来收集面试者与工作相关的具体信息和能力的工具。企业招聘人员在招聘面谈过程中要学会熟练使用STAR法则。这里的"S（Situation）"表示情景、"T

（Task）"表示任务、"A（Action）"表示行动、"R（Result）"表示结果，具体含义如图1-1所示。

1	Situation（情景）	事情是在什么情况下发生
2	Task（任务）	你是如何明确你的任务的
3	Action（行动）	针对这样的情况，你采用了怎样的行动方式
4	Result（结果）	在这样的情况下，你的行动取得了怎样的结果

图1-1　STAR法则

在面试沟通中运用STAR法则能全面地了解应聘者的知识、经验、技能掌握程度、工作风格等情况。企业招聘人员可以按以下步骤和应聘者进行高效沟通。

（1）情景（Situation）

企业招聘人员通过不断提问与工作业绩有关的问题，可以全面了解应聘者取得优秀业绩的前提，从而获知所取得的业绩有多少是与应聘者个人有关，多少是与市场的状况、行业的特点有关。

（2）任务（Task）

详细地了解应聘者为了完成业务工作，都有哪些工作任务，每项任务的具体内容是什么，从而了解应聘者的工作经历和经验，以确定他所从事的工作与获得的经验是否适合现在所空缺的职位。

（3）行动（Action）

继续了解应聘者为了完成这些任务所采取的行动，即了解他是如何完成任务的，都采取了哪些行动，从而进一步了解他的工作方式、思维方式和行为方式。

（4）结果（Result）

了解应聘者为完成任务而采取了行动之后的结果是什么，是好还是不好，好是因为什么，不好又是因为什么。

这样，通过STAR式发问的四个步骤，全面了解应聘者的信息，更好地为企业决策提供正确和全面的参考，这既是对企业负责（招聘到合适的人才），也是对应聘者负责（帮助其尽可能地展现自我，推销自我）。

要点提示

招聘结束后，进入企业的新员工由人力资源部招聘专员负责将其介绍给各部门入职指引人，介绍企业相关的沟通渠道，后勤保障设施等，帮助新员工尽快适应新的工作环境。

1.2 岗前培训沟通

人力资源部对新员工上岗前必须掌握的基本内容进行沟通培训，以掌握公司的基本情况，提高对企业文化的理解和认同，全面了解企业管理制度，知晓员工行为规范，知晓自己工作岗位的岗位职责和工作考核标准，掌握基本工作方法，从而比较顺利地开展工作，尽快融入企业，渡过"磨合适应期"。

1．岗前培训的目标

企业通过对新员工的岗位技能、心理素质、责任意识、职业素养、服务意识、道德意识等培训，使新员工达到以下培训目标。

（1）准确地掌握岗位的基本常识和技巧。

（2）具备日常服务问题的解决能力和应变能力。

（3）学会并准确地表达想法和意见。

（4）明确结果，明确执行方向；具备职业理念，提高时间效率。

（5）以个人能力和行为赢得同事的信任，提高工作效率，保证服务质量。

2．岗前培训流程

为了加强对新入职员工的管理，使其尽快熟悉企业的各项规章制度、工作流程和工作职责，熟练掌握和使用工作设备和办公设施，达到各岗位工作标准，满足企业对人才的要求，企业可以根据实际情况按以下流程展开新员工岗前培训，如图1-2所示。

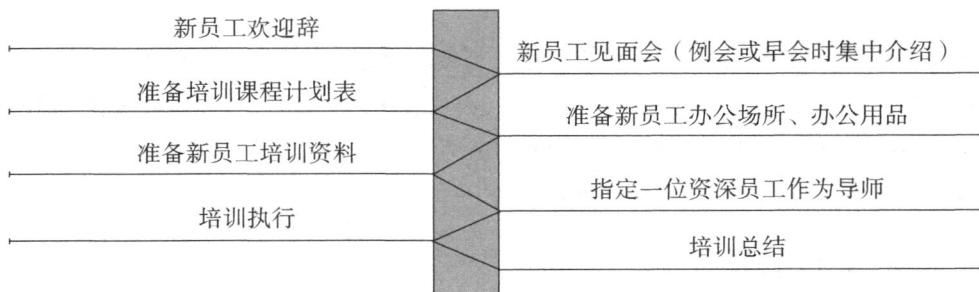

新员工欢迎辞

新员工见面会（例会或早会时集中介绍）

准备培训课程计划表

准备新员工办公场所、办公用品

准备新员工培训资料

指定一位资深员工作为导师

培训执行

培训总结

图1-2 岗前培训流程

3．岗前培训的内容

根据企业的培训对象及培训目标的不同，一般可以确定三个方面的培训内容：企业全员培训、岗位技能培训、管理能力培训，具体如图1-3所示。

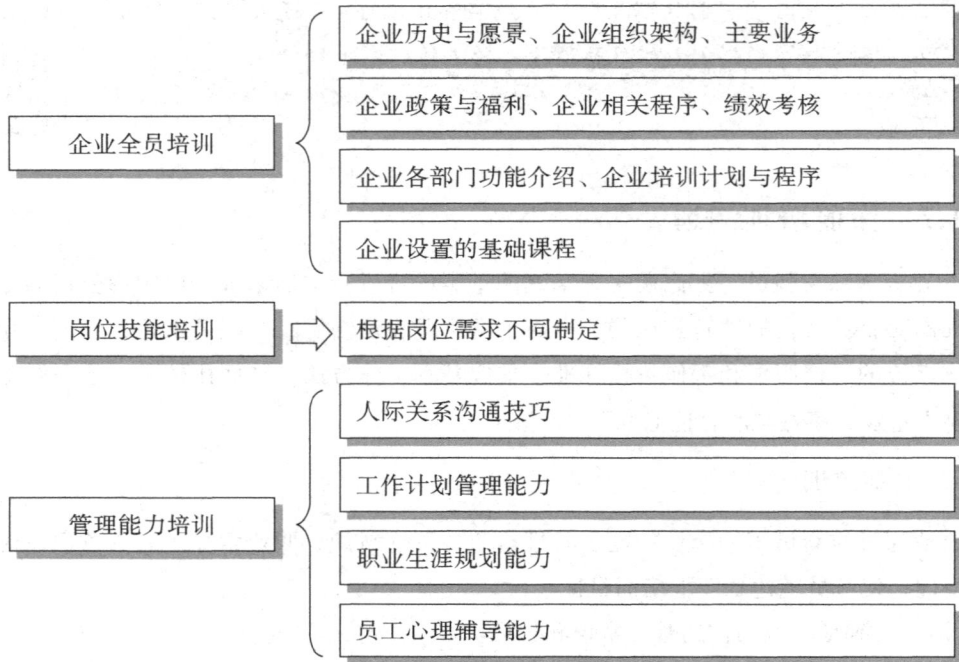

图1-3　岗前培训的内容

1.3　试用期间沟通

为了帮助新员工更加快速地融入企业，顺利渡过"磨合适应期"，企业应尽量给新员工营造一个合适、愉快的工作环境。在新员工试用期间，一般由人力资源部、新员工所属直接和间接上级与新员工进行沟通。

1．试用期沟通频次

（1）人力资源部

新员工试用第一个月至少面谈两次（第一周结束时和第一个月结束时）。

新员工试用第二、第三个月（入职后第二、第三个月），每月至少面谈或电话沟通一次。

（2）新员工的入职指引人和所属直接上级

可以参照人力资源部的沟通频次要求进行。

2．转正沟通的内容

人力资源部与新员工在进行转正沟通时，要将"知识、技能、态度、需提高"四个方面作为考核和谈话的内容，提问主要包括以下几点。

（1）试用期间对工作是否适应？

（2）试用期间对企业经营理念的认识？（本岗位的职责？）

（3）试用期间自己的主要工作成绩？

（4）工作任务是否都完成？

（5）在试用期间学到了什么？感触如何？

（6）和同事关系如何？（对同事的工作是否满意？有什么地方的工作同事没有配合好？除了本职工作之外还帮助哪位同事做过工作？喜欢独立工作还是协作？）

（7）你对企业的相关制度有什么建议？（对各项制度遵守情况如何？出勤怎样？）

（8）自我感觉不足的地方是什么？（哪些方面还须提高？）

（9）以后准备怎么把工作做好？

（10）对企业（岗位）的憧憬？

3．转正面谈的流程

转正面谈的流程如图1-4所示。

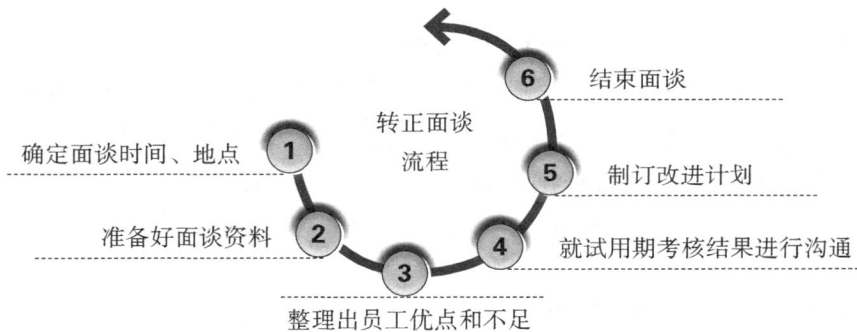

图1-4　转正面谈的流程

（1）确定面谈时间、地点

选择双方都有空闲的时间，尽量不要安排在刚上班或下班，要提前通知员工。普通员工面谈时间以20～40分钟为宜。选择好面谈地点，尽量选择不受干扰的场所，避免面谈中途被打断，场所最好是小型会议室或接待室。

（2）准备好面谈资料

准备好员工的"试用员工申请转正审批表"、日常表现记录，根据下属"试用员工申请转正审批表"上的自评和评分，自己对员工试用期工作态度、工作能力、工作业绩做出的评分作比较，找出评分差别比较大的评估指标，以便面谈时有针对性。

（3）整理出员工的优点和不足

拟定好面谈程序，计划好如何开始、如何结束，面谈过程中先谈什么、后谈什么，以及各阶段的时间分配，员工的优点是什么，如何发扬运用，员工的缺点是什么，如何避免或改正，等等，形成一个面谈的大致思路。

（4）就试用期考核结果进行沟通

与员工对试用期考核结果进行沟通，应首先向员工明确评价标准（即工作态度、工作能力、工作业绩），然后逐项说明考核结果及总的评价等级。沟通过程中要允许员工提出质疑，给员工提出自己看法的时间和机会，要耐心地解释考核评价结果。

（5）制订改进计划

上级帮助员工找出有待改进的地方，以建议的口吻与员工探讨改进方案，提供建设性意见，制订改进计划及相应措施，确定新的工作目标和工作标准，并就定期检查改进行动达成共识。

（6）结束面谈

再次肯定员工的成绩，让员工知道自己的表现和贡献得到了认可；指出员工为实现新的工作目标和工作标准需注意的地方，坚定员工的信心，鼓励其积极改进；询问员工是否有其他需向上级反馈的事项；感谢员工参与。

4．转正沟通后提出意见

根据新员工试用期的表现，结合《绩效管理制度》进行转正考核，人力资源专员在"转正申请表"上作出客观评价。根据新员工试用期的表现，作出是否转正的建议意见。

（1）同意转正的，应指出工作中存在的不足、今后的改进建议和希望。

（2）不同意转正、延长试用期或辞退的，应中肯的分析原因和提出改进建议。

下面提供一份员工转正申请表范本，供读者参考。

【范本1-1】员工转正申请表

··

员工转正申请表

填表日期：_____年_____月_____日

工卡编号			姓　　名		所在部门	
入职时间			试用时间		现岗位、职务	
试用期待遇			拟定转正岗位		拟定转正工资	
考试成绩	入职培训合格确认：				本人自评：	
	岗位培训合格确认：					
工作质量		优　　良　　中　　差				
	员工自评：　☐　　☐　　☐　　☐					
	直接上级评分：☐　　☐　　☐　　☐					

（续表）

		优	良	中	差	
工作效率	员工自评：	☐	☐	☐	☐	
	直接上级评分：	☐	☐	☐	☐	
工作能力		优	良	中	差	
	员工自评：	☐	☐	☐	☐	
	直接上级评分：	☐	☐	☐	☐	
工作态度		优	良	中	差	
	员工自评：	☐	☐	☐	☐	
	直接上级评分：	☐	☐	☐	☐	
服务意识		优	良	中	差	签字： _____年____月____日
	员工自评：	☐	☐	☐	☐	
	直接上级评分：	☐	☐	☐	☐	
综合评价	直接上级评分： ☐ ☐ ☐ ☐					_____年____月____日
用工部门意见	（明确"转正"或"辞退"） _____年____月____日					
人力资源部意见	_____年____月____日					
主管领导意见	_____年____月____日					
总经理室领导审批	_____年____月____日					

第2节　职位变动沟通

职位变动不仅和员工的工作认知、个人成长及薪酬有着非常密切的联系，甚至还会影响到员工的一些重要家庭决策，如住房、配偶工作等。如果处理不当，对员工和企业的影响是十分不利的。所以，企业在对员工进行职位变动时，往往要慎重处理，更要尊重员工，做好与员工的沟通工作。

2.1　职位变动类型

员工职位变动大致可分为三种：纵向晋升、横向轮岗和纵向/横向降职。如果员工已经不适合所属部门的工作，那么降职可能是跨部门的。不同的变动情况要注意采用不同的沟通管理方式，具体如图1-5所示。

纵向晋升	→ 注意培养员工的管理能力
横向轮岗	→ 职业发展与经济补偿相结合
纵向/横向降职	→ 有效沟通与相互理解和交流

图1-5　岗位变动类型

2.2　岗位调动流程

企业岗位调动流程如下。

（1）调入部门负责人书面提出调用或借调申请，由企业分管用人部门的高层领导和人力资源部门批准。

（2）企业分管用人部门的高层领导或人力资源部门也可以直接提出调用或借调建议。

（3）人力资源部门通知调动员工所属部门的负责人，征求其意见。

（4）部门负责人书面同意后，将意见报给本部门分管高层，经同意后将意见反馈给人力资源部门。

（5）部门负责人和人力资源部门与调动员工本人交流，征求意见。

（6）员工本人同意后，相关部门和人力资源部门为其办理相应离职和新入职手续。

（7）人力资源部门核定员工在新岗位上的工资和福利。

2.3　职位变动沟通要点

为了使员工明确工作变动的原因和目的，以及新岗位的工作内容、责任，更顺利地融入到新岗位中去，同时以期达到员工到新岗位后更加愉快、敬业的工作目的，企业要注意以下几个沟通要点。

1. 依据充分，以理服人

在现代企业管理中，员工的职位调整决策通常是企业根据业务发展需要或员工的业绩表现作出的，也就是说，企业对员工进行职位调整必须有客观依据和充分理由。如果企业在没有任何说明或解释的情况下，以一纸调令通知员工调职，不仅员工本人感到无法接受，其他员工也很难信服。

2. 程序公平，取信于人

程序公平与员工的工作满意度、组织信任和组织承诺有非常密切的联系。当员工感到不公平时，对组织的信任度和满意度会下降，很容易诱发离职行为。企业在职位调整的决策过程中，不能违反程序公平和信息公开原则：一是企业在下达员工职位调整的决定之前，要听取相关人员特别是当事人的意见；二是决策过程中信息要透明、通畅；三是对于企业的决定，员工要有申诉的机会。否则，员工对公司的不满和不信任是必然的结果。

3. 双向沟通，以诚动人

有效地沟通是企业与员工之间增进理解和信任的桥梁，既能够增强企业的凝聚力，又可消除员工对企业的不满。如果采用单向的沟通方式，让员工无法了解企业作出此项决定的理由，员工也没有机会向企业表达自己的想法和意见，对于那些在企业工作很长时间，并对企业非常忠诚的员工来说，必然会产生强烈的失望、沮丧感，甚至产生被背叛等负面情绪，出现心理失衡，进而对企业丧失信任度和忠诚度。

4. 人性关怀，以情感人

在企业中，除了物质回报，员工还渴望得到认可、尊重和关怀。企业的人性化关怀往往是留住员工的重要手段。比如，企业对长期服务的员工都会发给纪念品以资奖励。然而，用特快专递寄来调令和工作十年的纪念章，就只能说明企业的人性化管理仍然只停留在形式上。

第3节 离职面谈管理

对于离职者，企业应该本着"善待离职者"的原则，对于主动离职员工，通过离职面谈了解员工离职的真实原因，以便企业改进管理；对于被动离职员工，通过离职面谈为其提供职业发展建议，不让其带着怨恨离开，诚恳地希望离职员工留下联系方式，以便跟踪管理。

3.1 离职面谈的内容

1．离职的类型

员工离职的主要类别如图1-6所示。

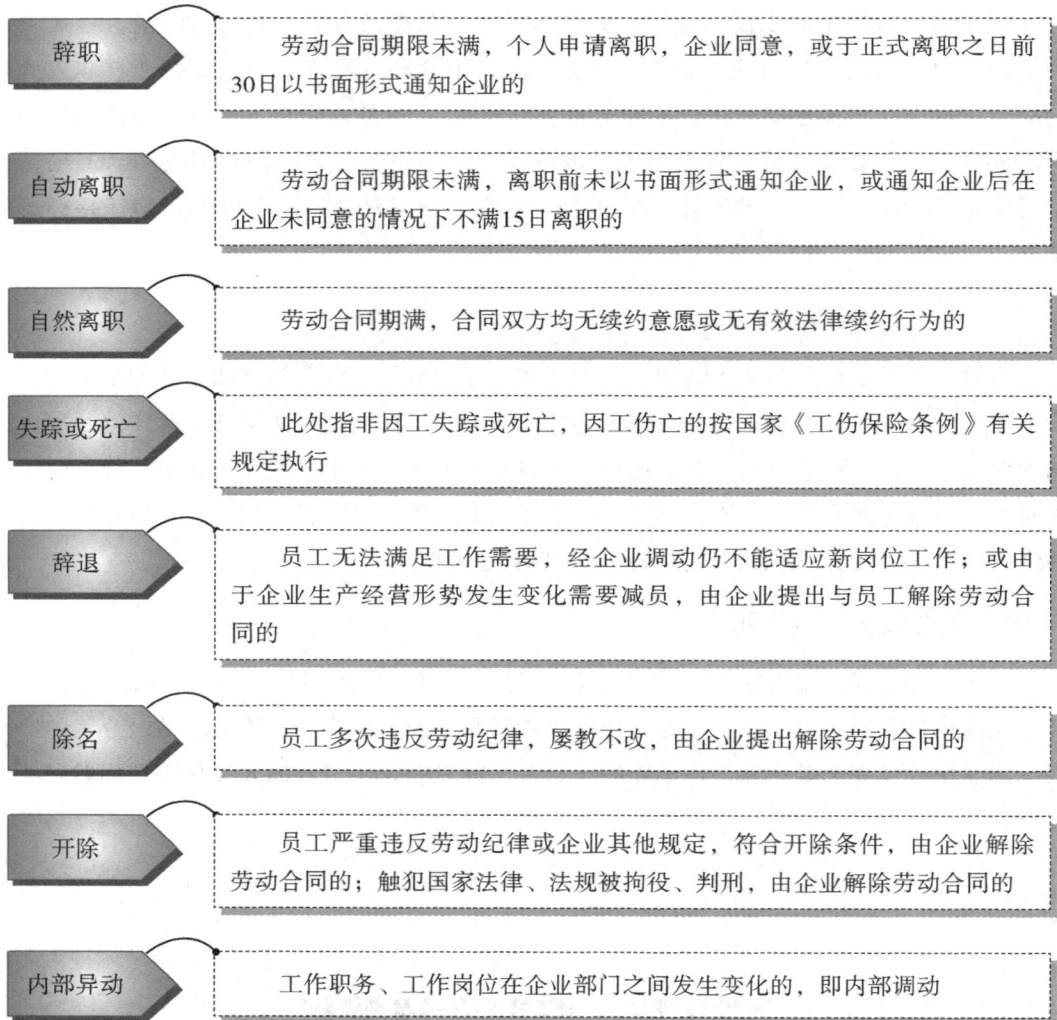

辞职	劳动合同期限未满，个人申请离职，企业同意，或于正式离职之日前30日以书面形式通知企业的
自动离职	劳动合同期限未满，离职前未以书面形式通知企业，或通知企业后在企业未同意的情况下不满15日离职的
自然离职	劳动合同期满，合同双方均无续约意愿或无有效法律续约行为的
失踪或死亡	此处指非因工失踪或死亡，因工伤亡的按国家《工伤保险条例》有关规定执行
辞退	员工无法满足工作需要，经企业调动仍不能适应新岗位工作；或由于企业生产经营形势发生变化需要减员，由企业提出与员工解除劳动合同的
除名	员工多次违反劳动纪律，屡教不改，由企业提出解除劳动合同的
开除	员工严重违反劳动纪律或企业其他规定，符合开除条件，由企业解除劳动合同的；触犯国家法律、法规被拘役、判刑，由企业解除劳动合同的
内部异动	工作职务、工作岗位在企业部门之间发生变化的，即内部调动

图1-6　员工离职主要类别

2．离职沟通时机

离职沟通的时机如下。

第一次：得到员工离职信息时，或作出辞退员工决定时。

第二次：员工已办理离职手续，准备离开企业的最后一天。

3．离职面谈责任人

（1）第一次离职面谈的责任人

对于主动提出辞职的员工，其直接上级或其他人得到信息后应立即向其部门负责人和人力资源部员工关系专员反映，拟辞职员工部门负责人应立即进行离职面谈，了解离职原因，对欲挽留员工要进行挽留面谈，对把握不准是否挽留的应先及时反馈人力资源部以便共同研究或汇报，再采取相应措施。对于主管级以上的管理人员主动辞职的，得到信息的人应先将信息第一时间反馈人力资源部负责人，以便决策。对于企业辞退的员工，由人力资源部组织进行第一次离职面谈。

（2）第二次离职面谈的责任人

对于最终决定离职的员工，由人力资源部进行第二次离职面谈。主管级以下员工由人力主管进行离职面谈；主管级以上员工（含主管级）由人力资源部经理及以上负责人进行离职面谈。第二次面谈可以采取离职员工填写"离职员工面谈表"的形式来完成。第二次面谈应巧妙地让离职员工自愿留下联系方式，以便跟踪管理。

> **要点提示**
>
> 每月应定期进行1次离职原因分析，由员工关系专员负责完成，报人力资源部经理和分管领导，以便改进人力资源管理工作。

3.2 离职面谈的流程

员工要离开公司的时候往往最容易说真话，通过离职面谈很有可能发现企业存在的一些问题，所以这个环节是必不可少的。其中，辞退面谈的步骤如图1-7所示。

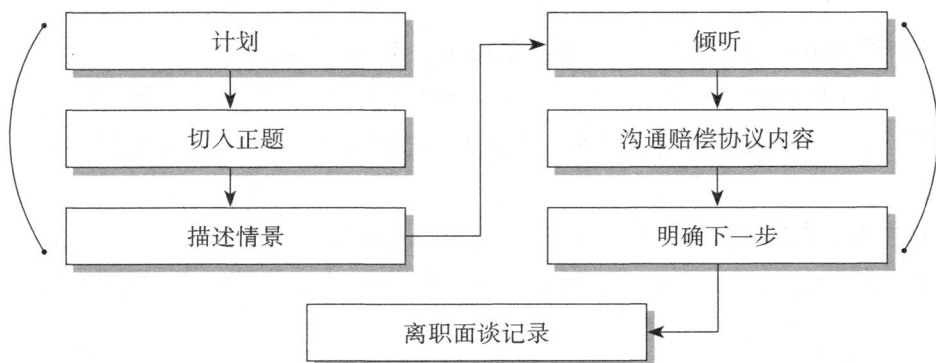

图1-7 辞退面谈的步骤

1．计划

辞退面谈计划要做好以下几点。

（1）至少提前一天做好周密的书面计划，具体内容包括几点几分干什么，何时收钥匙，何时把企业的网络切断等。

（2）保证员工守约前往。

（3）不要在电话里通知员工，电话里的沟通是最容易出错的，面对面的谈事情有利于良好沟通。

（4）面谈中至少留10分钟时间通知员工，不能要求员工跑步前往人力资源部，这是不礼貌的行为。最好请员工半个小时后到人力资源部，为他提前做好准备，这样员工的心理压力会比较小。

（5）避免在周末、假日或者员工的重要纪念日通知员工，避免在那些员工认为很重要的日子里把他辞退。否则，只会给员工带来强烈的抵触情绪。这一点很容易被忽略，企业一定要特别注意。

（6）辞退面谈时要尽量选择在自然一点的场所，比如企业的咖啡厅或者会议室，但是不能有他人在场，尽量不要选择在经理办公室，因为经理办公室一般都是方方正正的，很容易让人产生距离感，容易造成员工心理上的障碍。

（7）面谈前先准备好相关材料，事先准备好员工协议、人事档案和其他必须的文件。

2．切入正题

切入正题时有以下两点需要注意。

（1）辞退面谈不是闲聊天，尽量避免避重就轻地谈一些天气或者其他轻松的话题。否则，只会令员工知道真相后情绪更激动。

（2）员工一进入会议室（或选择的其他场所），待他坐好后就马上告诉他决定，避免拖延时间，因为拖延时间也是对员工心理上的一种打击。

3．描述情景

描述情景是比较有难度的一步。情景描述应做到以下几点。

（1）用几句话表述为什么要让他离开，比如，"你负责的产品下降了5%，而且质量持续出现问题。我们在过去的三个月里已经谈过若干次此事，但是仍未改善。我们不得不有所变化。"

这样简单的几句话，会让员工明白这个决定是对事不对人的。

（2）切记重事实而非攻击员工的人格，千万不要说出如"你最近表现真不怎么样"这样的话语。

（3）重点强调这个决定已经作出并且是不可更改的；强调其他内部机会已经考虑过，

管理层已经批准，而诸如绩效、工作负担等问题也已经考虑过了。

（4）辞退面谈不要超过10～15分钟，否则便成了体力上的较量，要耗费很大的精力。

4．倾听

当员工已经被辞退的时候，最希望有人能够倾听他心里的感受。所以，辞退面谈要持续到被辞退的员工可以冷静地接受这个事实，以及接受离职赔偿的条款为止。

经理在完成辞退通知以后，不要和员工辩论，应仔细地倾听，并且以点头、微笑或者沉默等非语言性行为来配合他说话，让他把心中的怨气发泄出来，这样可以帮助员工平复情绪。

5．沟通赔偿协议内容

沟通赔偿协议中的内容要注意以下几点。

（1）向员工仔细讲述一遍赔偿的金额、计算方法、福利、其他资源（如推荐信）等。

（2）不要在已经商定好的条款上当场承诺增加任何内容。

（3）不要承诺会"调查一下，事后给予答复"，这样会把辞退程序复杂化。

6．明确下一步

被辞退的员工也许不确定下一步该怎么做，所以要为员工提供离职流程图，并告诉他接下来的每一步该如何做，越详细越好。

7．离职面谈记录

工作交接完成后，应由人力资源部门或企业指定的负责人与辞职员工进行离职面谈，听取离职员工的建议、意见和看法。

下面提供一份"员工离职面谈记录表"范本，供读者参考。

【范本1-2】员工离职面谈记录表

员工离职面谈记录表

填表日期：_____年____月____日

离职人员姓名		所在部门	
担任职位		员工工号	
入职日期		离职日期	
面谈者		职位	

（续表）

1．请指出你离职最主要的原因（请在恰当处画"√"），并加以说明	□薪金　　　□工作性质　　□工作环境 □工作时间　□健康因素　　□福利 □晋升机会　□工作量　　　□加班 □与公司关系或人际关系　　□其他
2．你认为公司在以下哪些方面需要加以改善（可选择多项）	□公司政策及工作程序　　□部门之间沟通 □上层管理能力　　　　　□工作环境及设施 □员工发展机会　　　　　□工资与福利 □教育培训与发展机会　　□团队合作精神 □其他
3．是什么原因促使你当初选择加入本公司	
4．在你作出离职决定时，你发现公司在哪些方面与你的想象和期望差距较大	
5．你最喜欢本公司的哪些方面，最不喜欢本公司的哪些方面	
6．在你所在的工作岗位上，你面临的最大的困难和挑战是什么	
7．你对公司招聘该岗位的任职者有什么建议	
8．你认为公司应该采取哪些措施来更有效地吸引和留住人才	
9．你是否愿意在今后条件成熟的时候再回到公司，为公司继续效力。请简述理由	

学 习 笔 记

　　通过学习本章内容，相信您已经有了不少学习心得，请仔细记录下来，以便巩固学习成果。如果您在学习中遇到了一些难点，也请如实写下来，方便今后重复学习，彻底解决这些学习难点。

　　同时，本章列举了大量实用范本，与具体的理论内容互为参照和补充，方便您边学边用。请如实填写您的运用计划，以使工作与学习能够更好地结合。

我的学习心得：

1. ＿＿＿＿＿＿＿＿＿＿＿＿＿＿＿＿＿＿＿＿＿
2. ＿＿＿＿＿＿＿＿＿＿＿＿＿＿＿＿＿＿＿＿＿
3. ＿＿＿＿＿＿＿＿＿＿＿＿＿＿＿＿＿＿＿＿＿

我的学习难点：

1. ＿＿＿＿＿＿＿＿＿＿＿＿＿＿＿＿＿＿＿＿＿
2. ＿＿＿＿＿＿＿＿＿＿＿＿＿＿＿＿＿＿＿＿＿
3. ＿＿＿＿＿＿＿＿＿＿＿＿＿＿＿＿＿＿＿＿＿

我的运用计划：

1. ＿＿＿＿＿＿＿＿＿＿＿＿＿＿＿＿＿＿＿＿＿
2. ＿＿＿＿＿＿＿＿＿＿＿＿＿＿＿＿＿＿＿＿＿
3. ＿＿＿＿＿＿＿＿＿＿＿＿＿＿＿＿＿＿＿＿＿

第**2**章

员工激励管理

关键指引

在现代企业中，人才是企业发展最重要的驱动因素。企业能否成功地留住人才，充分发挥人才应有的作用，是企业精益化管理工作的一个重要组成部分。因此，建立和实施激励制度，激发、调动组织成员的工作积极性，使员工的边际努力最大化，将成为企业持续发展和在竞争中获胜的关键。

第1节 激励的制度化

现代企业管理中，激励与制度起着举足轻重的作用。没有制度约束的激励是无秩序的激励；没有激励配合的制度是没有活力的制度，二者缺一不可。企业在完善人力资源制度的过程中，首先应完善激励制度，这对提高企业竞争力非常重要。

1.1 员工激励理论基础

激励理论运用得好坏在一定程度上是决定一个企业兴衰的重要因素。如何运用好激励理论也就成为现代企业人力资源精益化管理中面临的一个十分重要的问题。目前，现代企业激励制度中用到的激励理论一般有以下几种，如图2-1所示。

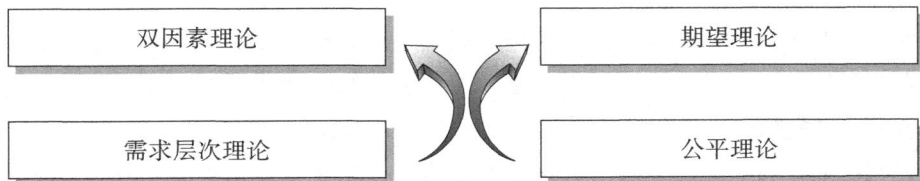

双因素理论	期望理论
需求层次理论	公平理论

图2-1 员工激励理论

1．双因素理论

企业激励管理中，员工对工作的积极性一般和工作本身的内容有关。双因素理论将影响工作积极性的因素分为以下两类，如图2-2所示。

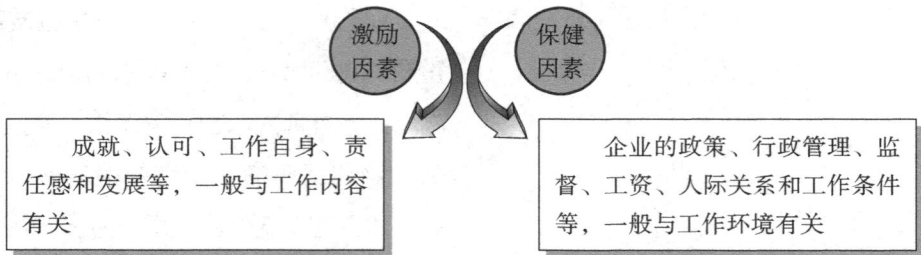

图2-2 双因素理论因素分类

激励因素的满足虽能导致员工对工作满意，但缺乏激励因素也不会让员工产生不满意；缺乏保健因素虽会导致员工对工作不满意，但保健因素的满足却不会增加员工对工作的满意。

2．需求层次理论

目前，企业人力资源管理中经常会提到需求层次理论，这是由美国心理学家马斯洛提出的。"需求"是人类行为积极的动因和源泉。需求引起动机，动机驱动行为。"需求"从低到高可分为五个层次：生理需求、安全需求、社会需求、尊重需求和自我实现需求。人在某一时期会有多种需求，但总有一个占主导地位的优势需求是激励力量最强的，如图2-3所示。

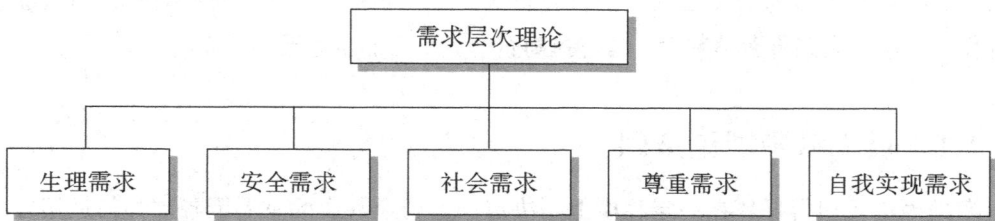

图2-3 需求层次理论的内容

3．期望理论

每个员工对于自己的工作都会有某种期望，这是美国心理学家弗鲁姆首先提出的。他认为，人的工作动机由以下三种因素决定：人关于工作结果的预期、人关于工作成绩可能带来的各种后果的预期、每种后果对于他们的价值（如图2-4所示）。动机激励水平的高低取决于人们认为在多大程度上可以达到预期的结果，以及人们判断自己的努力对于个人需要的满足是否有意义。

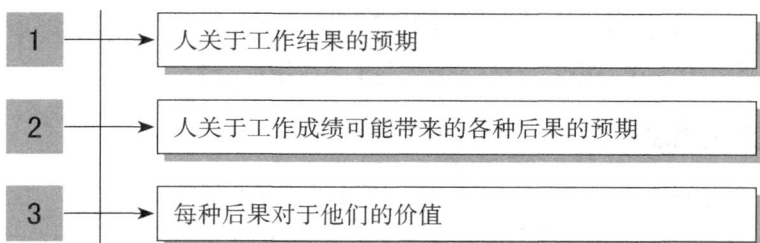

1	人关于工作结果的预期
2	人关于工作成绩可能带来的各种后果的预期
3	每种后果对于他们的价值

图2-4　期望理论的三种因素

4．公平理论

公平理论是由美国心理学家亚当斯提出的，主要内容是探讨个人的投入与他取得的报酬之间的平衡。亚当斯认为，员工最关心的奖励措施的公平和公正，希望自己的付出能够得到应有的回报。如果他认为自己的报偿与代价比等同于他人的报偿与代价比，那么他就会产生公平感，原来的工作热情和行为水平就能得到维持。

1.2　激励制度的建立

企业人力资源管理人员在掌握以上激励理论的基础上，可以根据本企业的特点，建立起符合企业发展的激励制度。激励制度是通过一套理性化的制度来反映激励主体与激励客体相互作用的方式。具体来说，激励制度一般可以分为以下几个类型。

1．物质激励制度

物质激励制度是用于调动员工积极性的各种奖酬机制，通过改变一定的奖酬与一定的绩效之间的关联性以及奖酬本身的价值来实现。实施工资制度改革，将工资收入与员工综合能力、岗位责任、业务总量、工作质量、贡献大小以及各企业的整体经营情况挂钩，打破分配上的平均主义，拉开员工之间的收入差距。

现代企业管理中的员工激励问题与制度，对工作表现突出，受到表彰奖励的先进个人给予物质重奖以及其他相关方面的奖励。把员工个人利益与集体利益关联起来，调动员工积极性。

2．精神激励制度

灌输企业的精神，激发员工的职业荣誉感、责任感和进取心，让每一个员工以"我是一名企业员工"为荣。大力宣传先进集体和个人的典型事迹，以此推动广大员工"学先进，赶先进"，举办企业文化活动，让广大员工感受企业精神的温暖，增强企业凝聚力，使员工安心工作，乐于奉献。

3．目标激励制度

企业要从长远发展着眼，从应对当前激烈竞争的市场、面临的挑战入手，科学规划发展目标。把工作目标告诉每一名员工，引导员工为实现目标共同努力。把目标管理的压力转变成为广大员工的工作动力，让他们看到企业的前景和希望。

4．表率激励制度

制定出一个统一的管理人员行为规范，加强对管理人员的日常工作、生活等行为的要求，进行经常性的监督、评议，使管理人员真正成为本企业和周围人之中的表率。通过管理人员身先士卒、廉洁奉公的模范行为，激励员工为集体多作贡献。

5．民主激励制度

要坚持发扬民主管理的好传统，通过员工代表大会倾心听取广大员工的意见和要求，通过工会、职代会等反映广大员工的心愿。坚持民主集中制原则，最大可能地听取员工的意见。通过这些做法，企业管理者能够与员工融洽相处，增进相互之间的感情交流，有效地激励员工与企业同心同德。

第2节　激励的方式

任何一种员工激励机制都是一种比较单一的激励制度，在实际运用的过程中会有难以避免的缺点，因而达不到对员工最佳的激励效果。因此，企业需要采用多种激励方式，从物质层面和精神层面两个方面着手，全方位、系统地对员工进行有效的激励，使他们在实现组织目标的同时实现自身的需要。一般有以下几种激励方式可供企业选择使用。

2.1　为员工设定工作目标

为员工设定工作目标时，人力资源经理要了解以下基本内容。

（1）为员工设定工作目标能有效地激发他们的行为动机。

（2）目标设定是相当有效的管理技术。设定更具体、有挑战性、可实现的目标在某些条件下更能激励员工行为。

当个体处于一个群体之中或群体成员之间的相互协作对群体的成绩至关重要时，个体的目标就可能无效，因为追求个体目标会产生竞争而降低合作。所以如何合作是成功的关键，工作目标要根据群体的需要来设定。

（3）如果企业工作目标是多元的，就不能设置单一的效率目标。效率目标旨在提高工作效率，却会导致员工忽视其他方面，如捕捉新的业务机会或提出创见。

2.2 实行工作轮换制度

工作轮换是指在不同的时间阶段，员工会在不同的岗位上工作。工作轮换的特点如下。

（1）能使员工更容易对工作保持兴趣。

（2）为员工提供一个个人行为适应总体工作流程的前景。

（3）使员工个人增加了对自己的最终成果的认识。

（4）使员工从原先只能做一项工作的专业人员转变为能做许多工作的多面手。

2.3 进行工作扩大化安排

工作扩大化是指工作的范围扩大，旨在向员工提供更多的工作，即让员工完成更大的工作量。当员工对某项工作更加熟练时，提高工作量会让员工感到更加充实。

1．工作扩大化设计的要求

工作扩大化使得员工有更多的工作可做。即通过增加某一职务的工作范围，使员工的工作内容增加，要求员工掌握更多的知识和技能，从而提高员工的工作兴趣。研究表明，职务扩大增加了员工的工作满意度，提高了其工作质量。通常，这种新工作同员工原先所做的工作非常相似。

2．工作扩大化的途径

将工作扩大化的途径主要有两个，分别是"纵向工作装载"和"横向工作装载"。所谓"装载"，是指将某种任务和要求纳入工作职位的结构中，具体如图2-5所示。

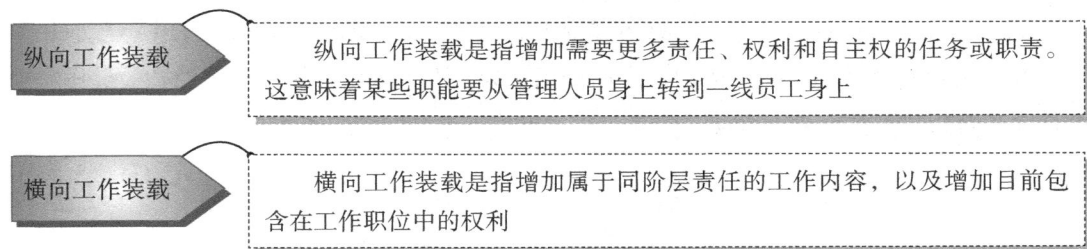

纵向工作装载	纵向工作装载是指增加需要更多责任、权利和自主权的任务或职责。这意味着某些职能要从管理人员身上转到一线员工身上
横向工作装载	横向工作装载是指增加属于同阶层责任的工作内容，以及增加目前包含在工作职位中的权利

图2-5 工作扩大化的途径

2.4 培育良好的学习环境

学习环境对员工的发展极为重要。如果企业的学习氛围和学习环境很差，将很难吸引人才的目光。因此，人力资源部经理要使所有员工长久地服务于企业，就必须不断地培育企业的学习环境。

1．建立适当的个人愿景

个人愿景是指员工真正关心、希望做到的事情。与抽象的目标相比，愿景更为具体，是通过一些努力就可以达到的。有了清晰的愿景，员工才有努力的方向。

2．保持创造性张力

培养员工保持创造性张力是员工自我超越的一个核心内容，可以让员工认清失败不过是因为愿景与现实之间有差距，而这种差距正是他们可以自我超越的空间。

3．有效运用潜意识

潜意识往往比有意识的理性思考更加准确，创造力也更强。能够自我超越的员工，对这种潜意识的把握能力会更强。而培养这种潜意识，需要有意识地去专注于某些特别重要的事情，通过不断地加深印象，强化自己潜意识的反应能力。

4．组织学习团队

学习型团队的构建是建设学习型企业的基本过程和基本方式。团队经过成员之间不断地磨合、交流、接受、改变之后，能够形成一套大家都可以认同、有约束力的规范，不管这种规范是成文的，还是潜藏于每个成员心中的，都能规范和约束成员的各种行为，成员也开始产生对企业的认同感，并开始形成群体特有的文化。此时的团队如果再进一步发展，成员们开始注重相互之间的讨论和学习，互相协助，以完成共同的目标和任务，这种学习和协助能够大大提高团队的工作业绩。

2.5　评选优秀员工

企业可分季度评选优秀员工，具体评选方法可根据员工的工作绩效、工作态度、出勤情况等来进行。挑选出2～3名表现优秀的员工，为其发放奖状并给予一定的物质奖励。但要注意评选的公平性，否则会起反效果。

第3节　激励机制的建立

激励机制是指组织系统中，激励主体通过激励因素或激励手段与激励客体之间相互作用的关系的总和。激励机制的建立与完善就是要构建激励的领导体制和机构设置，制定合理的薪酬制度、用工制度，处理好股东大会、董事会、监事会、经理层、党委会、职代会与工会之间的关系，使之形成合力。

3.1 激励机制的步骤

现代企业建立和实施激励机制的步骤如图2-6所示。

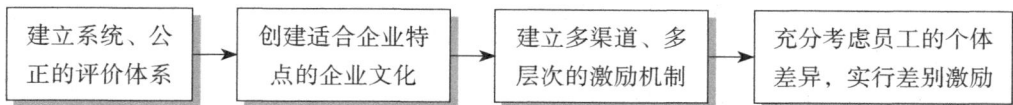

建立系统、公正的评价体系 → 创建适合企业特点的企业文化 → 建立多渠道、多层次的激励机制 → 充分考虑员工的个体差异，实行差别激励

图2-6 激励机制实施的步骤

1．建立系统、公正的评价体系

系统、公正的评价体系是有效激励的保证。任何一家好的企业，其员工之所以能尽职尽责，主要是因为企业能对员工及时、公正地进行评价，同时，又有此评价的依据，并且能对员工作出恰当的奖励或惩处。

2．创建适合企业特点的企业文化

可以说管理在一定程度上就是用一定的文化塑造人，企业文化是人力资源管理中的一个重要机制，只有当企业文化能够真正融入每个员工个人的价值观时，他们才能把企业的目标当成自己的奋斗目标。因此，用员工认可的文化来管理，可以为企业的长远发展提供动力。

3．建立多渠道、多层次激励机制

企业在制定激励机制时，要从不同的角度，根据企业发展的特点和需要，多渠道、多层次的建立和实施，这样才能使员工能真正安心在最适合他的岗位上工作。

4．充分考虑员工的个体差异，实行差别激励

员工的激励体系是多维立体的，各种激励因素相互作用、有机渗透。由于每个人的个性以及所受外部环境的影响各不相同，对社会需求的侧重点也不相同，因此各种激励因素对不同时期、不同情况、不同对象所起的激励作用不尽相同。所以，企业要根据员工的不同类型和特点制定激励制度，在制定激励机制时一定要充分考虑到个体差异。

3.2 建立激励机制的要点

激励机制运行的过程就是激励主体与激励客体之间互动的过程。激励机制的运行是从员工进入工作状态之前开始的，贯穿于实现组织目标的全过程。因此，企业建立激励机制

时要注意以下几个要点。

（1）分配工作要适合员工的工作能力和工作量。

（2）要论功行赏，员工的收入必须根据他的工作表现来确定。

（3）要从公司内部选拔有资格担任领导工作的人才。

（4）要不断改善工作环境和提高安全条件。

（5）要实行合作态度的领导方法。

学习笔记

通过学习本章内容，相信您已经有了不少学习心得，请仔细记录下来，以便巩固学习成果。如果您在学习中遇到了一些难点，也请如实写下来，方便今后重复学习，彻底解决这些学习难点。

同时，本章列举了大量实用范本，与具体的理论内容互为参照和补充，方便您边学边用。请如实填写您的运用计划，以使工作与学习能够更好地结合。

我的学习心得：

1. _____
2. _____
3. _____

我的学习难点：

1. _____
2. _____
3. _____

我的运用计划：

1. _____
2. _____
3. _____

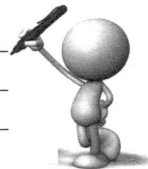

第 **3** 章

员工纪律与奖惩

> 一个企业要想生存下去，没有纪律是不行的。严明的员工纪律可以改变员工的精神面貌，提高员工的工作效率。如果员工的行为违反了企业的规章制度，就要遵照规章制度对其进行适当的处分。

第1节　员工考勤管理

考勤管理是人力资源管理的一个重要方面，这是确定员工的工作情况，尤其是工作时间的一个主要方法。而考勤又关系到员工的工资核算、奖金发放等事宜，因此，人力资源部经理在进行这方面管理工作时必须认真仔细。

1.1　考勤管理的内容

1. 制定考勤管理规定

为了加强考勤管理，准确记录员工上下班时间，人力资源部经理应为企业制定考勤制度，规范企业的考勤管理工作。

2. 了解常见缺勤事项

缺勤主要是指违反企业劳动纪律的行为，如迟到、早退、旷工以及正常的请假而不上班的现象，具体如范本3-1所示。

【范本3-1】常见缺勤事项

常见缺勤事项

序号	事项	具体内容
1	迟到	因各企业的管理标准不同，迟到划定的时间自然也不同。有的企业定在上班时间起，10（含）～15分钟后才算迟到。不过，目前大多数企业将迟到时间定在5（含）～15分钟后或30分钟内
2	早退	早退的时间和迟到一样。企业一般根据自己的规章制定，提前5（含）～30分钟下班者，视为早退
3	旷工	旷工所定的时间标准是在迟到或早退的时段以外的缺勤时间
4	请假	从缺勤的角度来看，请假属于正常缺勤。不过，由于假别的不同，请假也有扣薪与带薪之分。如病假，可给半薪；工伤假给全薪并不扣全勤，年休假亦同；而丧假、婚假、产假虽然给薪，但影响全勤；事假则要扣薪

3．做好缺勤统计工作

对于员工的缺勤行为，人力资源部经理要督促部门负责人准确掌握并统计，记录在"员工考勤表"（见范本3-2）中。这关系到企业的管理，也关系到员工的工资。因此如果把握不好尺度，就有可能影响考勤工作的实际效果，也有可能影响员工的积极性。

【范本3-2】员工考勤表

员工考勤表

员工编号	姓名	部门	年假	出差	病假	事假	旷工	调休	迟到	节日加班（时）			假日加班（时）			平时加班（时）			备注
			天	天	时	时	时	时	次	加班费	调休	结余	加班费	调休	结余	加班费	调休	结余	

4．了解缺勤管理的作用

在企业的人力资源管理活动中，企业总对薪酬管理、绩效管理和培训管理等工作相对重视，而忽视了一些基础管理，比如企业的缺勤管理。

因为缺勤，在短期内，管理者是察觉不到具体损失的。试想员工迟到半个小时，很难量化出他所造成的损失，甚至在当时几乎不产生任何损失。但长此以往，就会产生水滴石穿的严重后果。比如因员工心中的积怨而产生的效率损失，企业文化受到破坏以及对企业不利的一些习惯的形成等。事实上，缺勤管理是非常重要的，它涉及员工的导入教育、组织化过程、报酬及福利等。当然，它还直接影响着员工的工作士气和忠诚度，并可能带来工作中的冲突。企业缺勤管理的作用见表3-1。

表3-1 缺勤管理的作用

序号	作用	具体内容
1	能够使人员的闲置效率有效发挥出来	首先，有的缺勤是不可避免的，但很多缺勤是由一些小问题或者本可以避免的原因造成的；其次，缺勤管理可以让出勤良好的员工摆正工作心态，认真做事。一个完善的缺勤管理系统可以为员工提供一个公平一致的工作环境
2	能够让企业在解决缺勤问题中完善自己	因为很多问题并不是出在员工身上，所以企业必须从自身找问题并有效解决，这样有利于企业制度的规范化和进一步发展。同时，缺勤管理还能辐射影响企业内部的其他细节管理，如加班管理、文件管理等
3	能够使企业更具有凝聚力	企业如果能了解员工缺勤的原因并有效解决，即可增强员工对企业的认同感和归属感。这不仅能激发出员工的工作积极性和创造性，还节省了企业内部的绩效管理成本

5．了解缺勤管理过程模型

关于缺勤管理，胡克塞斯基（Huczynski）和费茨帕特里克（Fitzpatrick）早在1989年就提出了ALIEDIM模型。具体内容见表3-2。

表3-2 缺勤管理过程模型

序号	类别	具体说明
1	评估（Assess）	考察缺勤的问题，判断其在现实中的严重程度，同时计算出因为缺勤而导致的直接成本和间接成本
2	定位（Locate）	找到组织中问题最严重的地方并对其中的缺勤问题进行定位，确定哪个团体、部门和机构出了问题，需要着重解决
3	确认（Identify）	确定并将缺勤的原因进行排序，查看缺勤的原因是什么，是和工作有关，还是和员工群体有关，或是和对其监督管理或其他原因有关

（续表）

序号	类别	具体说明
4	评价（Evaluate）	评价目前对缺勤的管理方法是不是最合适的，同时评价目前的系统在实际中能否正常的工作（如员工是否打电话给部门经理报告缺勤事件）
5	设计（Design）	要有大量的备选方案支撑企业最终确定适合的缺勤管理方案。这里要考虑的重要因素有企业文化、运行成本等
6	执行（Implement）	为变革做好准备、预期，保证员工对新方案的一定认同度，保证企业其他方面与新方案相互兼容
7	监督（Monitor）	观察缺勤管理方案的实施效果，并不断地改进方案，同时评估新方案带来的收益

6．缺勤管理的实施流程

事实上，ALIEDIM模型可以简化为一个缺勤管理周期模型，它包括三个步骤，分别是：确定缺勤需求、实施缺勤管理和效果评估，如图3-1所示。人力资源经理要熟练掌握该流程，做好缺勤管理工作。

图3-1　缺勤管理实施流程

（1）确定缺勤需求

实施这种管理模型，首先必须识别缺勤需求。缺勤需求识别指的是一种过程，该过程是从个人与组织层面上发现和确认缺勤原因。它一般存在于工作要求与当前水平之间的差距中。在进行缺勤管理时，这是第一步。

（2）实施缺勤管理

了解缺勤需求后，企业就要开始规划和设计方案并加以实施。为了有效解决缺勤问题，企业必须利用好原先建立的信息系统。如果是员工普遍存在的缺勤原因，企业应充分反映到员工考勤制度里，采取一视同仁的管理手段，必要时可采取相应的惩罚措施。

（3）评估缺勤管理效果

最后，企业还要对管理结果进行评估。缺勤管理的效果的好坏以及管理过程中的经验与教训，可以通过出勤结果的评估来体现。出勤评估就是努力收集有关方案实施效果的反馈信息，然后根据这些信息对缺勤管理的价值作出评价。

1.2 员工加班管理

正常上班8小时后，仍需继续工作而延长工作时间的称之为加班。加班在许多企业是很常见的。加班不可随意，因为加班也是要付出成本的，如加班人员的工资、水费、电费、设备损耗费等，尤其是晚上加班有许多安全隐患。

1．设置加班条件

企业一般都会对加班加以控制，具备以下条件时可以申请加班。

（1）业务旺季，产品供不应求时。

（2）工作性质特殊，工作具有持续性，不能中途停顿时。

（3）处理紧急任务时。

企业的加班工作不能违反国家法律规定，如《中华人民共和国劳动合同法》（以下简称《劳动合同法》）第三十一条规定，用人企业应当严格执行劳动定额标准，不得强迫或者变相强迫劳动者加班。用人企业安排加班的，应当按照国家有关规定向劳动者支付加班费。

2．明确不受加班规定限制的情况

《中华人民共和国劳动法》（以下简称《劳动法》）第四十二条的规定，有下列情形之一的，延长工作时间不受第四十一条的限制。

（1）发生自然灾害、事故或者因其他原因，威胁劳动者生命健康和财产安全，需要紧急处理的。

（2）生产设备、交通运输线路、公共设施发生故障，影响生产和公众利益，必须及时抢修的。

（3）法律、行政法规规定的其他情形。如必须利用法定节日或公休假日的停产期间进行设备检修、保养的；为完成国防紧急任务，或者完成上级在国家计划外安排的其他紧急生产任务，以及商业、供销企业在旺季时的生产任务。

加班是建立在用人企业与劳动者协商一致基础上的，用人企业不得强迫员工加班，员工也无权单方面决定加班。

3．加班的日常管理

（1）加班申请。加班应事先申请。一般而言，加班必须由直接主管填写"加班申请单"，经上级主管核准后，于下班前30分钟送人力资源部门。

（2）加班汇总。人力资源部每日将各部门加班申请单汇总，计算出人均加班时数，并呈人力资源部经理和企业最高主管审核。

（3）加班打卡（刷卡）。加班的上下班都要打卡（刷卡）。一般正常班与加班要间隔30分钟，供加班员工用餐及休息。

（4）核对实际加班。人力资源部应于次日上午，将各部门的加班申请单和出勤卡（或出勤资料）进行核对。企业员工多的，则先由各部门助理核对，经部门主管核认无误后，统一交人力资源部统筹，了解实际加班情形。

若有申请加班而未加班者，应了解原因；若有未申请加班而加班者，应由其主管签名核认后方可加班。加班期间，人力资源部应该根据申请单进行抽检，以免有虚报加班的现象。

【范本3-3】加班申请单

加班申请单

编号：　　　　　　　　　　　　　　　　　日期：＿＿＿＿年＿＿＿月＿＿＿日

申请部门		加班时间	
加班事由：			
加班计划（工作人员名单及工作具体安排）			
部门意见	签字：　　　　　　　　　　　　＿＿＿＿年＿＿＿月＿＿＿日		
人力资源部意见	签字：　　　　　　　　　　　　＿＿＿＿年＿＿＿月＿＿＿日		

1.3　员工出差管理

不少企业经常会安排员工出差。如遇这种情况，企业应根据出差的流程制定出一套完善的员工出差管理制度，便于进行员工管理。员工出差管理的基本程序如图3-2所示。

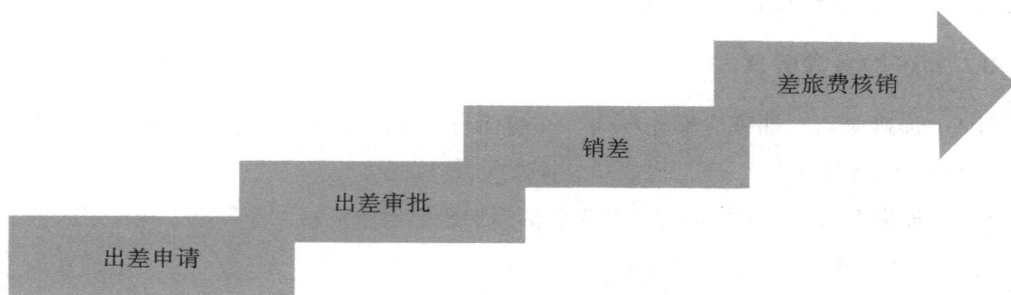

图3-2　员工出差管理基本程序

差旅费核销

销差

出差审批

出差申请

1．出差申请

在出差之前，出差者应填写"出差申请单"，出差的期限由出差人员所在部门主管视出差任务的需要，事先予以核定。出差者填写完出差申请单后应上交部门主管。

出差申请单上通常要注明以下几点内容：出差人姓名、出差时间、出差地点、出差任务、出差费用等。

【范本3-4】出差申请单

出差申请单

编号：＿＿＿＿＿＿＿＿＿＿＿　　　　　　　　　　日期：＿＿＿＿年＿＿＿月＿＿＿日

出差人		部门	
差期	＿＿＿＿年＿＿＿月＿＿＿日至＿＿＿＿年＿＿＿月＿＿＿日　共计＿＿＿天		
出差地点			
出差事由			
部门负责人意见： 　　　　　　　　　　　　　签字：　　　　　＿＿＿＿＿年＿＿＿月＿＿＿日			
人力资源部意见： 　　　　　　　　　　　　　签字：　　　　　＿＿＿＿＿年＿＿＿月＿＿＿日			

注：本表填完后，原件、复印件分存于办公室、本工作部门。

2．出差审批

出差审批关键在于对出差审批权限的管理，出差的审批权限视出差人员的职位大小和出差时间长短而定。一般而言，企业部门经理或副经理以下的人员出差，时间若在1天以内（包括1天），由所在部门经理或副经理批准；时间若在1天以上，由总经理或副总经理批准。部门经理或副经理出差，一律由总经理批准。

出差申请单经审查批准后，可凭其填写借款（预支）单，到财务处办理借款（预支）手续。

3．销差

出差结束后回到企业，出差人员应立即到人力资源部报到销差，并尽快写出详细的出差汇报，送有关领导审阅。

4．差旅费

出差回来后在规定期限内，出差人员应到财务部办理报销手续。逾期不报者，若无特殊理由，财务部有责任检查，并按相关规定予以处理。

5．报销制度

各企业情况不同，其出差费用管理的形式往往也有所不同。

（1）正常工作时间内出差，按平时薪金的标准报销。

（2）正常工作时间外出差，按加班费的标准报销。

（3）节假日出差，视具体情况计酬。

（4）出差行程中出现伤病情况，医诊费用可以报销。

（5）没有正当原因却耽误出差行程，额外时间的费用一般不予报销。

第2节　奖励的方式

为了充分调动全体员工的积极性，表彰和激励先进，激发员工潜能，以达到节约和降低成本，提高工作效率和经济效益的目的，同时可以弘扬正气，企业应该对优秀员工实施奖励。对员工的奖励可以分为精神奖励和物质奖励两大类。企业可以根据自身情况设置口头表扬、通报表彰、记功、记大功、奖金、提薪、升职等奖励方式。

2.1　月度奖项

1．最快进步奖

最快进步奖通常在新进员工中产生。这些员工在试用期内，熟练掌握本岗位工作程度最佳、服从管理、无违章违纪行为，受到所在企业的一致好评。

2．业务开拓奖

业务开拓奖通常授予为公司经营发展、市场开拓、市场竞争方面作出较大贡献，产生经济效益明显的个人或部门。

3．合理化建议奖

合理化建议奖通常授予能够根据工作实践，对公司的各项管理和生产经营工作提出建议，并经证明具有可行性、可操作性，能为企业创造效益或改善工作的员工。要求建议以书面方式提交行政管理部企管科，凡被公司采纳的建议，无论作用大小，一律予以物质奖励。

4．优质服务奖

工作一丝不苟，业务技术娴熟，严格遵守企业管理制度，尊重和理解内外部客户，在不违背原则的前提下能为客户解决实际问题，有典型事例，受到其他员工或顾客普遍赞誉的，可授予优质服务奖。

5．见义勇为奖

关键时刻能够挺身而出，敢于同不良行为、作风作斗争，保卫国家、集体及他人的财产、生命安全，事迹突出，为企业赢得声誉的员工，可授予见义勇为奖。

6．拾金不昧奖

不为利益所动，拾金不昧，为公司的精神文明建设做出突出贡献，受到员工及社会普遍赞誉的，可授予拾金不昧奖。

7．勇挑重担奖

在急难险重任务中，敢挑重担并能克服困难，表现突出，超额超时完成任务的员工，可授予勇挑重担奖。

8．举报奖

敢于揭露企业或分支企业重大违纪违章行为，经查属实的，可授予举报奖。

2.2　半年奖项（1～6月、7～12月）

1．创意发明奖

员工自主创新，开创发明新的工具或改善工艺流程，经投入使用后，在生产环节及日常工作上能够节能降耗或提高产品质量效果明显，给公司带来实际经济利益的，可授予创意发明奖。对有特殊价值的创意发明，另参与年终"突出贡献奖"评比。

2．闪亮之星奖

以半年获得公司表彰和社会荣誉次数最多的为闪亮之星奖获得者，如两人以上获奖次数相同，以综合评审决定。如半年无明显胜出者，则取消此奖项。

3．未来之星奖

在半年工作中业绩成绩突出，"德、智、美、劳"全面发展，追求进步，具有可塑性的员工，公司给予鼓励性奖励。此奖项只针对基层员工。

4．岗位状元奖

在本岗位、本专业工作认真负责，不断上进，并取得显著成绩，半年内每月在同类型工作、同等岗位评比、考核中总是名列前茅的基层员工，可授予岗位状元奖。

2.3　年度奖项

1．辛勤付出奖

在工作中一贯兢兢业业、任劳任怨，努力完成本职工作，自觉加班加点，不计较个人得失，长期默默奉献，工作无明显失误的员工，可授予辛勤付出奖。

2．自强不息奖

在生活中遭遇灾难、灾害等重大打击，仍能保持良好心态，自给自足，未求助社会和他人，思想端正，积极投身工作并且表现优异，有较突出典型事例的员工，可授予自强不息奖。

3．优秀通讯员奖

根据投稿数量、质量以及参与企业宣传活动的表现，每年度由企业内刊编辑部或部门管理员评审产生两名以上优秀通讯员予以奖励。

第3节　纪律处分

员工关系管理的一个重要的相关职能是员工的纪律管理，当员工触犯了企业纪律时，企业的有关部门就要遵照一定的程序对其实行处罚。

3.1　纪律处分的流程

企业可以参考以下流程建立员工纪律处分制度，如图3-3所示。

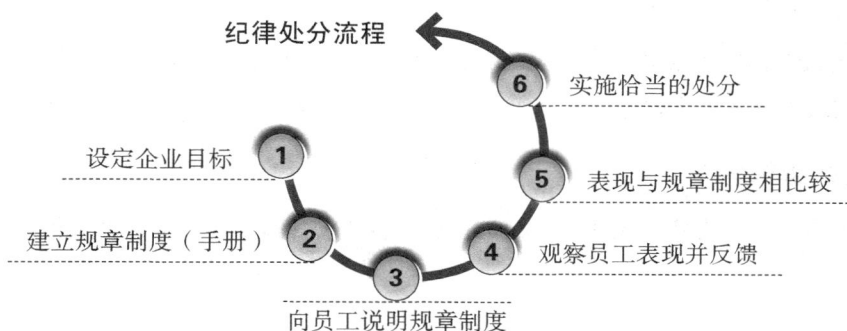

图3-3　纪律处分流程

1．设立企业目标

组织目标就是企业在当前和未来想要实现的目标。它包括企业认可员工什么样的行为，什么样的表现符合企业的要求，也包括企业要往哪方面发展这样的长远目标。

目标是行动的先导，因此，企业管理者在制定规章制度之前首先要设立符合组织实际、明确、清晰的组织目标。

2．建立规章制度

企业管理者在建立规章制度之前要让员工了解为什么要建立这样的规章制度，让员工认同这些规章制度。具体的规章制度包括员工手册、员工行为规范、纪律处罚条例等成文的制度。

3．向员工说明规章制度

"向员工说明规章制度"是纪律处罚程序中最重要的一步，无论是在新员工培训的时候，还是在部门经理会议上，规章制度的具体内容和要求要不断地告知新老员工。只有在大家完全知情、不断被提醒的时候，企业才可以用这些制度去处罚员工。

4．观察员工的表现并反馈

向员工说明了规章制度以后，接下来要做的就是不断观察员工的表现，并且经常给予反馈。经理要告知员工："你这么做是不对的，那么做是对的；这么做可能违反了哪一条规定……"在经理不断提醒、不断反馈的情况下，如果员工依然犯错误，才可能对其实施惩罚。

这种提醒非常重要，企业中层管理者的执行权力中包含这样一条规定：你指导员工不断的反馈，如果员工依然做不到，你才能惩罚他或辞退他。

5．表现与规章制度相比较

在实施惩罚前，还要将犯错员工的表现和成文的规章制度作对比，比较二者是否相差很多，差距表现在什么地方，这样可以为下一个步骤的实施提供有力的依据。

6．实施恰当的处分

如果员工的行为背离规章制度很远，企业就要遵照规章制度对其实施恰当的处分。

要点提示

处罚结束并不意味着真正的结束，这个纪律处分程序其实是一个封闭的循环。所以，处分结束后要进行再次说明、再反馈、再对比，如果还是不行，只能再处分。

3.2　纪律处分的方式

1．热炉原则

所谓热炉原则，是指员工一旦犯错，最好能在30秒的时间内快速给予反馈，也就是要趁着炉火没灭，还在燃烧的时候提出警告并给予惩罚，这种惩罚不能受个人情感左右，强调的就是趁热打铁。

这种处分方式的最大好处就在于能令员工记忆深刻。一般来说，员工都比较繁忙，在他做错事情的时候，如果管理者仅仅是偷偷记在小本子上，准备等到绩效考核的时候再对其实施处分，那就为时已晚。所以，热炉原则强调的是批评的即时性。但是这种处分方式也有缺点，就是处罚人当时太过着急，有可能采取并不恰当的处分方式，不过这个缺点能够有效克服。

2．渐进的纪律处分

渐进的纪律处分强调的是一点一点渗透、一点比一点厉害，它的目的在于确保对员工所犯的错误施以最轻的惩罚。也就是能轻惩罚的时候，绝不采取更重的惩罚措施。

3．无惩罚的纪律处分

无惩罚的纪律处分是指当员工犯错误的时候，企业采取的策略是对其既不警告也不处罚，而是给其一段时间无薪休假，比如三天或者一个星期，让员工在家里自我反省"我还愿意遵守规章制度吗？我还愿意继续为这家企业工作吗？"如果不愿意，休假结束后他就会主动辞职了；如果愿意，他就要自己向公司承诺以后不再犯类似的错误。

这种惩罚方式的高明之处，就在于一旦员工自己作出承诺，其实比管理者盯着的效果要好得多，从而也就变相达到了惩戒的目的。

学 习 笔 记

　　通过学习本章内容，相信您已经有了不少学习心得，请仔细记录下来，以便巩固学习成果。如果您在学习中遇到了一些难点，也请如实写下来，方便今后重复学习，彻底解决这些学习难点。

　　同时，本章列举了大量实用范本，与具体的理论内容互为参照和补充，方便您边学边用。请如实填写您的运用计划，以使工作与学习能够更好地结合。

我的学习心得：

1. _____
2. _____
3. _____

我的学习难点：

1. _____
2. _____
3. _____

我的运用计划：

1. _____
2. _____
3. _____

第 **4** 章

员工关怀管理

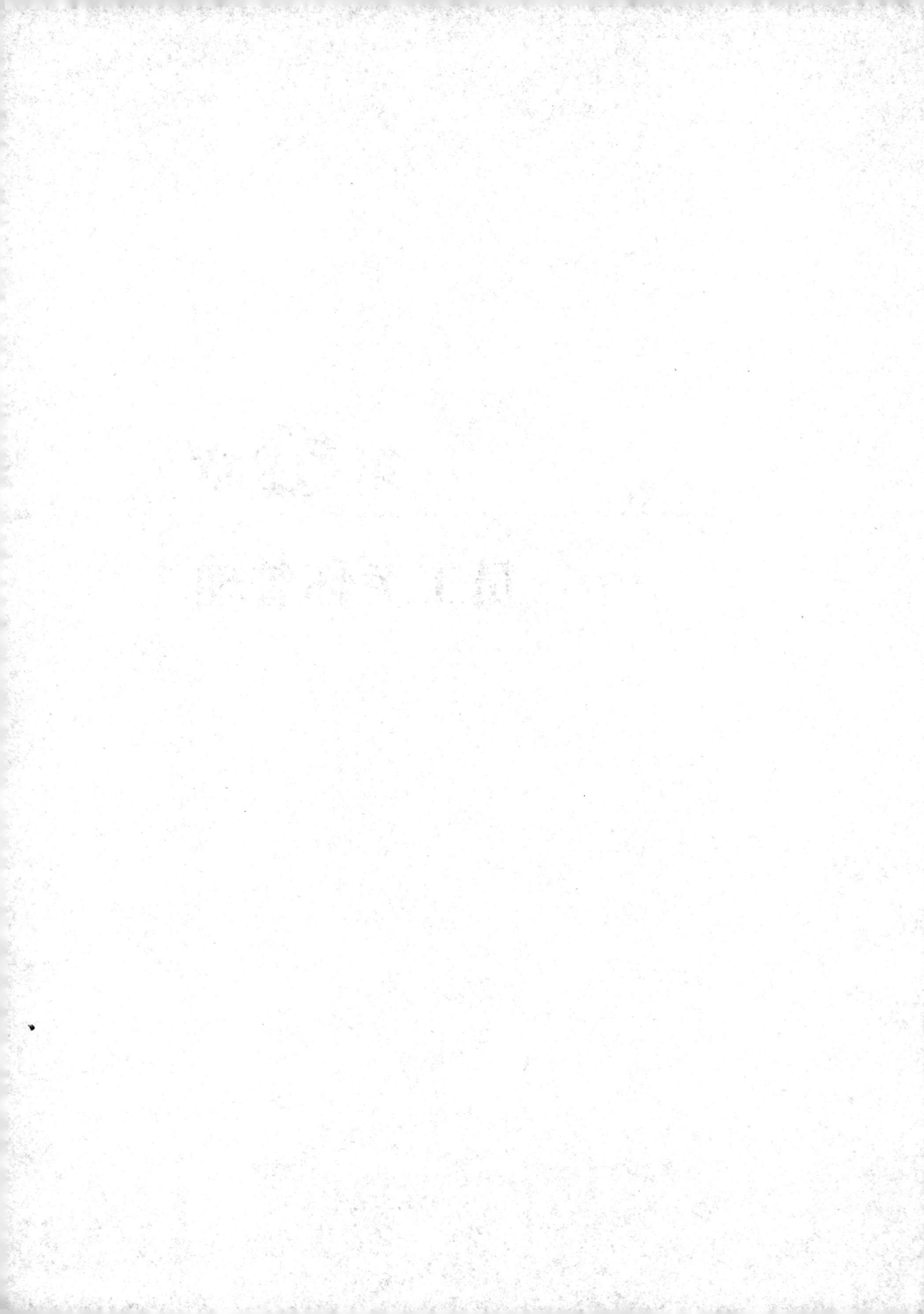

近年来，市场竞争日趋激烈，员工在工作、心理等方面的压力随之加大。如何给企业员工减压，增强员工对企业的归属感已成为企业人力资源管理工作的核心问题。员工关怀计划和福利计划的制订和实施，能让员工拥有阳光心态，营造一个和谐、融洽的团队氛围，提高员工对企业的满意度和归属感。

第1节　员工关怀的类型

员工关怀的对象涵盖企业内所有员工，按照员工成长历程和工作性质等要求，将员工分为四个类型，配合战略绩效实现的要求，分阶段、分层次地对员工实施具有针对性和差异性的人文关怀，具体如图4-1所示。

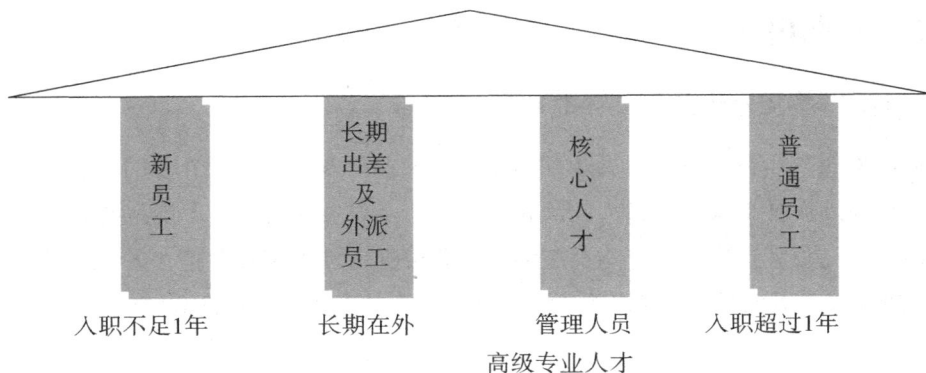

新员工	长期出差及外派员工	核心人才	普通员工
入职不足1年	长期在外	管理人员 高级专业人才	入职超过1年

图4-1　员工关怀的对象

1.1 新员工的关怀

1. 新员工的关怀要点

新员工是指新加入公司、工龄不足1年的员工，包括新入职的应届大学生、新入职的已工作人员和来自并购企业的新员工。对于新员工来说，最常见的问题莫过于"水土不服"，不能够顺利地适应新的环境和融入新的团队，造成情绪低落，状态不佳，效率不高。企业管理者要注意新员工的以下两个要点。

（1）角色转变。新入职的应届大学生的首要任务是从学生到员工的角色转变问题，也是一个心态的转变，企业要派工作经验丰富、工作业绩突出、与大学生有共同语言的员工来帮助他们完成转变，最好是工龄不长的优秀大学生代表。

（2）文化融合。新入职的已工作人员的首要任务是文化融合，企业要派工龄较长、深刻了解企业文化、贡献较大的员工来帮助他们完成文化融合。来自并购企业的新员工要重点进行整体的文化融合，让他们尽快认同企业的核心价值观和文化理念。

2. 新员工关怀的方法

（1）入职培训。企业要组织专门的新员工培训，但对于不同类型的新员工，培训的侧重点有所不同。

（2）员工座谈。领导要定期与新员工进行面对面的沟通交流，前三个月内最好每两周沟通一次，三个月至一年内最好每月沟通一次，可以采取集体座谈、分类座谈或者个别座谈的形式。

（3）结对子帮助。给每个新员工指定安排一名工作职责相近、认真负责的老员工作为结对子的伙伴，随时可给予新员工必要的协助和指点。

（4）生活上关心。在生活上，也要给予新员工足够的关怀，比如食宿、交通、购物等方面，协助新员工逐渐适应新的生活，让新员工感到亲切和温暖。

1.2 长期出差及外派员工的关怀

1. 长期出差及外派员工关怀的重点

长期出差及外派员工主要包括长期出差在外的业务人员、长期外派的管理人员等。对于长期出差及外派员工来说，最大的问题在于由于工作性质约束，不能经常回家，家庭负担比较多，这在很大程度上会影响员工的工作积极性，加重家庭负担，最终造成人才的流失。对长期出差及外派员工实施关怀时，要注意以下两个重点，如图4-2所示。

1 家庭关怀

长期出差及外派员工不能经常回家，家里的老人、孩子等家庭关系可能会成为员工牵挂的重点

2 工作关怀

因为孤身在外的缘故，工作上的困惑、生活上的困难很少会有机会倾诉，因此，其直接领导、工会、人力资源部都应给予适当的关怀，让其感受到组织的关怀

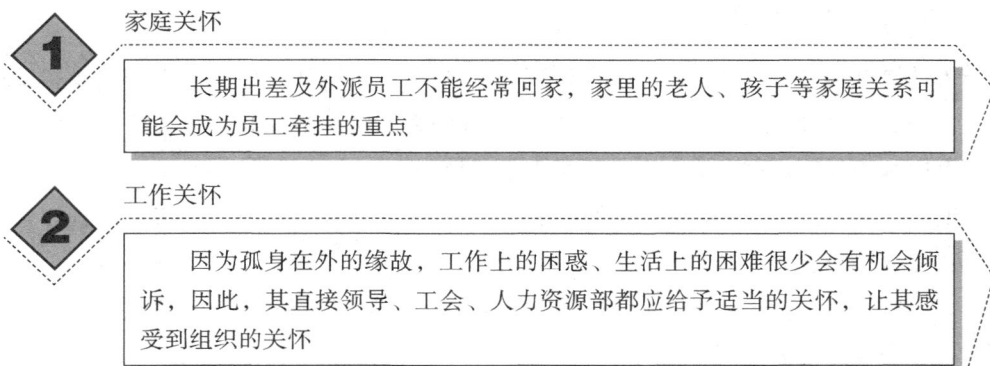

图4-2 长期出差及外派员工关怀的重点

2．长期出差及外派员工关怀的方法

长期出差及外派员工关怀的方法如图4-3所示。

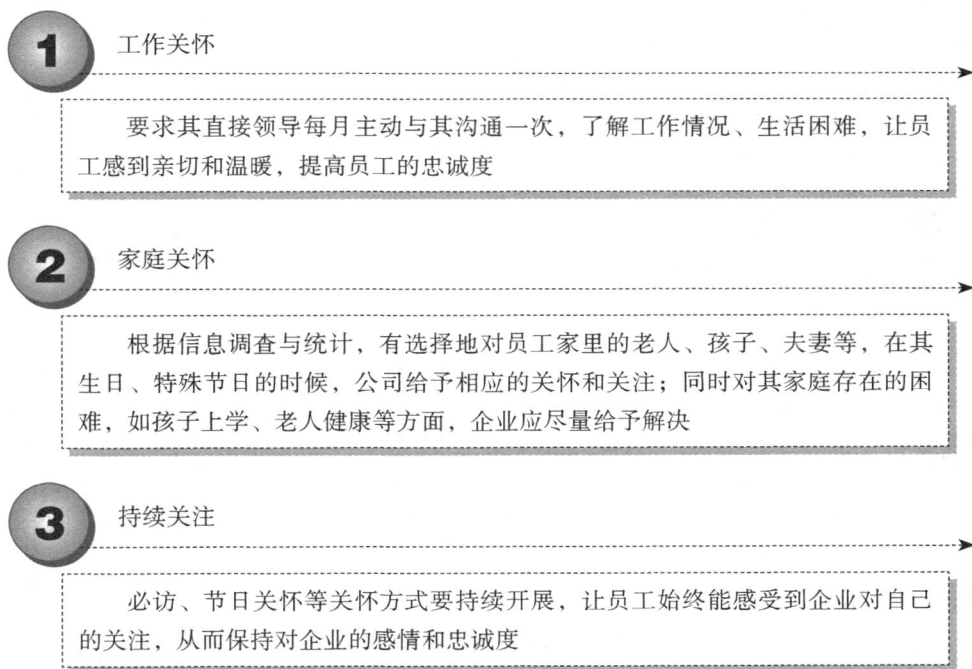

1 工作关怀

要求其直接领导每月主动与其沟通一次，了解工作情况、生活困难，让员工感到亲切和温暖，提高员工的忠诚度

2 家庭关怀

根据信息调查与统计，有选择地对员工家里的老人、孩子、夫妻等，在其生日、特殊节日的时候，公司给予相应的关怀和关注；同时对其家庭存在的困难，如孩子上学、老人健康等方面，企业应尽量给予解决

3 持续关注

必访、节日关怀等关怀方式要持续开展，让员工始终能感受到企业对自己的关注，从而保持对企业的感情和忠诚度

图4-3 长期出差及外派员工关怀的方法

1.3 核心人才的关怀

核心人才是指对企业发展具有明显影响作用并在某方面"不可代替"的员工。企业要注意培养核心员工的成就感和忠诚度，让他们的价值能够充分体现，作用能够充分发挥，价值共建，价值共享，这是核心员工与企业互利双赢的关键。

1．核心人才关怀的重点

核心人才主要涉及人员的专业知识和专业技能等，可以作为鉴别其工作绩效和发展潜力的素质特征。根据核心人才的特点，通过建立联系制度、培训制度、实绩考核制度、动态管理制度和责任管理制度等五个方面来加强对核心人才的培养和管理。

（1）将核心人才的培养纳入企业教育培训计划，重点培训，优先培养。向核心人才提供培训机会可以培育其忠诚度。

（2）使核心人才个人的职业生涯规划符合企业可能的发展状态。这样核心人才才可以看到自己在企业的发展空间。

（3）针对核心人才自身特点，制定工作激励制度是提高其工作满意度的重要途径。

2．核心人才关怀的方法

核心人才关怀的方法如图4-4所示。

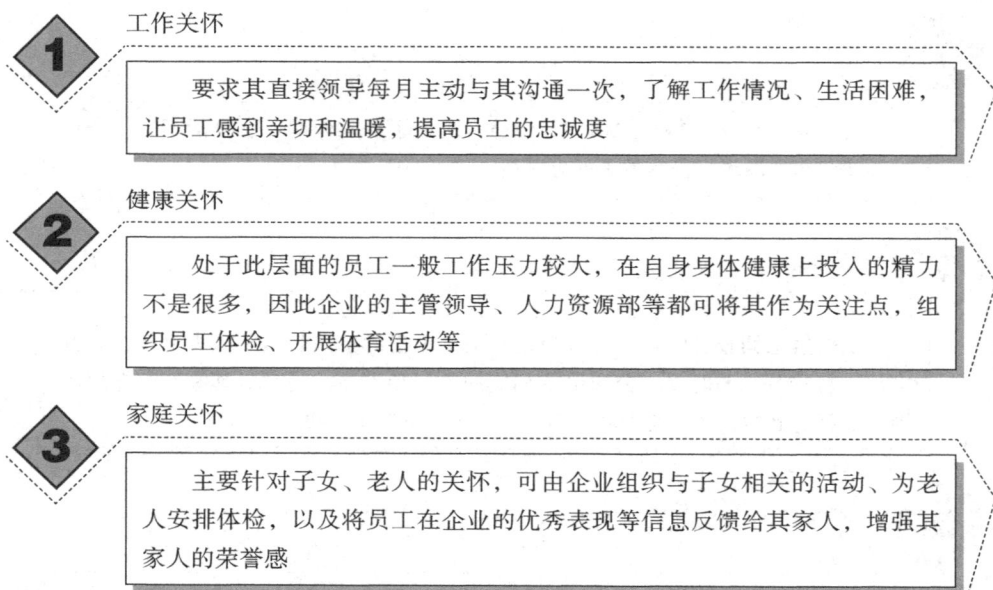

工作关怀
1 要求其直接领导每月主动与其沟通一次，了解工作情况、生活困难，让员工感到亲切和温暖，提高员工的忠诚度

健康关怀
2 处于此层面的员工一般工作压力较大，在自身身体健康上投入的精力不是很多，因此企业的主管领导、人力资源部等都可将其作为关注点，组织员工体检、开展体育活动等

家庭关怀
3 主要针对子女、老人的关怀，可由企业组织与子女相关的活动、为老人安排体检，以及将员工在企业的优秀表现等信息反馈给其家人，增强其家人的荣誉感

图4-4　核心人才关怀的方法

1.4　普通员工的关怀

普通员工是指入职满一年，分散在各部门各个专业岗位上的员工。此层面的员工普遍为专业性工作岗位，稳定性较好。对员工关怀的聚焦点在于通过关怀的活动增强其团队凝聚力、企业归属感和感恩的心理，以此激发其在普通岗位上不断提升绩效，提高专业水平的目标。

1．普通员工关怀的重点

（1）让员工发表个人感受，交流工作经验，为企业发展提出合理化建议。让员工有说心里话的渠道，也让企业能够多方面地获取有效、合理的建议，为企业不断发展提供有力的保障。

（2）加强后勤保障，主动关心及帮助员工解决困难。对于企业员工在工作及生活上出现的困难，企业将不遗余力地给予帮助，让员工们有家的感觉。

（3）通过一系列有益的活动和比赛来加强员工之间的交流和沟通，提升企业员工之间的团队协作力和凝聚力。

2．普通员工关怀的方法

普通员工关怀的方法如图4-5所示。

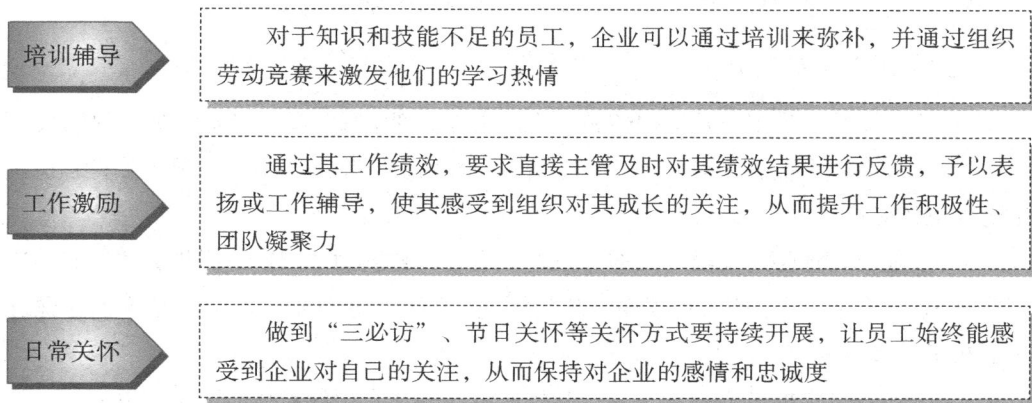

培训辅导	对于知识和技能不足的员工，企业可以通过培训来弥补，并通过组织劳动竞赛来激发他们的学习热情
工作激励	通过其工作绩效，要求直接主管及时对其绩效结果进行反馈，予以表扬或工作辅导，使其感受到组织对其成长的关注，从而提升工作积极性、团队凝聚力
日常关怀	做到"三必访"、节日关怀等关怀方式要持续开展，让员工始终能感受到企业对自己的关注，从而保持对企业的感情和忠诚度

图4-5　普通员工关怀的方法

第2节　女员工特殊权益保护

随着经济不断发展，我国进入了一个飞速发展的时代，这些在为职业女性的成长提供了许多机会的同时也带来了许多挑战。它迫使职业女性不断地进行知识更新，学习充电成为了职业女性业余时间的主要工作，她们时时有危机感和紧迫感，担心自己是否有能力赶上社会的发展。企业只有关爱女员工，充分调动女员工的积极性和创造性，不断提高女员工的综合素质，企业才能和谐、稳定、快速地发展。

2.1　女员工特殊权益保护的内容

1．女员工关怀的重点

（1）关注职业女性的心理健康是女员工健康发展的重要保证。

（2）对女员工生理健康的日常帮扶。

（3）为女员工进行"两癌"（乳腺癌、宫颈癌）检查。

（4）以单亲困难女员工为重点，集中开展帮扶。

2．职业女性心理状况的主要表现

（1）因繁重的事务及心理压力产生工作倦怠感。

（2）因不能正确的自我认识，缺乏自信和乐观的精神。

（3）因就业危机产生了自卑心理，缺乏安全感。

（4）因双重角色冲突产生了畏难心理，缺乏进取精神。

3．女员工关怀的方法

（1）企业要将女员工权益保护的相关法律法规落到实处，积极维护女员工的权益。

（2）企业要对女员工坚持做到"三必访"，即女员工患病必访、女员工生育必访、女员工野外工作必访。

（3）企业可以加强对女员工经期、孕期、生育和哺乳的"四期"保护。积极宣传艾滋病预防知识、两癌（乳腺癌、宫颈癌）防治知识、妇女生理保健、孕妇孕期及产后保健等方面的知识。

（4）企业可以定期组织女员工进行常规体检，开展专项妇科体检，也可以邀请医学专家到企业授课，面对面为女员工问诊。

（5）企业还可以举办体能测试、跳绳、广播操等健身活动，开展乒乓球、羽毛球、网球比赛，增强女员工身体素质，为女员工强身健体营造浓厚氛围。

（6）女员工不仅要辛勤工作，而且承担着照顾家庭的重任，心理压力会很大。企业可以举办心理健康讲座，邀请心理专家前来授课。有条件的企业可以成立心理咨询室、女工减压室，为女员工释放内心压力，更好地投入工作创造良好条件。

2.2　女员工特殊权益保护专项集体合同

企业可以根据《劳动法》《中华人民共和国工会法》《中华人民共和国妇女权益保障法》《女员工劳动保护规定》《女员工禁忌劳动范围的规定》等法律法规，制定并签订《女员工特殊权益保护专项集体合同》，将企业对女员工的关怀形成文件规定。一般来说，女员工特殊权益保护专项集体合同主要包括以下内容。

1．一般保护性规定

（1）企业不得在女员工孕期、产期、哺乳期降低其基本工资，或终止、解除劳动合同。

（2）女员工在月经期间，企业不得安排其从事高空、低温、冷水和国家规定的第三级体力劳动强度的劳动。期间因痛经不能坚持工作的，经医疗机构证明，可给予公假1～2天。

（3）根据企业实际情况，可为女员工设立卫生室等保护设施，定期为女员工发放卫生用品或补贴。

（4）企业应积极参加生育保险，按时足额交纳生育保险费，按生育保险办法的规定支付女员工生育期间的费用。

（5）女员工因更年期综合症不能适应原工作时，凭医疗保健机构的证明，由所在企业根据条件安排其他适宜的工作或按病假有关规定办理。

2．女员工孕期保护

（1）女员工产假为98天，其中产前休假15天；难产的增加产假15天；多胞胎生育的，每多生育一个婴儿，增加产假15天。女员工符合晚婚晚育规定的，可按国家计划生育有关规定增加产假60天。

（2）女员工怀孕不满3个月（含3个月）流产的，应当根据医疗保健或妇幼保健机构出具的证明，给予15天产假，怀孕3个月以上4个月（含）以内流产的，给予30天产假；怀孕4个月以上7个月（含）以内流产的，给予42天产假。

3．产期保护

（1）有不满一周岁婴儿的女员工，在每班劳动时间内给予两次哺乳（含人工喂养）时间，每次30分钟；多胞胎生育的，每多哺乳一个婴儿，每次哺乳时间增加30分钟。女员工每班劳动时间内的两次哺乳时间可合并使用。

（2）凡有哺乳婴儿的女员工，在考核其劳动定额时，应除去所用哺乳时间。

（3）女员工在哺乳期内，所在企业不得安排其从事国家规定的第三级体力劳动强度的劳动和哺乳期禁忌从事的劳动，不得在正常劳动日以外延长其劳动时间，婴儿一周岁前一般不得安排其从事夜班劳动。

（4）女员工因更年期综合症不能适应原工作时，凭医疗保健机构的证明，由所在企业根据条件安排其他适宜的工作或按病假有关规定办理。

4．哺乳期保护

（1）有不满一周岁婴儿的女员工，劳动时间内应给予其二次哺乳（含人工喂养）时间。

（2）女员工在规定的哺乳期内，企业不得安排其从事国家规定的哺乳期禁忌的劳动。

第3节　员工关怀的方法

　　员工是企业最大的财富和资源，也是企业发展的基础。企业要贯彻落实"以人为本"的企业文化核心价值观，构建和谐向上的企业。企业的人力资源部门应制定员工关怀方案，真正体现企业以人为本的思想和理念。

3.1　管理层的关怀

管理层的关怀方法如表4-1所示。

管理层的关怀方法

序号	层面	具体内容
1	企业高层的关怀	（1）入职欢迎 （2）重要节日的现场问候 （3）现场视察及关注员工的工作和生活 （4）连续高强度加班期间给员工发短信致谢或通过广播为员工点歌送祝福等
2	主管层面的关怀	（1）一视同仁的管理风格 （2）及时的赞赏 （3）正确的批评 （4）合理的工作量安排 （5）合理的工作压力 （6）人力资源主管问候生活困难及成长帮助 （7）生产主管问候工作安排、工作压力、技能成长、生活等 （8）在生产线巡视的任一时刻对员工情绪给予关注并疏导
3	班组长的关怀	（1）早会或工作间休息时应安排一个与工作有关的游戏 （2）安排一个娱乐游戏 （3）通过做游戏，提高拉线群体认同感

3.2　企业环境的关怀

企业环境的关怀方法如表4-2所示。

表4-2　企业环境的关怀方法

序号	环境	具体内容
1	加班控制	（1）新员工：入职一周内不得连续三天加班，且一次加班不超过两小时 （2）整体加班控制在三小时内
2	安排工作休息时段	（1）白天：15分钟 （2）晚上：10分钟
3	公平、公正安排工作	（1）员工能力与岗位要求匹配 （2）每个人的工作量都一样饱和 （3）允许员工对工作量的安排提出质疑或申诉
4	营造无压迫感工作场所	（1）生产场所内只能存在赞扬和肯定的声音 （2）生产场所内不得出现任何责骂现象 （3）早会时班组长/拉长不得板着脸说话 （4）生产拉线通道顺畅 （5）产品与物料有序摆放

3.3　建立关怀的企业文化

建立关怀的企业文化的方法如表4-3所示。

表4-3　建立关怀的企业文化的方法

序号	建立关怀	具体内容
1	入职欢迎	短信/书面/广播系统向新入职员工表示欢迎、肯定和鼓励
2	员工生日	（1）点歌：广播系统播放或拉组长演唱，或其他同事演唱 （2）座谈：以月为单位，每月组织过生日的员工座谈 （3）加餐：每周为过生日的员工准备特别晚餐 （4）短信祝福：通过短信平台为员工发送生日祝福 （5）不加班或提前1小时下班
3	结婚纪念日	（1）点歌 （2）不加班或提前1小时下班
4	离职祝福	通过邮箱或短信平台感谢离职员工为企业所作出的不懈努力和杰出的贡献，以表达企业自始至终对员工的关注
5	入职周期纪念日	（1）入职满3个月，点歌 （2）入职满1年，发送短信/邮件表示问候和感谢 （3）入职满2年以上，组织座谈或晚会活动等 （4）不加班或提前1小时下班

（续表）

序号	建立关怀	具体内容
6	发放福利包	（1）洗衣粉 （2）牙膏/牙刷 （3）香皂/沐浴露 （4）洗发水 （5）洁厕剂 （6）其他
7	子女生日	（1）点歌 （2）不加班或提前1小时下班
8	亲子活动	（1）参观公司 （2）当日不加班
9	迎新活动	（1）举办迎新员工晚会，正面宣传企业对员工的关注 （2）通过活动的方式让新员工了解企业文化 （3）建立和谐的员工关系

学习笔记

通过学习本章内容，相信您已经有了不少学习心得，请仔细记录下来，以便巩固学习成果。如果您在学习中遇到了一些难点，也请如实写下来，方便今后重复学习，彻底解决这些学习难点。

同时，本章列举了大量实用范本，与具体的理论内容互为参照和补充，方便您边学边用。请如实填写您的运用计划，以使工作与学习能够更好地结合。

我的学习心得：

1. _____
2. _____
3. _____

我的学习难点：

1. _____
2. _____
3. _____

我的运用计划：

1. _____
2. _____
3. _____

第5章

企业文化活动

············· 关键指引 ·······

　　企业文化作为一种企业管理工具，其主要作用在于把企业价值观渗透到企业经营管理的各个方面、各个层次和全过程，用文化的手段、文化的功能、文化的力量促进企业整体素质、管理水平和经济效益的提高。在企业文化建设中，最有效的手段是通过开展各种文体活动来教育和引导企业员工。

第1节　员工活动实施流程

　　企业的每一个活动项目都不是一个独立的活动，而应该是企业整体运作的一个侧面，是企业提高竞争力和员工个人发展的一种手段。要想充分实现活动的效力就必须策划好每一次的企业文化活动。

1.1　策划撰写活动方案

　　一份完整的活动方案必须包括的要件有：对于一些简单的活动，可将活动经费预算表、活动具体流程表、其他附件等合并在总活动方案中，工作安排表可另行制作，其他项可以不做。但有些活动比较复杂，由多个活动项目组成，需要有多个方案组成。例如，某企业举办厂庆活动，活动包括晚宴和晚会，那么这个厂庆活动的总方案就包括晚宴方案和晚会方案，这两个方案又要分别做活动经费预算、工作安排表、活动具体流程表及其各自的附件、应急方案等。

1. 总活动方案

　　总活动方案要求简洁明了，内容不宜过多，但要全面。总活动方案一般包括：活动主题、活动目的或意义、活动时间、活动地点、活动对象、活动组委会、活动流程安排、工作人员安排、活动经费预算、相关附件、应急方案等。

具体的方案项目设定由具体的活动决定。活动流程安排、工作人员安排这两项只须列出标题即可，在备注中标明"详见附件"。活动经费预算只须将大的项目列出并计算出总和即可，并标明"详见附件"。 附件项目中一定要将总活动方案以外的所有涉及活动的方案、表格等全部列出。

2．活动经费预算表

活动经费预算表中要将活动经费的去向一一列出，并统计总预算。 在经费预算中必须添加"不可预计花费"科目。确定预算时应遵循以下三个要点，如图5-1所示。

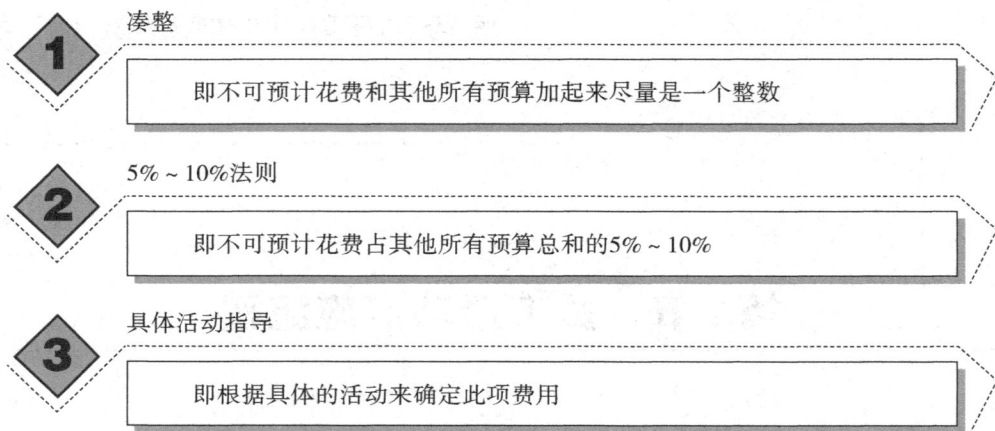

1 凑整

即不可预计花费和其他所有预算加起来尽量是一个整数

2 5%～10%法则

即不可预计花费占其他所有预算总和的5%～10%

3 具体活动指导

即根据具体的活动来确定此项费用

图5-1　活动经费预算的要点

此外还要注意，无论在什么样的企业里，策划活动时，费用预算应尽量多一些，否则一旦超出预算会有很多麻烦。

3．工作安排表

任何活动必须成立活动组委会并进行分工，分工要尽可能详细。制作分工明细表，上面要明确标出每项任务落实的具体人和要求完成的具体时间，这点非常重要。工作安排表包括前期准备工作的安排和活动当天的工作安排，前期的工作安排可具体到某一天，活动当天的安排必须具体到分钟。

4．活动具体流程表

活动具体流程表是指活动当天的流程，具体流程一旦确定，非人为不可抗拒原因及重大事件不得随意修改。

5．活动效果评估表

活动效果评估表一般以调查员工的满意度为主，问卷的形式较多。很多企业都没有对这一项做出明确的要求，或者有些活动很难去评估，即使做了也是走形式，具体根据企业的要求而定。

6．活动应急方案

活动总方案一般在活动开始前30～60天制定，因而无法确定一两个月后的一些具体事情，所以应急方案是必不可少的。应急方案主要是针对活动当天可能出现的影响活动进程的情况制定相应的对策，此方案包括的要件与主方案大致相同。

1.2 活动实施流程

1．填报申请

填报申请的方法如图5-2所示。

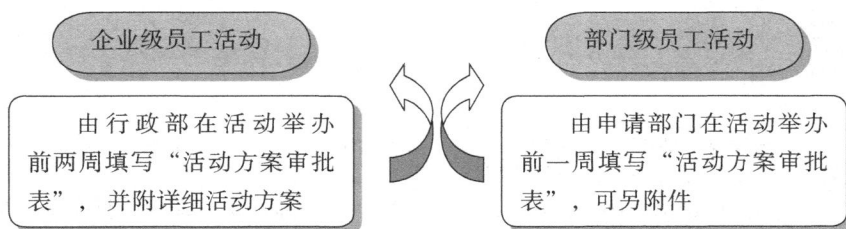

图5-2 填报申请的方法

2．审批流程

审批流程如图5-3所示。

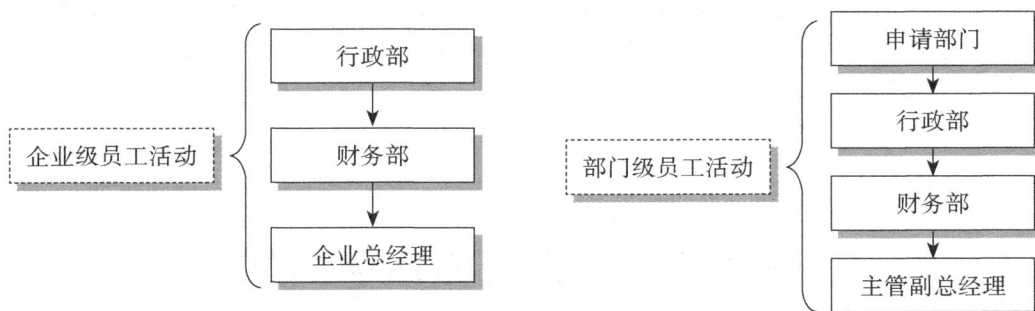

图5-3 审批流程

3．确定经费额度

确定经费额度的方法如图5-4所示。

| 企业级员工活动 | | 部门级员工活动 |

每年12月填报"次年年度活动计划表"，核算费用预算报批，计划外活动以请示报告另行申请，获批后方可执行

以部门为单位申请，不得超过各部门年度员工活动总开支预算，超过部分自行解决；业务部门年度员工活动费用按照部门人均编制核算；综合、财务等职能部门共用年度活动经费

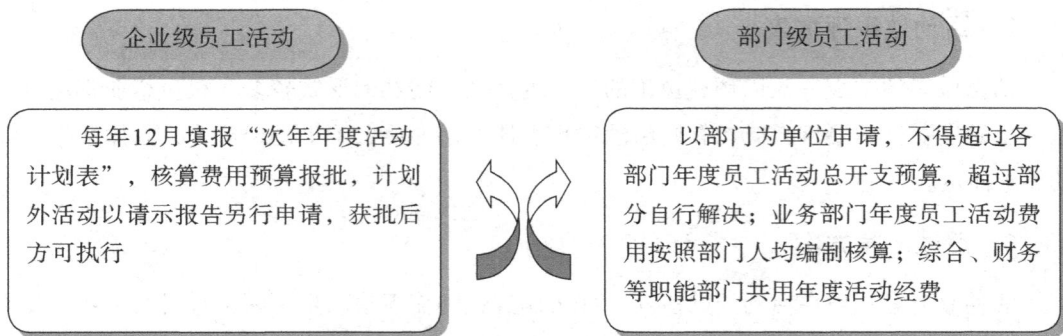

图5-4 确定经费额度的方法

4．费用借支与报销

费用借款必备附件包括"活动方案审批表""活动效果评估表"、员工活动方案等复印件，以及费用发票收据原件等。企业级员工活动由行政部统一报销，部门级员工活动由申请部门自行报销。

5．活动评估

活动评估如图5-5所示。

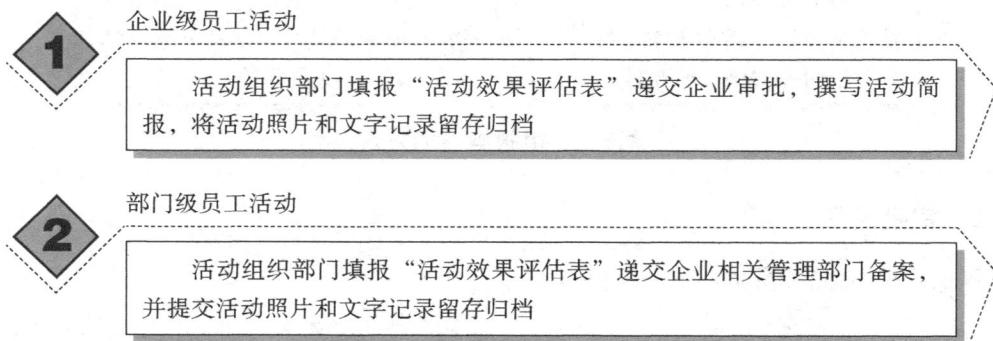

1 企业级员工活动

活动组织部门填报"活动效果评估表"递交企业审批，撰写活动简报，将活动照片和文字记录留存归档

2 部门级员工活动

活动组织部门填报"活动效果评估表"递交企业相关管理部门备案，并提交活动照片和文字记录留存归档

图5-5 活动评估

第2节 企业文体活动类型

企业文化活动的具体方法分为以下几种：专题竞赛类、沟通类、知识类、娱乐类、体育竞技类、艺术类等。企业可以组建员工活动小组，负责组织各种小组活动，如篮球组、

羽毛球组等，目的是增强员工之间、部门之间的联系，增进友谊，创建健康向上的工作氛围，引导积极合作的团队精神。

2.1 企业员工培训活动

企业员工培训是为了让技术人员和企业骨干接受新的知识、科技新成果，以保证他们的技术知识不断更新、视野不断扩展，并将其应用到企业开发新产品、提高质量、降低成本等方面。培训计划的流程基本上依照计划内容展开，主要步骤如下。

1．确定培训目标

（1）由企业目标分解出具体的培训目标，包括改善管理效率、提高经营业绩、提升客户满意度、人力资源开发等内容。

（2）制定培训学习的具体目标，如增加知识、培养理解力、发展技能、形成态度、提高兴趣、形成价值观等。

（3）培训目标的确定必须结合企业的长期发展需要、员工的个人发展需要和员工目前的素质水平，实事求是的制定。

2．选择受训对象

（1）根据不同培训项目的宗旨，确定培训对象的具体选择标准。

（2）配合人力资源部门的人员选拔、培养计划，挑选有发展潜力的员工。把培训作为一种激励员工的手段。

（3）征求受训者对培训的意见。

3．设计培训项目

（1）明确培训课程设计的原则，即完整性、动力性、联系性、平衡性。

（2）按照课程决策、课程设计、课程改进和课程评鉴四个环节来完成课程发展工作。

（3）明确课程的涵盖范围和课程单元之间的次序逻辑关系。

不同类型的培训项目在计划流程方面有所差异，因此具体的培训计划必须应实际情况和需要作出适当的调整。

2.2 文体活动内容及安排

1．文娱类

（1）象棋/五子棋。以部门（车间）为单位组队，各队选派象棋、五子棋若干名选手参赛，比赛以团体成绩为准。

（2）歌咏比赛。该项比赛设表演及才艺展示两个环节，以部门（车间）为单位进行报名。

（3）拔河比赛。分设男女两组，由部门联合组队参赛，参赛队数量以报名数为基准。

（4）演讲比赛。以与企业发展实际相关内容为题材拟稿演讲，各部门（车间）选派一名选手参赛。

（5）中秋灯谜。面向公司全体员工开展，员工自主参与，以个人猜对谜语的难易程度设置奖项。

（6）圣诞/元旦文娱晚会。以部门为单位选派参加，各部门准备文娱节目，晚会以文娱节目和趣味游戏相结合进行，主旨为丰富员工娱乐生活，共同迎接新年。

2．体育类

（1）乒乓球比赛。主要设男单、女单、混双三个项目的比赛，以部门（车间）为单位组队报名参赛，全部设单项比赛，不设团体赛。如果单项参赛人员少于8人（对）则取消该项目的比赛。

（2）羽毛球比赛。主要设男单、女单、混双三个项目的比赛，以部门为单位组队报名参赛，全部进行单项比赛，不设团体赛。如果单项参赛人员少于8人（对）则取消该项目的比赛。

（3）篮球比赛。各部门根据自身实际情况以部门独立或部门联合组队的形式参赛，比赛采取循环积分及淘汰机制进行。

3．技能类

开展专业技能大赛，目的在于巩固员工的专业技能，加强其专业技能的交流和学习。

项目设置可包括技术比武、包装技术比武及消防逃生演习，以上三项比武可设为企业传统项目，由生产部门等相关部门自主提报方案。

4．知识类

企业文化知识、产品信息以及各项规章制度是企业员工应掌握的。企业可以通过举办企业产品知识竞赛、企业文化知识竞赛等活动，让员工更进一步地了解企业文化和专业知识。

5．经费来源

（1）公司提供。

（2）员工缺勤扣款。

（3）员工日常违纪罚款。

第3节　企业户外拓展训练

户外拓展训练是一项旨在协助企业提升员工核心价值的训练。通过训练课程能够有效地开发企业员工的潜能，提升和强化个人心理素质，帮助企业员工培养健康的人格，同时让团队成员更深刻地体验个人与企业之间，下级与上级之间，员工与员工之间唇齿相依的关系，从而激发员工更高昂的工作热诚和拼搏创新的动力，使团队更富凝聚力。

3.1　拓展训练课程的设计

1．业务人员的课程设计

业务人员课程设计的重点如下。

（1）业务人员坚忍不拔，不畏艰辛，勇往直前的毅力。

（2）业务人员超越自我，积极向上的心态。

（3）业务人员的责任心、荣誉感。

（4）积极主动的沟通精神。

（5）全面的团队合作意识。

2．后勤服务人员的课程设计

行政人员、财务人员、文员课程设计的重点如下。

（1）团队活动中良好的服务意识。

（2）全面的沟通、协调及配合意识与能力。

（3）缜密、严谨的工作作风。

（4）了解团队的深刻意义，了解自身的价值及在团队中的重要性。

（5）分析问题及解决问题的能力。

3．生产技术人员的课程设计

生产管理人员、研发人员、品管人员、采购人员课程设计的重点如下。

（1）工作的计划性与严谨性。

（2）跨部门的团队沟通意识与能力。

（3）信息的把握与资源的合理运用。

（4）成本控制、质量把握。

（5）勇于创新、不断开拓。

4．中层领导者的课程设计

中层领导者课程设计的重点如下。

（1）卓越的领导能力。

（2）培养高效率团队合作能力。

（3）计划与控制能力。

（4）沟通与协调能力。

（5）策略与创新能力。

5．企业全体员工的课程设计

企业全体员工课程设计的重点如下。

（1）自我突破，超越自我。

（2）高效团队，高效运作。

（3）改善沟通，互相配合。

（4）以人为本，共同进步。

（5）追求创新，主动求变。

3.2 拓展训练的流程

室外拓展训练的流程通常包括以下几个阶段，具体如图5-6所示。

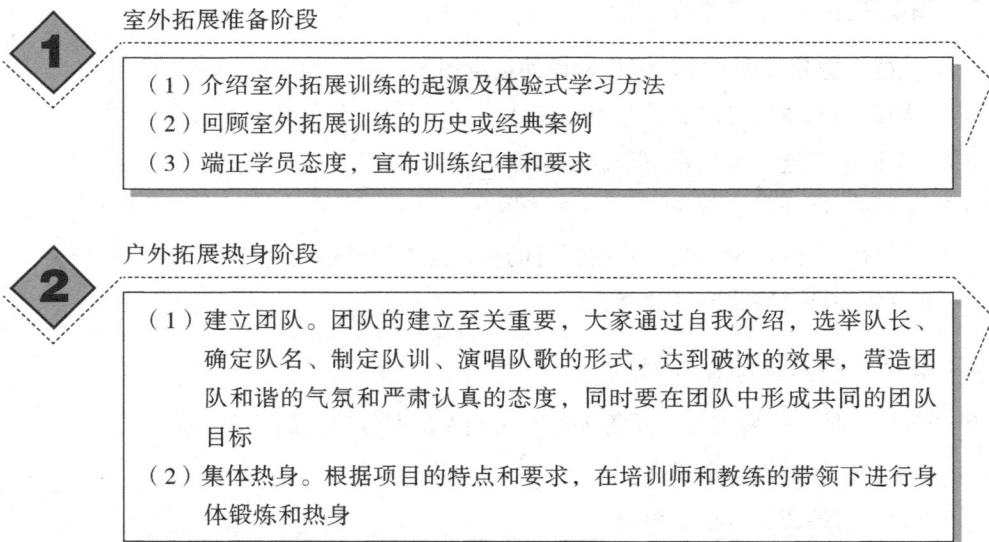

1 室外拓展准备阶段

（1）介绍室外拓展训练的起源及体验式学习方法
（2）回顾室外拓展训练的历史或经典案例
（3）端正学员态度，宣布训练纪律和要求

2 户外拓展热身阶段

（1）建立团队。团队的建立至关重要，大家通过自我介绍，选举队长、确定队名、制定队训、演唱队歌的形式，达到破冰的效果，营造团队和谐的气氛和严肃认真的态度，同时要在团队中形成共同的团队目标
（2）集体热身。根据项目的特点和要求，在培训师和教练的带领下进行身体锻炼和热身

3 室外拓展项目训练阶段

根据课程要求和项目特点，由培训师或教练介绍项目特点和安全注意事项，然后开始训练。在训练过程中，培训师不仅要把握全局，还要能及时发现学员的情绪波动，及时做好引导，帮助学员克服心理障碍

4 室外拓展项目训练小结

每个项目结束后，所有团队必须及时就项目训练过程进行回顾并发表自己的体验感受。培训师根据训练中每个团队的情况顺势加以引导，帮助学员建立自己的体验和感悟，从而使团队中的其他学员得以获益，进而使企业能够将培训中的收获运用与实践，最终达到整体培训的效果

5 室外拓展整理消化总结阶段

拓展训练全部结束之后，要求学员整理消化并形成文字总结，总结的内容可以写体验和感受，企业可将其登载在相应的网站和刊物予以宣传，并建立相应的档案，做好后期跟踪反馈工作

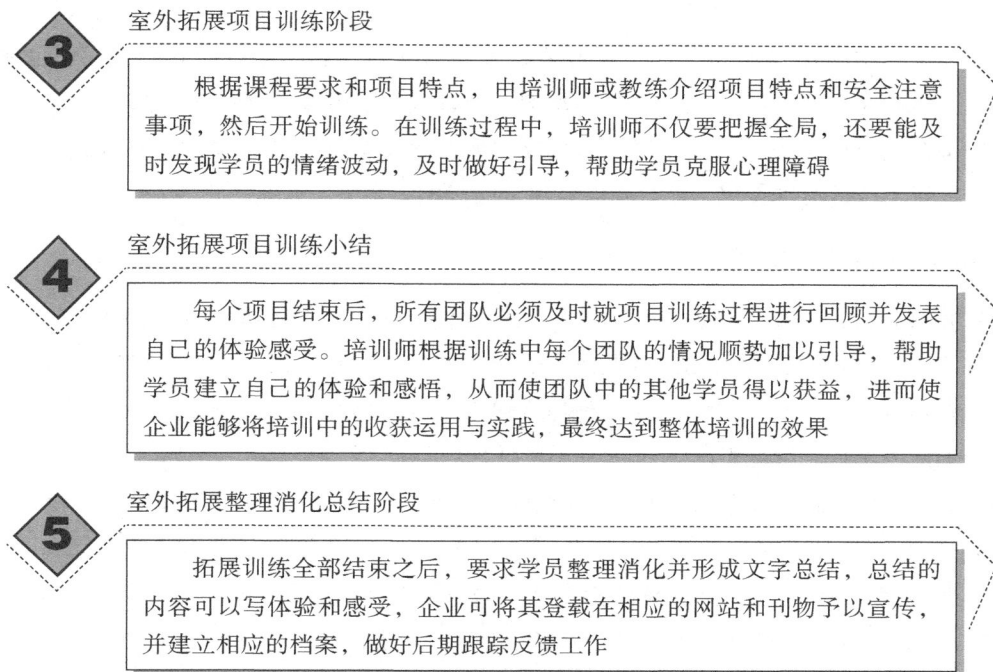

图5-6 室外拓展训练的流程

3.3 拓展训练的安全

拓展训练中的安全问题是不容忽视的。下面将从人的安全、物的安全和人与物结合的安全三个方面进行描述。

1. 人的安全

几乎所有安全事故的发生都与人有着最直接的联系。可能因人而起，也可能伤害到人。所谓人的安全主要指身体生理安全、心理精神安全和社会安全。拓展培训中最容易发生伤害事故的就是学员和培训师，因此要重点关注和保护学员、培训师的安全。

2. 物的安全

拓展培训中，很多安全事故的发生与拓展培训的教学环境有很大的关系。例如，培训的场所是不是封闭，绳索有没有质量问题，培训情景的模拟与设置是否合理，培训设备是否符合要求等。

一定要在实施教学培训前认真检查教学中可能使用到的所有培训设备、场地、器材和道具的安全性。同时，在教学实施中，一定要及时、定时地检查培训设备，并要求学员和培训师爱护设备和器材。

3．人与物结合的安全

所谓人与物结合的安全是指保护技术的安全与正确操作，如安全保护器材的正确使用技术、保护垫的设置（应保证独立、均匀、有富余）、五步收绳技术（法式）的安全操作、绕绳急速下降的安全操作、高空紧急支援的技术安全操作和监控技术等。企业应建立并严格执行正确的检查流程，流程中应有固定的步骤、要求、反馈和检查等内容。

4．拓展训练应急预案

在拓展训练期间出现突发事件时，为确保学员能够及时、迅速、高效、有序地做好应急处理工作，保障全体学员的人身及财产安全，企业应制定应急预案。所谓突发事件，是指外出拓展训练时突遇天降大雨、基地停水停电、路途堵车、学员身体突然感到不适等事件。培训前需掌握和紧急情况下的处理方式如下。

（1）联系电话，包括主教练、执训教练、后勤教练、企业负责人及所有参训学员等的联系方式。

（2）突发事件发生后，应急活动领导小组应将重大事件在第一时间及时向企业汇报。

（3）各领导小组成员在各自职责范围内做好突发事件应急处理的有关工作，切实履行各自的职责。

（4）突发事件发生后，应急活动领导小组立即采取措施，同时加强学员管理，确保学员心态和情绪稳定。

（5）应急活动领导小组组长对突发事件的经过做好记录，向有关部门提供汇报资料，协助有关部门处理善后事宜。

3.4 拓展训练成功的要点

在拓展训练过程中，体验活动只是此学习过程的开始，如何让受训者获得感悟、得到启发，并以组织学习的方式获得个人和团队的进步是拓展活动最重要的任务和宗旨。一次成功的室外拓展训练，必须要注意以下几个要点。

1．体验

体验是开端。受训者投入一项活动，并以观察、表达和行动的形式置身其中。这种初始的体验是整个训练过程的基础，学员要充分地融入到训练中去，这样才能充分调动和发挥受训者的能动性，暴露其缺点和问题。

2．分享

有了体验以后，受训者要与其他体验过或观察过此项目的人分享他们的感受。这个环节一般是在项目结束之后，培训师把学员们集中到一起，对项目开展过程中出现的问题进行总结，并且引导学员进行自我剖析，让大家在以后的工作中有所改进。

3．交流

分享个人的感受只是一个开始，受训者要与其他人探讨、交流自己的感悟，并从中获得新的启示。

4．整合

总结、归纳训练成果，帮助受训者进一步定义和理解体验中得出的启示，并结合未来工作进行消化。

5．应用

最后一个环节是考虑如何将这些体验应用在工作及生活中，包括接下来的活动中。而应用本身也成为一种体验，有了新的体验，循环又开始了，因此受训者可以不断改善、进步。

3.5 常见室外拓展训练内容方案

1．拓展项目热身

时间	内容	目的
约40分钟	团队体验课程包括拓展训练的起源、发展、训练形式、训练内容和训练目的等	让参训的学员对体验式训练有一个概念性的和比较准确的认识，以便学员以认真的态度和积极的心态参加此次培训；让学员们互相加强了解，从心理上和组织上为接下来的培训做好充分的准备；可以锻炼学员在众人面前说话和推销自己的能力

2．背摔

时间	内容	目的
40分钟	每一名学员依次从一座高1.4米的背摔台上背对大家直身向后倒下，其他学员在背摔台下平伸双臂予以保护	及时沟通的必要性，沟通是团队建设的基础，是任务顺利完成的保障；建立相互信任与责任的团队气氛（相互信任与责任是团队合作的基础）；通过身体接触，打破员工之间的陌生与隔阂，体会团队同伴对自己的支持；体验环境变化后，在恐惧与挑战面前，团队激励对个人的作用；体验诚信与承诺对于个人成长、组织发展的重要性

3．巨人梯

时间	内容	目的
体验与回顾共计约一个半小时	参训者两人一组，在绝对安全的前提下相互协助，共同攀上由绳索搭成的摇摆不稳的天梯	培养自信、勇敢、果断、合作的精神，帮助团队成员迅速拉近彼此之间的距离，理解合作的重要性，明白帮助别人就是帮助自己。树立奋斗不息的信念，不为挫折而屈服，决不轻言放弃的精神，发挥优势互补的力量，坚定地、扎实地实现预定的目标。如能发扬攀登天梯的精神，在处理企业内部问题上，会得到"1+1>2"的良好效果

4．蜘蛛网

时间	内容	目的
体验与回顾共计约一个小时	所有学员在规定的时间内通过网洞，从网的一侧到达另一侧	体验项目前期资源确认与合理配置的重要性，强调细节的重要性，人员的分工协作，增加团队成员之间的信任感与凝聚力、敢于实践，突破经验主义，端正态度

5．罐头鞋

时间	内容	目的
体验和回顾共计约40分钟	所有学员站在由三个油桶支撑着的两块木板上，在规定的时间内，在人不着地的前提下，所有学员到达前方的目的地	体验直线式沟通的障碍和缺陷，探讨解决方法，针对目标进行可行性方案的讨论和制定，体验执行力对于团队顺利完成目标的重要性，深刻认识到细节问题对全局的影响，体验时间管理、领导与授权的重要性

学习笔记

通过学习本章内容，相信您已经有了不少学习心得，请仔细记录下来，以便巩固学习成果。如果您在学习中遇到了一些难点，也请如实写下来，方便今后重复学习，彻底解决这些学习难点。

同时，本章列举了大量实用范本，与具体的理论内容互为参照和补充，方便您边学边用。请如实填写您的运用计划，以使工作与学习能够更好地结合。

我的学习心得：

1. _____
2. _____
3. _____

我的学习难点：

1. _____
2. _____
3. _____

我的运用计划：

1. _____
2. _____
3. _____

第6章

薪酬与福利

··· 关键指引 ········

在企业运营过程中，尽管精神激励仍然需要，但物质激励更为有效和普遍。薪酬体系体现了组织对员工的物质激励，而且可以吸引、留住、激励组织所需的人才。

···

第 1 节　薪酬体系设计

随着企业间竞争的加剧，薪酬调查成为了企业薪酬战略实现的工具之一。薪酬调查的范围也越来越广泛，由以往主要对薪酬水平的调查扩展到对薪酬体系整体性的调查。因此，人力资源经理要对薪酬调查进行严格规划，并据此为企业设计合理的薪酬体系。

1.1　薪酬调查

薪酬调查一般以企业所在地为调查地区，主要针对低薪或无专长的普遍工种岗位。因为这一类的劳动力流动区域一般局限在当地，也比较节省调查费用。由于高新技术人才和行政、管理岗位的复合型人才的学历较高，流动性较大，所以企业最好进行全国性的薪酬调查，以利于留住这些人才。

1. 薪酬调查的渠道

薪酬调查的渠道通常有以下几种。

（1）企业之间的相互调查。最可靠和最经济的薪酬调查渠道是企业之间的相互调查。相关企业的人力资源部可以采取联合调查的形式，共享薪酬信息。相互调查较为正式，也可使双方受益。调查可以采取座谈会、问卷调查等多种形式。

（2）委托专业机构调查。通过这些专业机构进行调查会减少企业人力资源部的工作量，省去了企业之间的协调费用，但它需要向专业机构支付一定的费用。

（3）从公开的信息中了解。有些企业在发布招聘广告时会写上薪酬待遇，调查人员稍加留意就可以了解到这些信息。另外，某些城市的人才交流部门也会定期发布一些岗位的薪酬参考信息，同一岗位的薪酬信息，一般分为高、中、低三档。由于它覆盖面广、薪酬范围大，所以对有些企业并没有实际意义。

（4）通过应聘者来了解。招聘时采用问卷调查及面谈期望薪酬等方式，对外部人力资源市场价格有大致了解。一般情况下，这个信息的准确度还是比较高的，因为大多数应聘者对行业内该岗位的薪酬水平有所了解，同时会非常慎重地提出薪酬要求。如果企业经常因为薪酬原因不能招聘到优秀的员工，那么说明企业提供的薪酬水平的确没有竞争力。

（5）购买外部数据。向专业薪酬服务机构购买有关薪酬数据。很多市场调查企业、咨询企业都有自己的薪酬数据库，薪酬数据库往往按区域、行业、岗位、时间分类，可以查询任意区域、任何行业、任何岗位有关薪酬数据以及变化趋势数据。

2．确定薪酬预算

一般来说，薪酬预算有两种方法，一种是自下而上法，另一种是自上而下法。名称很普通，却形象地反映了两种方法各自的特点。

（1）自下而上法。"下"指员工，"上"指各级部门，以至企业整体。自下而上法是指从企业的每位员工在未来一年薪酬的预算估计数字，计算出整个部门所需要的薪酬支出，然后汇集所有部门的预算数字，编制企业整体的薪酬预算。

（2）自上而下法。与自下而上法相对应，自上而下法是指先由企业的高层主管决定企业整体的薪酬预算额和增薪的数额，然后将整个预算数目分配到每一个部门。各部门按照所分配的预算数额，根据本部门内部的实际情况，将数额分配到每一位员工。

3．岗位分析

企业可以通过岗位评价制定相应的岗位薪酬标准，从而实现公司内岗位价值的相对公平。岗位分析是一个全面的评价过程，这个过程包括准备阶段、调查阶段、分析阶段和完成阶段共四个阶段。这四个阶段的关系十分密切，它们相互联系、相互影响。具体步骤如图6-1所示。

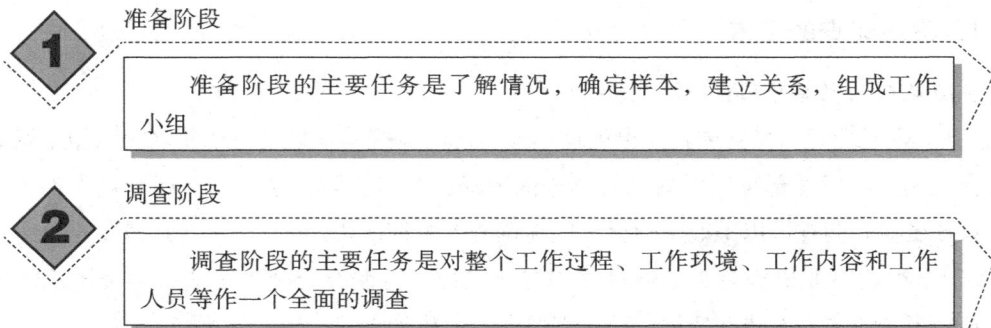

1 准备阶段

　　准备阶段的主要任务是了解情况，确定样本，建立关系，组成工作小组

2 调查阶段

　　调查阶段的主要任务是对整个工作过程、工作环境、工作内容和工作人员等作一个全面的调查

③ 分析阶段

> 分析阶段的主要任务是对有关工作特征和工作人员特征的调查结果进行深入、全面的分析

④ 完成阶段

> 完成阶段是岗位分析的最后阶段，前三个阶段的工作都是为了达到此阶段目标的，此阶段的任务就是根据规范和信息编制"工作描述"和"工作说明书"

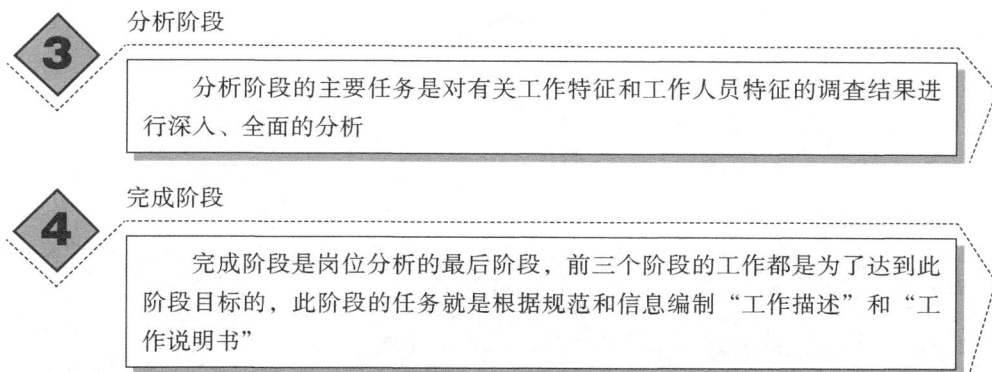

图6-1　岗位分析步骤

1.2　激励性薪酬设计

在企业中，通过金钱发挥其激励作用是薪酬设计的关键所在。间隔一定时间、增长一定幅度的工资有时候可以激励员工，但是，有时候提高工资并不能带来士气的提高。究其原因，最根本的一点是如何确定和设计薪酬，使之发挥激励作用。

薪酬总额的多少，与能否留住人员有关；而薪酬结构如何，与能否激励人员有关。什么样的薪酬结构才有激励性呢？以下是企业在不同的发展阶段设计薪酬体系的策略表（如表6-1所示）。

表6-1　企业不同发展阶段的薪酬策略表

企业发展阶段	基本薪资	奖金	福利
初创期	低	高	低
成长期	具有竞争力	高	低
成熟期	具有竞争力	具有竞争力	具有竞争力
稳定期	高	低	高
衰退期	高	无	高
更新期	具有竞争力	高	低

1. 薪酬体系的结构

科学的薪酬设计体系是保证薪酬公平性的基础。薪酬体系设计的科学性主要体现在薪酬体系设计与企业的发展战略相结合上，这样可以使收入分配向对企业的战略发展做出突出贡献的员工倾斜，以达成企业的战略目标。一个完整的薪酬体系结构如图6-2所示。

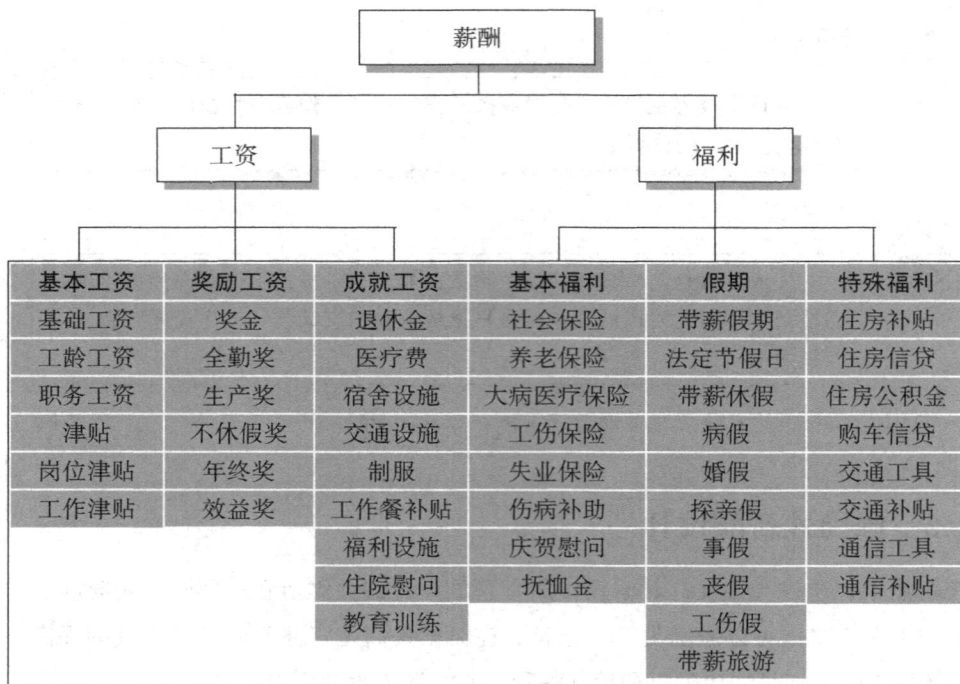

图6-2　薪酬体系的结构

2. 薪酬体系设计的基本模式

企业的薪酬体系由多部分构成，其中主要有基本工资、奖励工资、成就工资、福利等，这些不同的薪酬组成部分具有不同的刚性和差异性。薪酬模式是将上述四部分按不同比例组合在一起。从目前的实践结果来看看，主要有以下三种基本模式，如表6-2所示。

表6-2　薪酬体系设计的基本模式

序号	类别	具体说明
1	高弹性型薪酬模式	高弹性型薪酬模式是一种激励性很强的薪酬模式。绩效薪酬是薪酬模式的主要组成部分，基本薪酬处于非常次要的地位，所占的比重非常低。即薪酬结构中固定的比例非常低，而浮动的比例非常高。采用这种薪酬模式，员工能获得多少薪酬完全依赖于工作的好坏。当员工绩效非常优秀时，薪酬则非常高；当绩效非常差时，薪酬则非常低。这种模式激励性强，员工安全感差
2	高稳定型薪酬模式	高稳定型薪酬模式是一种稳定性很强的薪酬模式。基本薪酬是薪酬结构的主要组成部分，绩效薪酬处于非常次要的地位，所占比例非常低。即薪酬结构中固定的比例非常高，而浮动的比例非常低。采用这种薪酬模式，员工的收入非常稳定，比较容易获得全额的薪酬，但缺乏激励功能

（续表）

序号	类别	具体说明
3	调和型薪酬模式	调和型薪酬模式是一种既具有激励性又具有稳定型的薪酬模式，绩效薪酬和基本薪酬各占一定比例。当两者比例不断发生变化时，这种模式可以演变为以激励为主的薪酬模式，也可以演变为以稳定为主的薪酬模式

3. 薪酬设计模型

企业决定采用哪一种计薪模式之前，应明确该策略的意义和需要达成的目标是什么，同时还要考虑薪酬总额的控制。以下是几种常见的薪酬模型，企业在实施精益化管理时可以参考使用。

（1）销售人员薪酬设计模型

销售人员有别于一般管理人员和生产人员，因为他们的工作时间自由、开放度大，完全以市场为导向，很难以上班时间的长短来计算薪酬。销售人员的薪酬一般是以销售业绩来衡量的，每日、每月、每季度的销售量清楚地反映了销售人员工作业绩的好坏。

销售人员的薪酬设计模型比较简单，但基于这种模型，不同企业可以有不同的选择。常见销售人员的薪酬设计模型包括以下五种：纯基本工资制、基本工资+奖金制、基本工资+业务提成制、基本工资+业务提成+奖金制、纯业务提成制，如表6-3所示。

表6-3　销售人员的薪酬设计模型

模式	底薪	业务提成	奖金	福利	缺点	优点
纯基本工资制	A	0	0	V	完全没有激励性	员工收入稳定，有一定保证
基本工资+奖金	A	0	B	V	激励性不强	员工收入稳定且有一定的激励性
基本工资+业务提成	A	N%×业务量	0	V	/	员工收入稳定且有较强的激励性
基本工资+业务提成+奖金	A	N%×业务量	B	V	/	员工收入稳定且有较强的激励性，员工有企业归属感
纯业务提成制	0	N%×业务量	0	V	员工收入没有保证	激励性非常强

注：A代表底薪，N%代表系数，B代表奖金，V代表福利。

（2）生产人员的薪酬设计模型

生产人员的薪酬设计模型通常包括计时制、计件制及计效制。计时制又可分为简单计时制和差别计时制，计件制也可分为简单计件制和差别计件制，如表6-4所示。

表6-4 生产人员的薪酬设计模型

序号	模式	计薪方式
1	简单计时制	月薪或工作天数×日薪
2	差别计时制	工作天数×日薪+加班小时数×时薪
3	简单计件制	生产数量×产品生产单价
4	差别计件制	标准产量×产品生产单价1＋超额产量×产品生产单价2
5	计效制	完成标准产量部分的基本薪酬+超额奖金

（3）管理人员的薪酬设计模型

大多数企业管理人员的薪酬设计模型都具有战略性和挑战性。通常对高级管理人员（如决策者、职业经理人、高级经理等）实行在高难度经营目标基础上的高额年薪制，而对一般管理人员则实行在业绩评价基础上的月薪制。

与月薪制相比，年薪制更能体现高级管理人员的经营管理能力和价值，是目前人力资源商品化、管理人才凸显价值的一种发展趋势。

（4）技术人员的薪酬设计模型

技术人员是指企业内部根据工作需要，选择那些有资质、有能力并安排他们到特定技术岗位工作的人员（如研发工程师、品质工程师、网络工程师等）。通常对技术人员的薪酬设计模型设计方法有两种，第一种是以职称高低为主要依据的"职称评定法"，第二种是以内部层级为主要依据的"评聘分离法"。

第2节 企业福利管理

福利是薪酬体系的重要组成部分，是员工的间接报酬。随着经济的发展、企业间竞争的加剧，丰厚的福利待遇比高薪更能有效地激励员工。因此，企业根据自身情况和员工状况设置不同的福利往往可以更有效地改善员工关系，达到精益化管理的目的。

2.1 制定企业福利政策

1. 目标

一般福利工作的目标包括以下两方面。

（1）福利工作本身的目的，是为员工安心工作提供保障。

（2）福利是法定权益在企业中的进一步落实。

2．策略

（1）预算的制定与控制。福利的预算很重要，福利预算的制定和控制是福利管理工作的重要手段和措施。

（2）充分发挥社会福利的作用。所有的企业都应该尽可能充分地发挥社会福利的作用，虽然社会提供的医疗保险、大病统筹等能够用到的很少，但如果不用，则是一个不明智的选择。

（3）员工沟通。要让员工感受、体会到企业的福利政策，其中一个很关键的手段和方法就是沟通。书面上的沟通或者政策上的宣传，是企业福利管理中经常需要采用的。

3．权限、职责与分工

（1）企业董事会。像福利基金的提取，尤其是政府规定之外的奖励基金有多少可以拿出来用作员工的福利，这可能是董事会需要决策的事情。再如制订一个重大的计划，开发新的福利项目，对于这样的重大决策，董事会通常要审核批准。

（2）员工福利管理委员会。如果做得细一点，企业一般还会成立一个福利管理委员会，该委员会是由员工代表、人力资源部的人员和各部门的负责人组成的。

2.2 员工福利的构成

通常而言，员工福利的构成如图6-3所示。

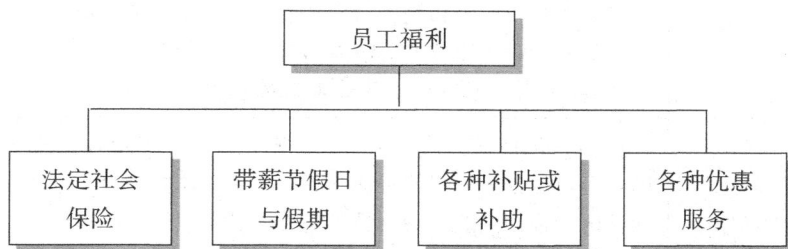

图6-3 员工福利的构成

1．法定社会保险

企业要面对很多法律规定必须提供的福利项目。我国目前法律规定的社会保险项目包括养老保险、失业保险、医疗保险、工伤保险以及生育保险，具体如表6-5所示。

表6-5　法定社会保险

序号	项目	详细说明
1	养老保险	养老保险是针对退出劳动领域、失去劳动能力的老年人实行的社会保护和社会救助措施，是我国目前覆盖面最广、社会化程度最高的社会保险形式
2	失业保险	失业保险是指为遭遇失业风险、收入暂时中断的失业者设置的一道安全网。它的覆盖范围通常包括社会经济活动中的所有劳动者
3	工伤保险	工伤保险是针对最容易发生工伤事故和职业病的工作人群的一种特殊社会保险
4	医疗保险	医疗保险是指由国家立法，通过强制性社会保险原则和方法筹集医疗资金，保证人们平等地获得适当的医疗服务的一种制度
5	生育保险	生育保险是指为女员工设置的专门保险项目，为妇女提供生育期间的生活保障，体现对妇女和儿童的特殊保护

2．带薪节假日与假期

带薪节假日与假期的具体内容如表6-6所示。

表6-6　带薪节假日与假期

序号	内容	详细说明
1	公休假日	公休假日是指劳动者工作满一个工作周之后的休息时间。我国实行每周40小时工作制，劳动者的公休假日为每周两天
2	法定假日休假	节日是劳动者的休息时间，员工在节日期间享受正常的工资是各国立法规定的劳动者的权利。对于企业来说，向员工支付非工作报酬是一项员工福利。我国法定的劳动者休假节日为元旦、春节、清明节、国际劳动节、端午节、国庆节以及法律、法规规定的其他休假节日
3	带薪年休假	年休假是指员工满一定工作年限，每年享有照发工资的连续休假时间。企业通常将一定的企业工龄作为享受休假待遇的基本条件，休假时间长短可根据企业工龄、员工年龄、员工职级等因素确定。休假期间的薪金标准可以是平常工资标准。我国《劳动法》规定实行带薪年休假制度，劳动者连续工作一年以上，可享受带薪年休假待遇
4	带薪事假、带薪病假、带薪产假	带薪事假是指员工因某些事由请假不超过一定的期限，企业仍给付一定的薪金，并为其保留工作岗位。带薪病假实质上属于医疗保险待遇范畴，带薪产假实质上属于员工生育保险待遇范畴，但由于病假、产假期间工资仍由企业支付，因此被视为员工福利的内容

3．各种补贴或补助

各种补贴或补助的具体内容如表6-7所示。

表6-7　其他补贴或补助

序号	内容	详细说明
1	家庭补贴	常见的项目有结婚补贴、安家补贴、育儿补贴、赡养老人补贴、子女教育补贴、生活费用补贴等
2	住房补贴	给予员工住房补贴。一些企业为员工提供住房补贴，或者提供购房内部优惠贷款，或者无偿或低租分配员工住房，或者建立住房公积金计划，帮助员工积累购房资金
3	交通补贴	交通补贴有多种形式。例如，直接提供交通车，在固定时间接送员工上下班；提供现金交通补贴；企业直接向公交企业付费，员工在固定线路上免费乘车等
4	工作餐补贴	工作餐补贴是普遍实行的员工福利项目。具体形式有提供现金补贴、免费或低费提供工作餐等
5	教育补贴	对提高文化水平和工作技能的员工来说，教育培训补贴是一项福利待遇，对企业而言，则是一项重要的人力资本投资。有的企业为员工支付教育培训所需的全部费用，有的企业支付一定比例，有的企业则按统一标准支付

4．员工福利实施的类型

企业员工的福利项目日益呈现出多样化的趋势，主要有以下几种类型。

（1）健康福利计划

企业之所以致力于制订健康福利计划，主要基于以下几个原因，如表6-8所示。

表6-8　企业制订健康福利计划的原因

序号	类别	具体说明
1	控制健康福利成本的上升	伴随着企业健康福利成本的不断上升，企业需要寻找新的途径来控制医疗成本，统筹员工的医疗费开支。促使健康福利成本上升的原因主要有三个。 （1）项目不断增加，在一些发达国家，健康保险除了日常的疾病治疗以外，还包括健康护理、牙科及视力保健等众多项目 （2）管理体制造成浪费低效，例如，医疗部门收费标准不断提高和员工过度消费是发达国家企业面临的共同问题 （3）随着人口老龄化，企业劳动力也在逐步老化。这些因素都促使企业的健康福利成本呈上升趋势

（续表）

序号	类别	具体说明
2	增大人力资本投入	健康投资也属于人力资源投资。伴随着竞争的加剧，企业逐步认识到员工的身体和心理健康是人力资源开发管理的一个重要方面。以往企业健康保健的重点是在员工的生理疾病治疗方面，而不是在心理和精神健康方面。随着人们对心理健康的重视，企业的投入也在增加
3	满足员工对健康需求的增加	随着生活水平和教育水平的提高，员工的健康保险意识越来越强烈，对保健的需求也日益增加。企业为了迎合这些需求，加大了对健康保险的投入
4	吸引和留住优秀员工，降低核心员工辞职率	单纯依靠货币工资已不足以吸引和留住优秀员工，许多企业将健康福利计划作为吸引人才的一种手段和对员工的承诺

（2）住房计划

住房计划是许多企业激励和留住员工，解决员工，特别是年轻和新进员工住房问题的重要手段。许多企业都制订和实施了住房计划。例如，目前我国大部分企业都遵守执行了住房公积金制度。图6-4所示的几种情况是指有条件的企业为员工提供的福利。

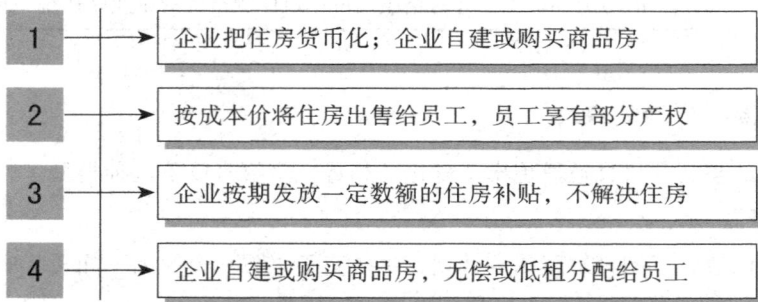

1	企业把住房货币化；企业自建或购买商品房
2	按成本价将住房出售给员工，员工享有部分产权
3	企业按期发放一定数额的住房补贴，不解决住房
4	企业自建或购买商品房，无偿或低租分配给员工

图6-4　解决员工住房的途径

（3）教育培训计划

员工教育培训计划具有多重性质。福利性虽然不是主流，但是它可以在两个方面发挥作用：一是改变企业福利单纯提供生活服务的功能，很好地将企业福利与企业人力资源开发战略结合起来；二是可以迎合员工对自身能力开发的需求，很好地将企业开发与员工自我开发结合起来。

（4）其他

带薪休假计划、为子女和家庭提供各种服务的福利计划和方案等项目仍然在许多企业中实施，方式更加多样化。近年来，许多企业推行自助式福利计划，主要是针对传统福利项目的弊端，适应员工新的需求而产生的。随着家庭模式的多样化，一些单身或者单亲家庭越来越多，并具有不同的需求：如单身员工没有照顾家庭和子女的需要；单身母亲更需要提供抚养孩子方面的支持，而不是带薪休假；无子女的员工认为养老计划对他们更重要。因此，自助式福利计划的提倡者认为该计划的实施有助于协调这些矛盾，满足员工多样化的需求，同时有助于克服传统福利计划中利益享受不均的弊端。

第3节　绩效考核管理

　　员工的薪酬包括基本工资、岗位工资、绩效工资、奖金和福利等。绩效工资作为薪酬的重要组成部分，根据岗位所处的职等和职级、各岗位的绩效工资标准的金额水平（即绩效工资的计算基数）而有所不同。实施绩效工资的目的在于激发员工的工作积极性。有效的绩效考核可以对员工的努力程度和工作成果进行客观的评价，并且通过对考核结果的沟通和强化提高员工的努力程度和工作成果，如图6-5所示。

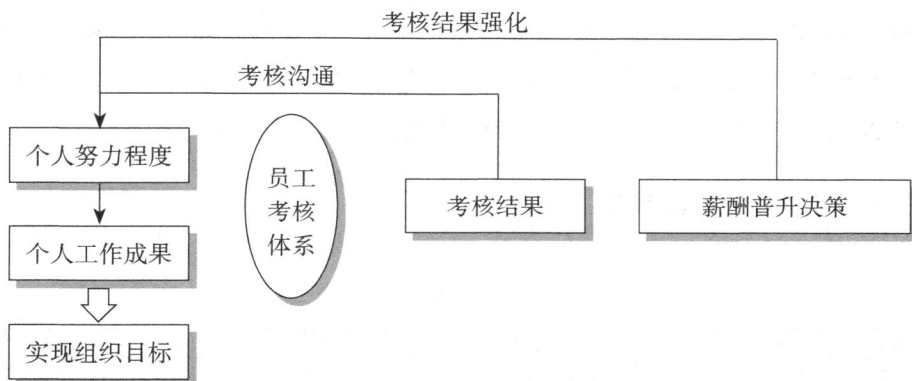

图6-5　绩效考核管理目标

3.1　绩效考核管理的内涵

1．绩效考核的内容

　　一般而言，员工考核主要包括四个方面的内容，即工作量（数量）、工作效果（质量）、对下属的指导教育作用以及在本职工作中努力改进和提高等创造性成果。具体的绩效考核内容如图6-6所示。

1 质量
任务完成结果正确、及时、与计划目标一致。接受他人帮助的程度及工作报告是否适当

2 数量
工作量、时间（速度）及费用节约情况

3 教育、指导
对下属进行现场教育指导的效果，对下属开展思想工作，提高他们自主管理意识的效果

4 创新、改善
改进和完善本职工作的效果，积极采用新思想、新方法的表现

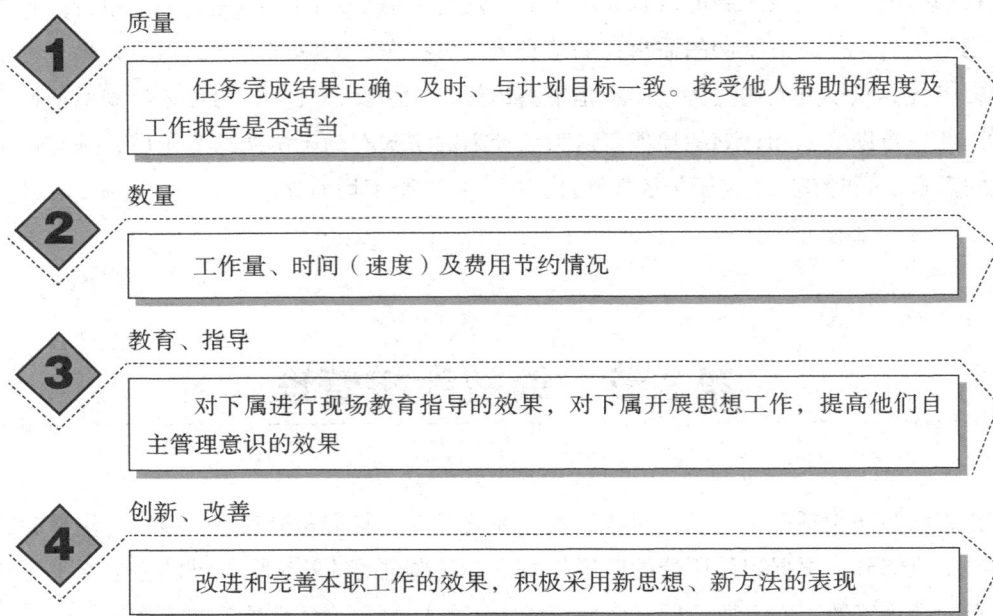

图6-6　绩效考核的内容

2．考核者的组成

考核小组由以下五类人员组成：直接上级、同事、被考核者的下级、被考核者本人和外部人员（用户等）或人力资源部门人员。有时候，需要由几方面的人共同或分别对相同的对象做出考核。上述五类人员各有其参加考核的优势。

【范本6-1】考核者组成表

考核者组成表

序号	内容	详细说明
1	直接上级	直接上级是被考核者的上级领导，他对被考核者承担直接管理与监督的责任，对下属人员是否完成了任务等工作情况比较了解，而且对被考核者也较少顾忌，能较客观地进行考核
2	同事	同事与被考核者共同处事，比上级更了解被考核者，但他们的考核常受人际关系状况影响
3	被考核者本人	员工对自己进行评价，抵触情绪少，但通常不客观，会出现自夸现象
4	被考核者下级	下级对上级进行评价时因为顾虑较多，通常只会说好话，客观性不强
5	外部人员	外部人员包括供应商、中间商、消费者或上下游部门等，可对与之有业务关系的员工进行评价

3．绩效考核的方法

绩效考核的方法有很多种，具体选用哪种方法要看企业属于哪个行业、规模多大等。常用的绩效考核方法通常有以下几种，如图6-7所示。

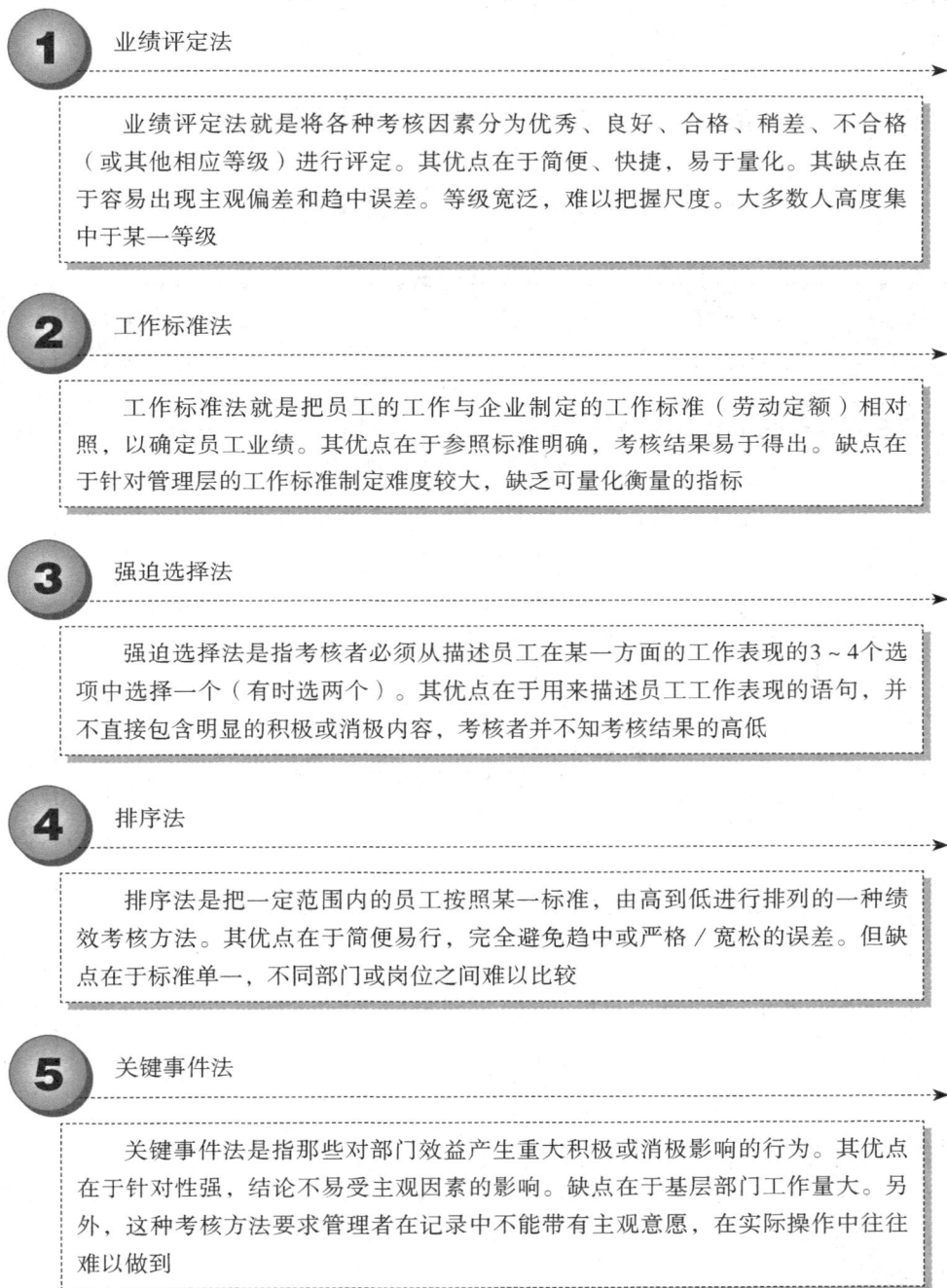

1 业绩评定法

业绩评定法就是将各种考核因素分为优秀、良好、合格、稍差、不合格（或其他相应等级）进行评定。其优点在于简便、快捷，易于量化。其缺点在于容易出现主观偏差和趋中误差。等级宽泛，难以把握尺度。大多数人高度集中于某一等级

2 工作标准法

工作标准法就是把员工的工作与企业制定的工作标准（劳动定额）相对照，以确定员工业绩。其优点在于参照标准明确，考核结果易于得出。缺点在于针对管理层的工作标准制定难度较大，缺乏可量化衡量的指标

3 强迫选择法

强迫选择法是指考核者必须从描述员工在某一方面的工作表现的3～4个选项中选择一个（有时选两个）。其优点在于用来描述员工工作表现的语句，并不直接包含明显的积极或消极内容，考核者并不知考核结果的高低

4 排序法

排序法是把一定范围内的员工按照某一标准，由高到低进行排列的一种绩效考核方法。其优点在于简便易行，完全避免趋中或严格／宽松的误差。但缺点在于标准单一，不同部门或岗位之间难以比较

5 关键事件法

关键事件法是指那些对部门效益产生重大积极或消极影响的行为。其优点在于针对性强，结论不易受主观因素的影响。缺点在于基层部门工作量大。另外，这种考核方法要求管理者在记录中不能带有主观意愿，在实际操作中往往难以做到

图6-7　绩效考核的方法

3.2 绩效考核实施步骤

1．分发绩效考核资料

考核一般按职能分为一般职能、主办职能、指导职能、监督职能。考核时对应各职能基准的资格来进行，每到考核期间，人力资源部应主动地将工作绩效考核资料分发给各部门负责人。

【范本6-2】一般、主办职能年中/年终工作绩效考核资料

一般、主办职能年中/年终工作绩效考核资料

考核期间：自_____年____月____日至_____年____月____日

区分	评价项目	着眼点	职能区分 / 资格 / 姓名		
分析评定	业绩成果依赖度	工作的质	业务的处理过程及其成果是否正确并可以依赖		
		工作的量	在规定期间里的业务处理量是否符合基准与计划；工作的速度如何		
		报告	是否适时地将处理过程及结果简洁且具体地向上司报告		
分析评定	业绩成果依赖度	改善	是否着眼于现状的问题点，致力于工作改善或新的处理方法等		
		整理、整顿	是否经常清理工作所需的机器、工具、零件、材料、文件等，尽力做好保养维修		
	工作态度	合作度	作为企业的一员，是否善于与上司、同事及其他相关者沟通，尽力使工作顺利完成，达到企业整体的目标		
		热忱、积极度	积极完成本职工作，热忱地进行工作改善的程度如何		
		规律、勤怠度	出勤状况是否良好，遵守工作规律，不打乱工作秩序，以认真的态度努力工作		
综合成绩			综合考量上述分析评定的成绩，再记下综合成绩		
顺位			记下同一考核组内（同一职能、同一资格）的顺位		
备注					

要点提示

成绩调查要领为：依每项分析评定的评价项目调查每个人在工作期间的职务完成状态；将综合考量分析评定所得出的成绩记入综合成绩栏内。

【范本6-3】监督、指导职能绩效考核资料表

监督、指导职能绩效考核资料表

考核期间：自_____年___月___日至_____年___月___日

区分	评价项目	着眼点		职能区分 资格 姓名		
分析评定	业绩成果依赖度	业务完成度	依照各级方针，评量是否完成计划、目标所要求的任务，其成果的质与量是否达到期望的标准			
		企划、计划	分析、整合业务上会发生的事情与状况，并予以系统化；观察是否做好完成目的所必要的策略计划			
		领导、统御	是否提升下属或新进人员的技术与知识，协助其进行自我启发，谋求沟通，有效地达到目标			
		协调	是否与人沟通，圆满地进行交涉或说服，达到所期望的目的			
		其他				
	工作态度	合作度	作为企业的一员，是否善于与上司、同事及其他相关者沟通，尽力使工作顺利完成，达到企业整体的目标			
		热忱、积极度	积极完成本职工作，热忱地进行工作改善的程度如何			

（续表）

区分	评价项目	着眼点		职能区分 资格 姓名		
分析评定	工作态度	规律、勤怠度	出勤状况是否良好，遵守工作规律，不打乱工作秩序，以认真的态度努力工作			
	综合成绩		综合考量上述分析评定的成绩，再记下综合成绩			
	顺位		记下同一考核组内（同一职能、同一资格）的顺位			
	备注					

说明：（1）成绩调查要领为：①依每项分析评定的评价项目调查每个人在工作期间的职务完成状；②将综合考量分析评定所得出的成绩记入综合成绩栏内。

（2）区分职能、资格、姓名在同一考核组（同一职能、同一资格）后记入。

2．考核者开展考核

按企业绩效考核制度的规定，各考核者按顺序对被考核者进行考核。

3．统计、汇总成绩

员工考核结果应以职务编制的企业为基础，在各部门内调整后，再汇总成"工作成绩考核表"及"工作成绩考核结果一览表"。

【范本6-4】工作成绩考核表

工作成绩考核表

考核期间：_____年___月___日至_____年___月___日

部门	姓名	员工编号	现职	资格	职能区分级	勤怠								考绩				学历	上次成绩
						病假	产假	事假	旷职	停职	迟到早退次数	换算日数	工伤	一次	二次	三次	核定		

【范本6-5】工作成绩考核结果一览表

工作成绩考核结果一览表

部门：　　　　　　　　　　　　　　　　　　　　　　　　日期：＿＿＿年＿＿月＿＿日

职位	级别	人员						
		S	A	B	C	D	E	小计
		10%	20%	20%	30%	15%	5%	100
监督职位	6级							
	5级							
	4级							
	小计							
指导职位	5级							
	4级							
	3级							
	小计							
主办职位	4级							
	3级							
	2级							
	小计							
一般职位	3级							
	2级							
	1级							
	小计							
合计								

4．考核资料的活用

考核不是目的，企业应特别注意考核结果的运用。考核结果可提供大量的有用信息，主要用处有以下几种。

（1）利用考核结果，帮助员工提高绩效，指出其不足和努力方向。

（2）为人力资源部的决策，如任用、晋级、提薪、奖励等提供依据。

（3）检查企业管理的各项政策的合理性，如人员配置、员工培训是否正确有效，如何改进和完善等。如图6-8所示是基于绩效考核结果的培训决策。

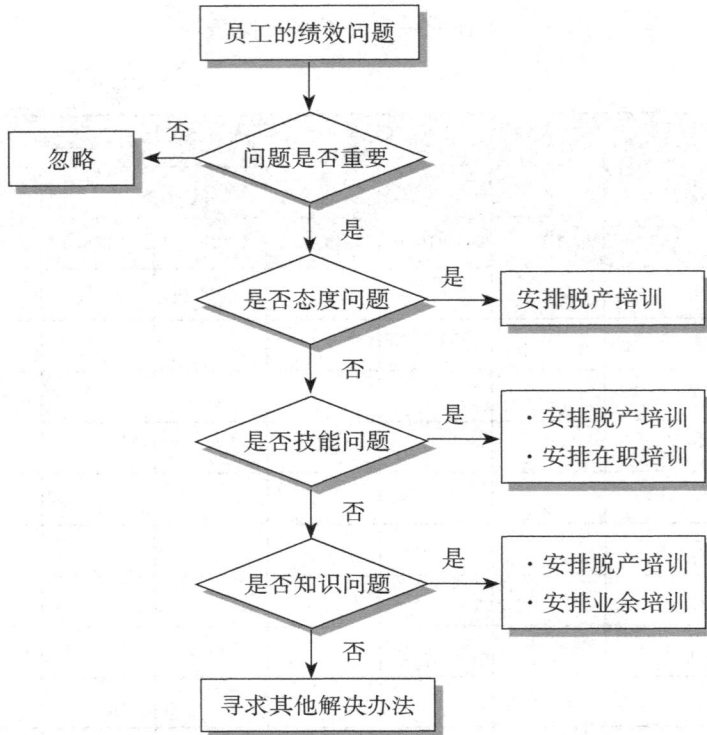

```
                    员工的绩效问题
                          │
                          ▼
          否          问题是否重要
    忽略 ◄─────────
                          │ 是
                          ▼
                                  是
                    是否态度问题 ─────────► 安排脱产培训
                          │ 否
                          ▼
                                  是      · 安排脱产培训
                    是否技能问题 ─────────► · 安排在职培训
                          │ 否
                          ▼
                                  是      · 安排脱产培训
                    是否知识问题 ─────────► · 安排业余培训
                          │ 否
                          ▼
                    寻求其他解决办法
```

图6-8　基于绩效考核的培训决策

（4）通过分析员工的绩效考核结果，人力资源管理人员对企业各个岗位的优秀人才所应具备的优秀品质与绩效特征，会有更深的理解，这会为招聘过程的甄选环节提供十分有益的参考。

（5）绩效考核结果应用于薪酬决策有如下三种主要形式，如图6-9所示。

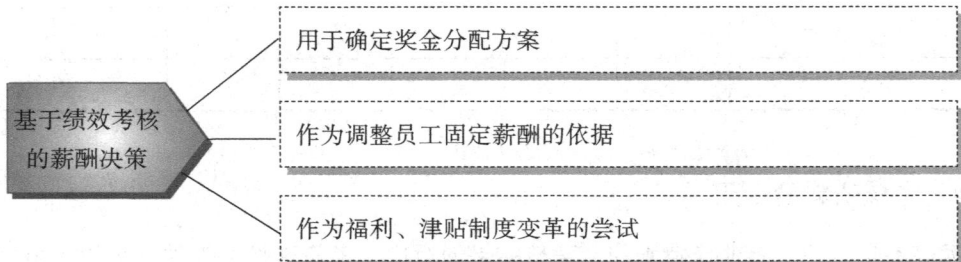

```
                        用于确定奖金分配方案

  基于绩效考核
  的薪酬决策            作为调整员工固定薪酬的依据

                        作为福利、津贴制度变革的尝试
```

图6-9　基于绩效考核的薪酬决策

学 习 笔 记

通过学习本章内容，相信您已经有了不少学习心得，请仔细记录下来，以便巩固学习成果。如果您在学习中遇到了一些难点，也请如实写下来，方便今后重复学习，彻底解决这些学习难点。

同时，本章列举了大量实用范本，与具体的理论内容互为参照和补充，方便您边学边用。请如实填写您的运用计划，以使工作与学习能够更好地结合。

我的学习心得：

1. _____
2. _____
3. _____

我的学习难点：

1. _____
2. _____
3. _____

我的运用计划：

1. _____
2. _____
3. _____

第 **7** 章

员工满意度调查

员工满意度指数是衡量员工关系良好与否的晴雨表，而员工满意度调查则是员工关系建设的基础。通过员工满度调查，企业可以对管理工作进行全面审核，管理层能够有效地诊断企业潜在的问题，了解企业决策和变化对员工的影响，进而减少和纠正生产率低、损耗率高、人员流动率高等紧迫问题，保证企业工作效率，实现企业最佳经济效益，达到企业精益化管理的目标。

第1节　员工满意度调查的内容

一般来说，员工满意度调查的问卷需要紧紧围绕企业的文化、价值观、企业管理总体质量等内容来进行。企业需要结合自身的实际情况，建立一套科学的员工评价指标体系，并定期进行调查，以了解员工满意度的动态变化。

1.1　员工满意的要素

据权威机构的研究表明，员工满意度每提高一个百分点，企业的顾客满意度将提高两个百分点；员工满意度达到80%的企业，平均利润率增长要高出同行业其他企业20%左右。那么，影响员工满意度的有哪些因素呢？如图7-1所示。

1 薪酬

薪酬是决定员工工作满意度的重要因素，它不仅能满足员工生活和工作的基本需求，而且还是公司对员工所作贡献的认可

2 工作

工作本身的内容在决定员工的满意度中也起着很重要的作用，其中影响员工满意度的两个最重要的方面是工作的多样化和职业培训

3 晋升

工作中的晋升机会对员工满意度有一定程度的影响，它会带来管理权利、工作内容和薪酬方面的变化

4 管理

员工满意度调查在管理方面一是考察企业是否做到了以员工为中心，管理者与员工的关系是否和谐；二是考察企业的民主管理机制，也就是说员工参与和影响决策的程度如何

5 环境

好的工作条件和工作环境，如温度、湿度、通风、光线、噪声、工作安排、清洁状况以及员工使用的工具和设施都极大地影响着员工满意度

6 人际关系

企业里同事之间，上级和下级之间的关系是否处理的好直接影响到员工的工作情绪和工作效力

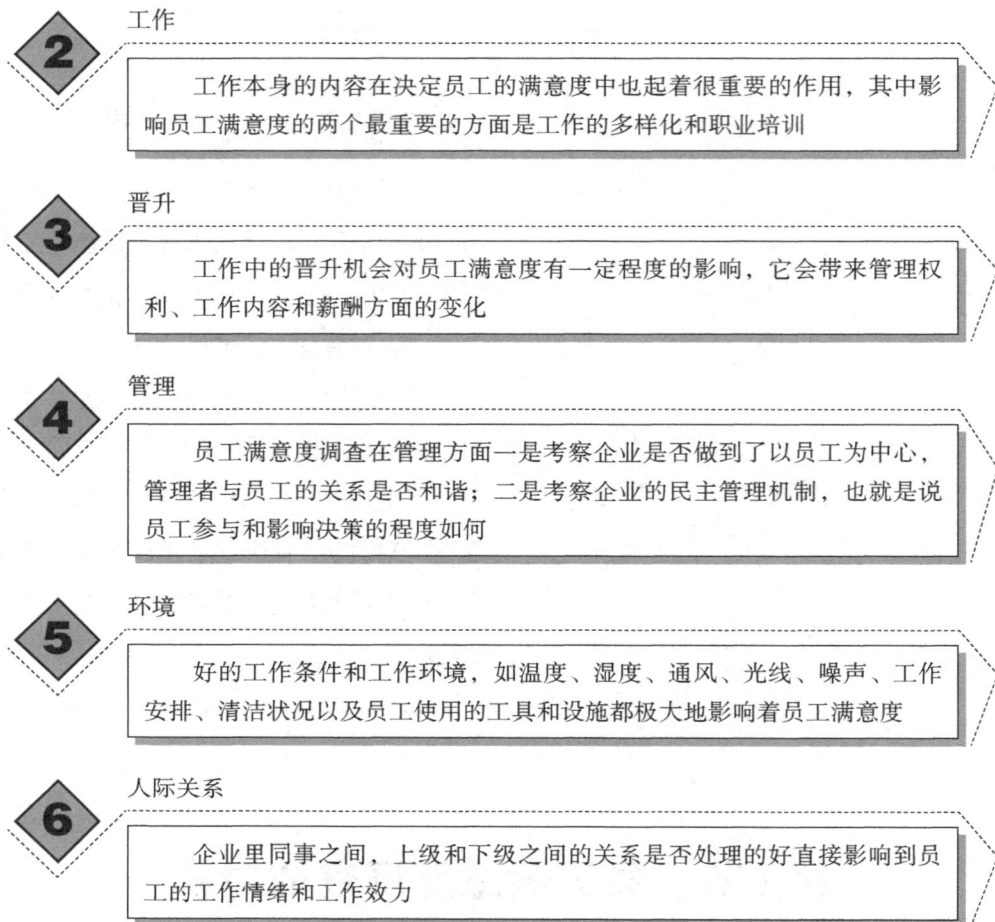

图7-1　影响员工满意的要素

1.2　员工满意度调查的目的

实施员工满意度调查要达到的目的如下。

（1）诊断本企业潜在的问题。

（2）找出本阶段出现的主要问题的原因及改进的行动计划。

（3）评估组织变化和企业政策对员工的影响。

（4）促进公司与员工之间的沟通和交流。

（5）培养员工对企业的认同感、归属感，不断增强员工对企业的向心力、凝聚力。

1.3　员工满意度的表现

一般来说，员工满意度主要体现在以下三个方面，如图7-2所示。

1 对工作环境满意

（1）工作空间质量：对工作场所的物理条件、企业所处地区环境的满意
（2）作息制度：合理的上下班时间、加班制度等
（3）资源配备齐全度：工作必需的条件、设备及其他资源是否配备齐全、
是否满足需要
（4）福利待遇满意度：对福利、医疗和保险、假期的满意程度

2 对工作群体满意

（1）合作和谐度：上级的信任、支持、指导，同事的相互了解和理解，以
及下属领会意图、完成任务情况
（2）信息开放度：信息渠道畅通，信息的传播准确、高效等

3 对企业满意

（1）企业了解度：对企业的历史、企业文化、战略政策的理解和认同程度
（2）组织参与感：意见和建议得到重视，参加决策等

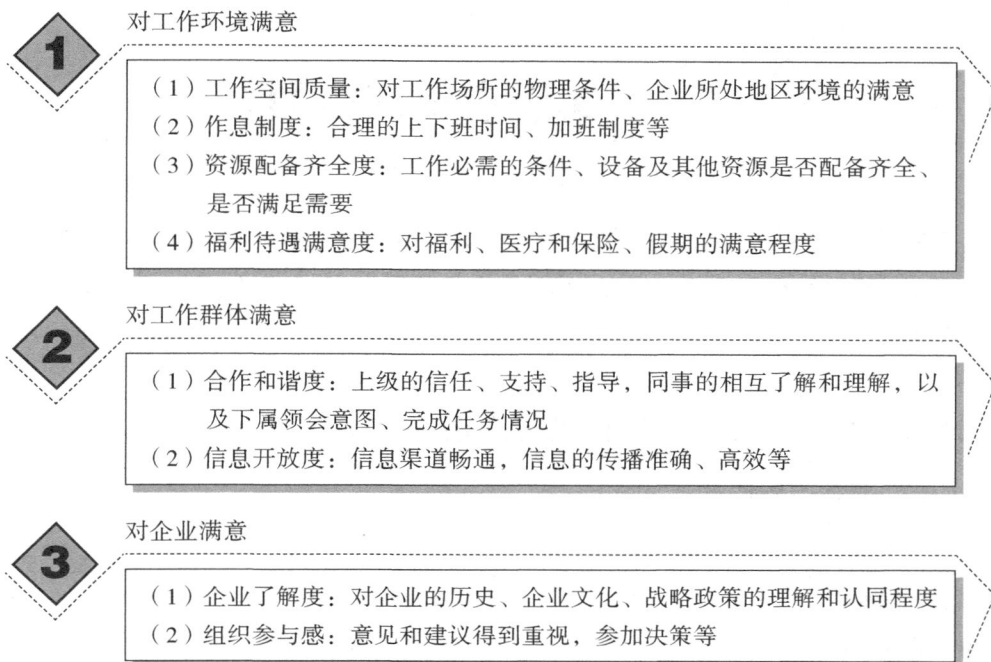

图7-2 员工满意度的表现

1.4 满意度调查的维度

根据赫兹伯格的研究，员工更多的应该关注的是工作回报（工资、晋升、成长、成就等）、工作内容（工作本身、责任、自主化与丰富化等）与工作环境（安全、工作现场等）能否满足需要，一般称之为工作回报满意度、工作内容满意度与工作环境满意度。至此，员工满意度调查的内容包括了以下六个维度，如图7-3所示。

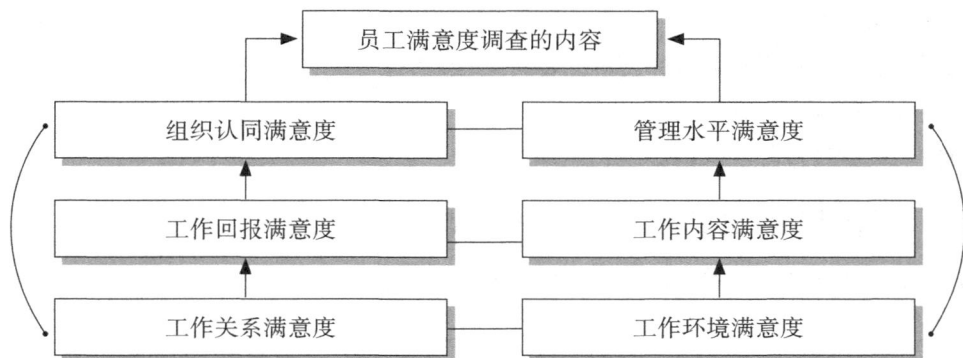

员工满意度调查的内容

组织认同满意度	管理水平满意度
工作回报满意度	工作内容满意度
工作关系满意度	工作环境满意度

图7-3 员工满意度调查的内容

第2节　员工满意度调查的方法

由于问卷法是最易于施测与衡量的量化工具，所以企业在进行员工满意度调查研究时，大多数采用以问卷调查为主，结合访谈法和抽样调查法。这里主要介绍问卷调查法和访谈调查法。

2.1　满意度调查方法的特点与比较

1．问卷调查法的特点

设计出卷子后分发个别集体或员工。

特点：范围广、结合访谈效果更佳。有开放性问卷和封闭性问卷两种，各自有优缺点，两者结合更好。

开放性问卷：需设计题目、说明、指导语、内容、动态问题、态度、编号等。

封闭性问卷：包括是非选择、多项选择、对比选择、排序选择、程度选择、时间限制等。

2．访谈调查法的特点

访谈调查法可以分为收集口头资料和记录访谈观察。

特点：优点是具有直接性；灵活性、适应性和应变性，回答率高、效度高；其缺点是事先需培训，费用大、规模小、耗时多、标准化程度低。

类型：有结构性访谈（需事先设计精心策划的调查表）和非结构性访谈（无问题提纲，可自由发问）。

场所：适合于部门较分散的公司、公共场所。

人数：集体性和个别性访谈。

时间：一次性或跟踪性访谈。

3．问卷调查法和访谈调查法特点的比较

问卷调查法和访谈调查法特点的比较如表7-1所示。

表7-1 访谈调查法与问卷调查法特点比较表

项目名 　　　类型		访谈调查法	问卷调查法
定义		以研究为目的，选取某些符合特定条件的成员所组成的团体来进行访谈	由既定的封闭性的结构化或开放性的非结构化问题来搜集受测者的意见
研究方法		指导式面谈	结构式问卷及非结构式问卷
衡量方法		质化	量化
相似点		两者皆可在短时间内获取有用的研究信息	
相异点	人数	访谈调查法的人数较少，问卷调查法则无人数限制	
	弹性	访谈调查法较具有弹性，问卷调查法弹性较小	
	效度	访谈调查法较具有表面效度，问卷调查法有时效度较低	
	进行时的干扰	访谈调查法较易受他人的干扰，问卷调查法独立进行较不易受到干扰	

2.2 问卷调查法

1. 问卷调查法实施要点

员工满意度问卷调查法实施过程中，应该要做好以下事项。

（1）要保证被调查者已做好了充分的准备，包括调查者所作出的必要宣传、调查进程安排、被调查者所需要的配合与及时的通知。

（2）要选择好合适的调查场地，保证受调查者在调查过程不受到任何干扰。有很多时候调查就发生在办公室，使得调查信息的真实性、可靠性打了很大的折扣。

（3）做好调查过程的保密工作，包括做好问卷本身保密与调查过程的保密。除了调查者知道问卷、答卷内容外，任何问卷信息都不应向第三方泄露。

（4）问卷调查前应该扫除受调查者的戒备心理，包括告诉受调查者调查的用途，调查过程的保密措施与保密等级。

（5）保证受调查者理解问卷内容，并明白如何作答。

（6）调查时间最好安排在同一时间，不要分批次进行，以免问卷内容泄露而使信息收集失真。

2. 问卷调查法的类型

（1）明尼苏达满意度问卷。明尼苏达满意度问卷可测量工作者的内在满意度、外在满意度及一般满意度。

（2）工作描述指数法。本量表主要衡量工作者一般的工作满足，亦即综合满意度。这是最有名的员工满意度调查，它对薪酬、晋升、管理、工作本身和公司群体都有各自的满意等级，可用在各种形式的组织中。

（3）工作满意度指数量表。本量表主要衡量工作者一般的工作满足，亦即综合满意度。

（4）彼得需求满意调查表。

（5）工作说明量表。

（6）SRA员工调查表，又称SRA态度量表。本量表包括44个题目，可测量工作者对十四个工作构面的满意度。

（7）工作诊断调查表。本量表可测量工作者一般满意度、内在工作动机和特殊满意度（包括工作安全感、待遇、社会关系、督导及成长等构面）；此外，并可同时测量工作者的特性及个人成长需求强度。

（8）工作满足量表。本量表可测量受测者对自尊自重、成长与发展、受重视程度、主管态度、独立思考与行动、工作保障、工作待遇、工作贡献、制订工作目标与方式、友谊关系、升迁机会、顾客态度及工作权力共十三项衡量满意度的因素。

3．明尼苏达满意度调查问卷

明尼苏达满意度问卷（Minnesota Satisfaction Questionnaire，简称MSQ）的长式量表有100道问题，由20个分量表组成，分别测量对能力发挥、成就感、活动、提升、授权、公司政策和实践、薪酬、同事、创造性、社会服务、社会地位、管理——员工关系、管理技巧、多样化以及工作条件的满意度。

这20个项目组成了对一般工作满意度测量时最常用的工具。这20个项目被称为明尼苏达短式量表。这20个项目可以被分成内部满意度（12个项目组成的分量表）和外在满意度（8个项目组成的分量表，比如收入、晋升机会和管理等）。

MSQ的特点在于工作满意度的整体性与构面皆予以完整的衡量，但是缺点在于120道题目，受测者是否有耐心和够细心，在误差方面值得商榷。

MSQ采用5点量表，其中，1＝对我工作的这一方面非常不满意；2＝对我工作的这一方面不满意；3＝不能确定对我工作的这一方面是满意还是不满意；4＝对我工作的这一方面满意；5＝对我工作的这一方面非常满意。以下是明尼苏达满意度调查问卷短式量表范例。

【范本7-1】明尼苏达满意度问卷（MSQ）短式量表

下面你能看到一些关于你目前工作的陈述。仔细阅读这些陈述，确定你对句子中所描述的关于你目前工作的某方面是否满意。然后在与你的满意程度一致的方框内画勾。

明尼苏达满意度问卷（MSQ）短式量表

明尼苏达工作满意度问卷					
问您自己：我对自己工作的这些方面满意程度如何？ 非常满意：指我对工作中的这些方面非常满意。 满意：我对工作中的某一方面满意。 不确定：表示我不能决定满意还是不满意。 不满意：表示我对工作中的某一方面不满意。 非常不满意：指我对工作中的这些方面非常不满意。					
对你现在的工作感觉如何？	非常满意	满意	不确定	不满意	非常不满意
1．能够使自己始终很忙					
2．独立工作的机会					
3．时常有做不同事情的机会					
4．成为团体中的一员的机会					
5．上级对待职员的方式					
6．管理者的决策胜任力					
7．能够做不违背自己良心的事					
8．工作所提供的稳定的就业方式					
9．为别人做事的机会					
10．叫别人做事的机会					
11．发挥自己能力的工作的机会					
12．公司政策付之实践的方式					
13．我的报酬与我的工作量					
14．该工作的提升机会					
15．使用自己判断的机会					
16．按自己的方式做工作的机会					
17．工作条件					
18．同事间相处的方式					
19．做好工作所得的赞扬					
20．从工作中所得的成就感					

2.3 访谈调查法

1．访谈调查法的类型

由于分类的标准不一样，访谈调查法可以有很多种类型。按照研究者对访谈结构的控制程度的分类如表7-2所示。

表7-2　访谈调查法分类特点

分类名＼项目名	内容	优点	缺点
结构式访谈	结构式访谈也称标准化访谈或封闭式访谈，是指访问者根据事先设计好的有固定格式的提纲进行提问，按相同的方式和顺序向受访者提出相同的问题，受访者从备选答案中选择，实际上是一种封闭式的口头问卷	研究的可控（问题的控制，环境的控制）程度高，应答率高，结构性强，易于量化	灵活性差，对问题的深入程度不够
开放式访谈	开放式访谈也称无结构性访谈或非标准化访谈，如同开放式问卷一样，它不采用固定的访问问卷，不依照固定的访问程序进行的访谈，鼓励受访者自由表达自己的观点	具有较强的灵活性，并且细致深入，可以对感兴趣的问题细致追问，挖掘出生动的实例，得到更为深入的信息	费时、费力，结构不完整，难以量化
半结构性访谈	有访谈提纲，有结构式访谈的严谨和标准化的题目，也给被访者留有较大的表达自己想法和意见的余地，并且访谈者在进行访谈时，具有调控访谈程序和用语的自由度	半结构式访谈兼有结构式访谈和无结构式访谈的优点，既可以避免结构式访谈的呆板，缺乏灵活性，难以对问题作深入的探讨等局限，也可以避免无结构访谈的费时、费力	容易离题，难以作定量分析

2．访谈调查法的步骤

一般来说，访谈调查法大体来说分为访谈准备、访谈过程控制、结束访谈和记录访谈结果等几个阶段。

（1）访谈准备

在进行访谈调查前一般要做好如图7-4所示的访谈准备。

（2）访谈过程的控制

访谈过程中的控制一般是指如图7-5所示的几个方面。

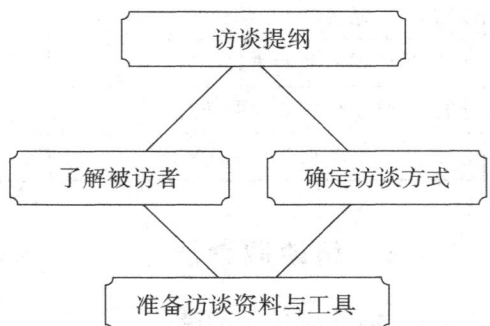

图7-4　访谈准备

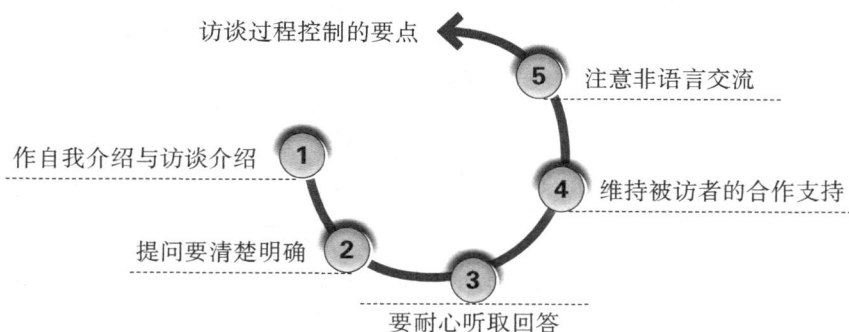

图7-5 访谈过程控制的要点

（3）结束访谈

结束访谈是访谈的一个十分重要阶段和步骤，因此访谈人员要注意掌握好访谈结束的时机。面对健谈的被访者，访谈者可有意地给对方一些语言和行为上的暗示，表示访淡可以结束了。如"您还有什么要想说的吗""对今天的访谈您有什么看法"等语言暗示，或开始收拾录音机，合上记录本等行为暗示。访谈结束时，不要忘了对被访者的支持与合作表示感谢。

（4）记录访谈结果

访谈的目的是为了收集资料，而资料则是由访谈人员的记录而来。做好访谈记录的基本要求如图7-6所示。

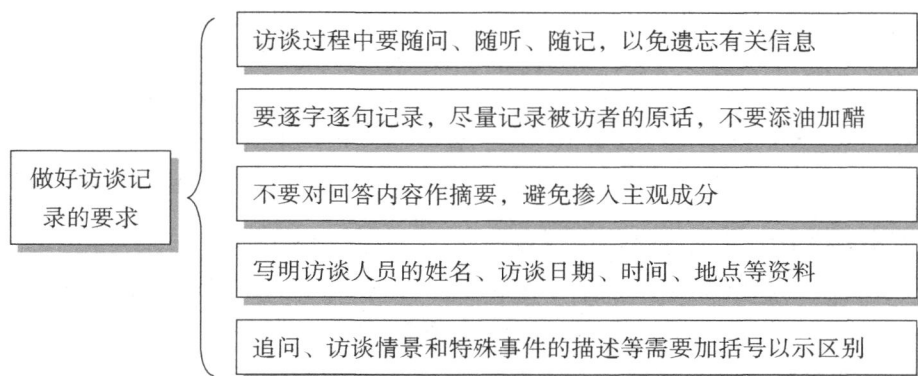

图7-6 访谈结果记录的要求

【范本7-2】员工座谈会访谈表

员工座谈会访谈表

所在项目/部门：＿＿＿＿＿＿＿　　　年龄：＿＿＿＿＿　　　职务：＿＿＿＿

为了更全面地了解公司员工对公司在工作的发展、工作环境等方面的满意程度，特制定本调查问卷，期待通过该调查为公司的人事政策的改革提供依据，最终能更大程度地满足员工的需求，从而实现公司与员工的共同发展。调查问卷说明：

（1）您填写的此份问卷中所涉及的信息将严格保密，所以您可以放心作答。

（2）请您按实际情况作答，否则将有可能影响调查结果的准确性。

1．请您列举一下，目前公司在薪酬上有哪些方面让您满意和不满意之处。

满　意：＿＿＿＿＿＿＿＿＿＿＿＿＿＿＿＿＿＿＿＿＿＿＿＿＿＿＿＿

不满意：＿＿＿＿＿＿＿＿＿＿＿＿＿＿＿＿＿＿＿＿＿＿＿＿＿＿＿＿

2．请您列举一下，目前公司在职位晋升上有哪些方面让您满意和不满意之处。

满　意：＿＿＿＿＿＿＿＿＿＿＿＿＿＿＿＿＿＿＿＿＿＿＿＿＿＿＿＿

不满意：＿＿＿＿＿＿＿＿＿＿＿＿＿＿＿＿＿＿＿＿＿＿＿＿＿＿＿＿

3．请您列举一下，目前公司在工作环境上有哪些方面让您满意和不满意之处。

满　意：＿＿＿＿＿＿＿＿＿＿＿＿＿＿＿＿＿＿＿＿＿＿＿＿＿＿＿＿

不满意：＿＿＿＿＿＿＿＿＿＿＿＿＿＿＿＿＿＿＿＿＿＿＿＿＿＿＿＿

4．请您列举一下，目前公司在其他方面有哪些方面让您满意和不满意之处。

满　意：＿＿＿＿＿＿＿＿＿＿＿＿＿＿＿＿＿＿＿＿＿＿＿＿＿＿＿＿

不满意：＿＿＿＿＿＿＿＿＿＿＿＿＿＿＿＿＿＿＿＿＿＿＿＿＿＿＿＿

【范本7-3】员工满意度调查问卷

员工满意度调查问卷

尊敬的员工：

您好！我们正在进行旨在提高公司管理水平、更好适应未来发展的研究项目。在此项目中我们需要了解公司的客观情况、员工的真实想法。您的见解和意见对于公司的未来发展至关重要，问卷匿名填写，公司将以严谨的职业态度对您的状况严格保密，并送往咨询公司。只在咨询顾问范围作统计和建议依据使用。请您认真填写问卷，感谢您的积极支持和参与。

（续）

请根据自己的实际想法进行回答，不必受他人影响。答案没有正确与错误之分。请在各问题旁边的最能代表您的看法的一项上画勾。如果您不了解某一个问题或觉得这个问题与自己无关，可以跳过此题。（本问卷全部为单选，复选无效！）

一、关于您

1．您在公司的年资：□未满一年　□1～2年　□2～4年　□4年以上

2．您在公司担任的职位：□经纪人　□中层管理人员（主任、主管）　□销售辅助人员

3．您担任现职位的时间：□3个月以内　□3个月～1年　□1～2年　□2年以上

二、调查问题

请指出您对下列陈述同意或不同意的程度：A．非常同意；B．同意；C．没意见；D．不同意；E．非常不同意。

请您根据个人的情况，选择合适的分数。

（一）对工作本身满意度

（　）1．公司目前提供给我的工作符合我自己的期望。

（　）2．在工作过程中我经常感到很紧迫。

（　）3．我的能力得到了充分的发挥。

（　）4．我很喜欢目前公司提供给我的工作。

（　）5．公司提供我很多的学习机会。

（　）6．我接受的培训正是我所需要的。

（　）7．我清楚地了解我工作的职责和任务。

（　）8．在工作中，若有重大的会影响我工作的事情，经常会有人征求我的意见。

（　）9．有些属于我职权范围内的工作我却不负责。

（　）10．必要时，我可以根据自己的实际情况，灵活地调整个人工作日程。

（　）11．我有权制定必要的方案，以便工作的开展。

（　）12．目前的工作对我来说很有挑战性。

（　）13．我可以承受目前的工作压力。

（　）14．工作压力主要是来自任务量太大、难度太高。

（　）15．工作的压力主要来自个人兴趣与任务不同。

（　）16．我认为自己拥有足够的能力和技巧完成工作任务。

（　）17．我认为自己拥有足够的自信完成工作任务。

（　）18．在公司内，我感觉还有更适合我的工作。

（　）19．我很愿意接受比目前难度更大的工作。

（续）

（二）对工作回报满意度

（　）20．距上一次我受表扬已经过了很久了。

（　）21．过去半年里，有人讨论我的进步。

（　）22．当我工作做出成绩时，上级通常会给予我表扬。

（　）23．在工作中，我的意见经常得到上司的重视。

（　）24．我能够从自己的工作中体验到一种成就感。

（　）25．我对目前的工作感到很满意。

（　）26．我能够在公司的业绩和服务中看到自己的工作成果。

（　）27．公司的考核制度能够充分体现我的绩效和表现。

（　）28．与公司其他的员工相比，我对自己的收入感到很满意。

（　）29．与其他企业的同行相比，我对自己的收入感到很满意。

（　）30．与其他企业的朋友相比，我对自己的收入感到很满意。

（　）31．与自己的付出相比，我对自己的收入感到很满意。

（　）32．我的绩效能对我的收入产生重大的影响。

（　）33．公司的绩效好坏能对我的收入产生重大的影响。

（　）34．我了解公司如何确定员工薪酬调整的幅度。

（　）35．我知道公司有一套完善的薪酬管理体系。

（　）36．公司有明确的员工晋升流程。

（　）37．我非常清楚我在公司能够获得的职业发展机会和方向。

（　）38．在公司得到晋升的员工都是应该得到晋升的。

（　）39．公司职业发展的机遇总是先给最适合的人。

（　）40．公司职业发展的机遇总是先给和领导关系最好的人。

（　）41．公司空缺岗位的填补往往忽略了内部员工。

（三）对工作环境满意度

（　）42．公司提供了非常好的办公条件。

（　）43．公司有严格的作息制度。

（　）44．公司对上下班有明确的规定。

（　）45．公司给我提供了必备的办公设备。

（　）46．公司提供给我的福利是其他公司不容易做到的。

（　）47．我对公司处理雇员福利的方式感到很满意。

（　）48．我对自己在公司内的人际关系感到满意。

（　）49．我经常能感受到上级和同事对我工作的关心。

（续）

（　　）50．我的上级支持我平衡个人工作与生活方面的需求。

（　　）51．我和同事间的矛盾和误会比较多。

（　　）52．公司通过一个有效的程序帮助我了解自己的发展需求。

（　　）53．业务时间，我经常和同事一起外出。

（四）对工作群体满意度

（　　）54．通常情况下，我的同事都表现出积极的工作态度。

（　　）55．为实现同一目标，我的同事能紧密合作。

（　　）56．我很清楚我的工作是如何同本企业中的其他员工保持协调一致。

（　　）57．我的同事能够尊重我的想法和感受。

（　　）58．公司部门和岗位之间分工非常明确，职责清楚。

（　　）59．我工作所需的资料通常能够准备妥当供我使用。

（　　）60．工作中，我知道在何处能获得需要的信息。

（　　）61．我的工作由于获取不到必要的资料而被耽误。

（　　）62．为获得必要信息资料，我不得不找多个主管审批。

（五）对企业的满意度

（　　）63．总的来说，我对公司非常满意。

（　　）64．公司是同行业中的佼佼者，我为自己能够在此工作而感到自豪。

（　　）65．公司的文化和目标给我提供了非常明确的发展方向。

（　　）66．本公司是同行业中发展最快速的公司。

（　　）67．我对公司内部各项管理制度非常了解。

（　　）68．公司各项管理制度能够得到严格的执行。

（　　）69．各项制度在执行中保证了公平性。

（　　）70．公司制定的各项管理制度中不合理的地方很少。

（　　）71．高层管理人员在制定决策的过程中高度重视员工的意见和建议。

（　　）72．高层管理人员遵照公司使命和价值观来制定决策。

（　　）73．我的部门经理向我们采用开放且诚恳的沟通方式。

（　　）74．必要时，我可以同部门主管直接进行沟通。

（　　）75．在我的部门，上级制定决策时非常重视员工的意见和建议。

（　　）76．我的上司在工作中会不断采纳我的意见和建议。

（　　）77．高层管理人员值得员工信任。

（　　）78．高层管理人员关心员工的想法。

（　　）79．高层管理人员向我们采用开放而诚恳的沟通方式。

（续）

（　　）80．我的上司不断地提醒我目标的进展情况。

（　　）81．我的上司向我提供重要的改进意见，以帮助我提高绩效。

（　　）82．我的上司非常理解我的工作，所以才能公平评估我的工作业绩。

（　　）83．我的上司能适当地表彰我的努力和成果。

（　　）84．我的上司营造一种积极的团队氛围。

（　　）85．当我遇到问题或有困难时，我的上司可以帮助我解决。

（　　）86．我从不相信上司的承诺。

（　　）87．我的上司公平对待所有的员工。

（　　）88．我的上司针对我个人的职业发展提供重要的指导。

（　　）89．我的上司一直注重持续不断地学习和发展。

三、开放问题

1．如果您还希望针对这份调查问卷中的相关话题发表其他见解，请将您的意见写在下列空白处（如企业、工作、环境、人员）：

_____

_____

2．与您可能任职的其他企业相比，总体来说，您如何评价本企业？

_____

_____

3．您认为目前企业存在哪些问题？其中最迫切需要解决的三件是什么？

_____

_____

第3节　员工满意度调查的流程

定期了解员工的需要和其对企业环境（包括硬环境与软环境）的满意程度，从而建立有助于员工为企业目标尽力的氛围，是企业的决策者在制定员工满意目标时必须要考虑的问题。提高员工满意度是一项系统工程，同时也是企业的中心任务和关键目标之一。企业在进行员工满意度调查时，要按如图7-7所示的步骤进行，才能达到精益化管理的目标。

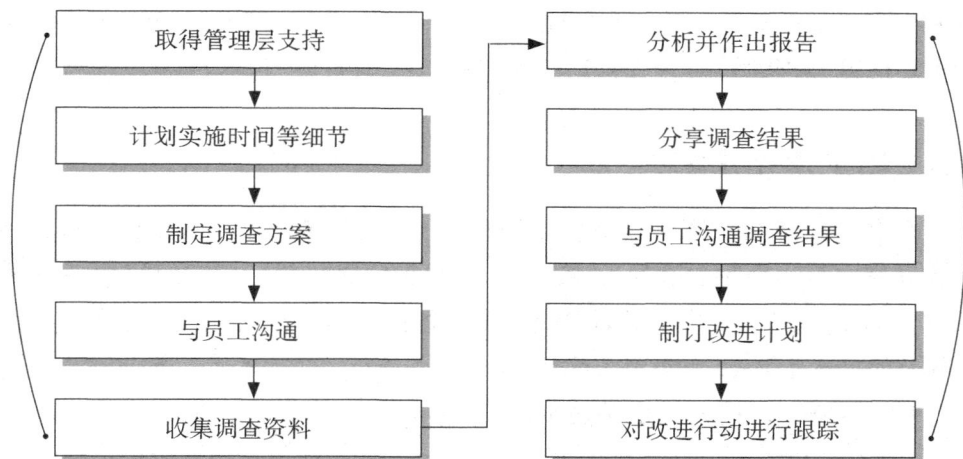

图7-7　员工满意度调查的步骤

3.1　取得管理层支持

取得管理层支持的最大障碍是管理层对满意度调查中可能出现的一些情况深感担忧，所以，要想获得管理层的支持，就要提前通过预防性管理尽量杜绝出现管理层最为担心的问题，具体如表7-3所示。

表7-3　管理层担心的问题及其预防性措施

序号	担心的问题	预防性措施
1	员工期望太高很难满足	事先有效沟通
2	员工填写是否诚实、是否敷衍了事	声明是匿名的
3	出现没想到的结果	正是最有价值的地方
4	经理加压给员工以期得到好的分数	培训

3.2　计划实施时间等细节

计划实施时间等细节一定不要选在员工最不愿意配合的时间内。如果选择时间不恰当，一般只会获得敷衍了事的结果。人力资源部要特别注意在以下几种时候不要进行员工满意度调查。

（1）年底人员业绩突出或旺季的时候。

（2）马上快要放假的时候。

（3）快要评奖金、升迁的时候。

（4）企业进行很大的内部调整的时候。

比如，在快要评奖金、升迁的时候进行调查，员工可能会受到"满意度调查一定会跟奖金或升迁挂钩"的暗示，这时做调查，结果就会丧失真实性。

3.3　制定调查方案

确定满意度调查时间之后，就要制定调查方案。制定调查方案时需沟通的内容如下。

制定调查方案首先要规定时间；接着确定具体的沟通方法，比如是开会，还是人力资源部发邮件；然后最好在做调查之前给员工做一个小小的培训，也许一两个小时就够了，讲一下调查的目的是什么、问卷怎么填写等。

以下是某企业的员工满意度调查方案，仅供参考。

【范本7-4】年度员工满意度调查方案

··

年度员工满意度调查方案

一、调查目的

通过本次调查，了解员工的真实想法，优化企业办公环境，提高员工工作效率，为改善管理环境提供参考依据。

二、调查对象

企业全体员工。

三、调查方法和方式

调查方法：普查与分层式抽样调查结合（确定调查人员比例，根据各部门人员数量确定抽样人数，再进行随机抽取）。

调查方式：问卷调查与座谈会相结合。

首先开展问卷调查，调查时采取无记名方式，通过OA在线调查问卷方式完成。其次根据事先准备好的讨论问题，召开部分人员座谈会议，深层分析问卷。

四、调查内容

内容主要包括对报酬、晋升、上级、绩效、奖励、操作程序、同事、工作环境和同事关系九个方面。

五、调查数据统计

对调查得到的数据采用表格的形式进行统计汇总，并对数据进行初步分析，保留有效数据。同时，结合部分人员座谈会议的情况，汇总员工不满意的深度原因。

六、调查结果分析

对调查结果分析原因，编写员工满意度调查分析报告。

七、调查时间安排

1．10月10日～15日，在线调查数据采集。

2．10月16日～17日，调查数据统计。

3．10月19日～20日，召开员工座谈会。

4．10月21日～24日，编写员工满意度调查报告。

××实业有限公司

人力资源部

_____年____月____日

3.4 与员工沟通

制定完方案以后人力资源部要同员工进行沟通，这是很容易被忽略的一步，往往会跨过这一步直接让员工填表。但实际上，这一步很重要。它充分考虑了员工的心情，非常有利于之后步骤的顺利进行。

3.5 收集调查资料

收集调查资料的三种方法如下。

（1）纸面，也就是问卷调查，每个人都要填写。

（2）访谈，不用填卷子，可以普及每个人。

（3）抽样调查法。只抽取其中有代表性的一些员工，例如，分别抽取几名老员工、新员工、部门经理、副总等。

要点提示

注意表格不要过长，否则容易令人反感。注意访谈时的场地和布置，面谈者是要经过严格培训的，知道该问什么、不该问什么，给每个人发言的机会，决不能进行人身攻击。访谈者一定要保持中立。

3.6 分析并作出报告

人力资源部或者第三方的顾问公司根据满意度调查中大家的答卷算出得分，分析原因，并做成书面报告或者电子版的报告。

【范本7-5】年度员工满意度报告

年度员工满意度报告

调查部门：人力资源部

调查时间：_____年____月____日

本次调查采用了笔答调查问卷回收的方式进行了关于员工满意度的研究，共发放问卷100份，回收样本100份，回收率100%，其中有效问卷92份，有效回收率为92%。

本次满意度调查的主要目的是：

1. 向员工传达"公司的管理与发展让员工共同参与，鼓励大家献计献策"的思想，培养员工的主人翁意识。

2. 让员工看到公司的转变、革新、进步以及广阔的未来，在员工与领导层之间建立诚信。

3. 发现公司的潜在问题，找出问题的症结所在，分析其对员工的影响，有利于促进公司与员工的沟通与交流，增强企业的凝聚力。

员工满意度是企业价值中关键的因素与核心力量，更是企业不断追求的目标和方向，因此企业需要及时地了解员工的心声，并在新的一年里进行新的调整与改进。

本次满意度调查涵盖员工发展、公司管理、福利政策、培训需求、领导、绩效管理及企业制度、产品满意度情况、公司环境与后勤、工作满意度及对公司的建议和意见共十个方面。下面就本次调查问卷情况进行分析。

一、基本情况调查

1. 调查工作年限比例构成情况

调查结果按入厂年资分配比例为：未满一年24人，1～2年28人，2～4年20人，4年以上22人。

2. 工作类别比例构成情况

调查结果按工作类别年限分配比例为：管理人员2名，职员4名，技术工人22名，普工64人。

问卷的属性部分（入厂年资、工作类别）统计结果与公司实际情况相近，且问卷有效回收率达92%，因此，本次调查数据可以反映出公司整体真实的情况。

二、各项调查数据汇总分析

1. 员工发展满意度情况

员工是否清楚自己的工作职责、员工认为企业是否做到人尽其才以及员工对公司的前途是否有信心三个方面的统计结果表明：有超过80%的员工清楚自己的工作职责，有超过50%的员工认为企业有做到人尽其才，有超过75%的员工对公司的前途有信心，而仍有40%的员工认为企业没有做到人尽其才。

2．企业制度与绩效管理情况

员工认为遵守企业制度的情况、现场管理制度、考勤制度、激励奖励制度的合理完善情况以及各项考核实施情况几方面的统计结果表明：有超过85%的员工认为遵守制度情况很好，有超过65%的员工认为各项考核实施基本到位；考勤制度、现场管理制度的满意度较高，但是对激励奖励制度的不满意度达55%。

3．员工对领导满意度情况

员工认为管理人员态度以及人为是否有必要对自己的直接主管进行管理知识和素质教育培训两方面情况统计结果表明：虽然超过65%的员工认为管理人员态度友好讲理，并无需对自己的主管进行培训，但仍有35%以上的员工认为管理人员态度蛮横不讲理，并认为有必要对自己的直接主管进行管理寄宿制的培训。

4．员工对公司管理满意度情况

员工对公司管理情况的统计结果表明：只有25%的员工认为公司管理细化，有高达75%的员工认为一般，有待细化。

5．员工对福利政策的满意度情况

员工对执行相关福利政策（请假管理规定、社会保险）的工作完善与否的情况统计结果表明：有超过75%的员工认为完善，但仍有25%的员工认为不够完善，但所调查员工并未提出具体哪些方面。

6．员工对公司产品满意度情况

员工对公司产品质量满意度调查情况统计结果表明：有高达近90%的员工认为很满意，只有少部分认为不满意。

7．员工对工作满意度情况

员工对目前的工作压力能否承受，以及认为自己是否拥有足够的能力和技巧完成工作任务情况统计表明：超过85%的员工认为自己目前的工作压力可以承受，而且认为自己有足够能力和技巧完成工作任务。

8．员工对培训需求情况

员工对培训需求的情况统计结果表明：有60%左右的员工认为有需求（其中包含技能培训、素质培训），另有接近40%的员工目前没有培训需求。

9．员工对公司环境与后勤满意度情况

员工对工作环境卫生的管理以及对食堂饭菜口味情况统计表明：有超过75%的员工认为公司环境卫生以及食堂饭菜口味一般，另有15%左右的员工认为公司环境及饭菜口味很好，只有很少数人员满意度很低。

三、调查建议或不满意事项汇总

1．希望每位普通工人都能有年终奖、逢年过节能有相关福利补贴。

2．希望休息日扣除工资额度能降低。

3．能完善绩效、奖惩管理体系，加强人性化管理。

4．与领导不好交流，对员工讲话态度差。

5．希望在技术工种的技术、技能方面有所培训。

四、调查建议或不满意事项解决措施

序号	解决措施	负责部门	完成期限
1	进一步完善公司相关福利政策，根据实际情况提高员工福利	管理者代表	12个月
2	根据公司实际情况适当调整请假管理相关细则，对请假工资扣除情况进行改善	人力资源部	6个月
3	完善公司内部奖惩制度，根据实际情况设定相关绩效考核细则，对各项绩效考核内容加以细化	人力资源部	12个月
4	加强内部沟通管理，在各部门、各车间开展早会、例会等活动使员工与领导交流	管理者代表	12个月
5	规范各岗位素质要求，根据各部门申请或岗位技能、素质评价状况制订并实施培训计划，并进行考核及培训有效性评价	管理者代表	12个月

3.8　分享调查结果

1．分享的形式

（1）最好的形式是先跟企业总经理单独沟通这个报告反映出来的是什么问题，这是个人对个人的形式。

（2）跟总经理沟通完之后再召开部门经理会议，这应该是很正式的一个会议，因为满意度调查是一件很严肃的事情。

（3）在部门经理会议上最好由总经理或者人力资源部负责跟大家沟通，向大家说明今年满意度调查结果好的地方是什么、不好的地方是什么。

（4）在这个环节上，总经理的发言显然会比人力资源部经理发言要有力得多，因为部门经理说出来的话别人听着就像在为自己作宣传。通过总经理说出来，员工会非常认可。

2．提出关键问题

在分享结果的时候关键要提出的问题如下。

谁有这个问题？哪个部门有这个问题？这个问题是什么时候出现的？这个问题对公司

的影响是什么？为什么出现这个问题？怎样去解决？

3.8 与员工沟通调查结果

满意度调查问卷的结果不能拖得太久，如果拖一个月、两个月员工就不再关心这件事情了，一般要在两周或三周之内作出报告，然后马上就开始沟通。

沟通可以由部门经理在部门例会上进行，也可以由人力资源部和员工沟通，但最正式的应为总经理和人力资源部与员工进行沟通。

3.9 制订改进计划

调查员工满意度得出了一定的分数，但是这个分数是不会改变企业本身的，这个分数引起不了任何变化；只有利用这个分数来分析企业，计划和实施变革的时候，变化才会发生，这一步很关键。如果不采取任何行动，数字只是数字，前面的工作等于白做。

3.10 对改进行动进行跟踪

人力资源部和管理层的人员对行动计划进行跟踪是获得调查效果的保证。跟踪需要注意以下几点。

（1）告诫员工要有耐心，公司方面的变化不会在昼夜间发生，是需要时间的。哪怕满意度的分数做出来非常低，公司一下采取了很多变革措施，马上开始变革，效果也不是一时半会儿就能出现的，但是员工心里往往很着急，这就需要事先跟员工沟通，让他们耐心等待。

（2）人力资源部工作人员和部门经理需要经常地固定时间地跟员工沟通公司在政策、流程等方面的变化，否则员工会认为满意度调查后什么事情都没有发生。比如开始时一个月沟通一次，然后慢慢三个月一次等，总之要用固定的时间跟员工沟通公司有什么变化、公司有哪些新策略和新流程等。

（3）采用的月度例会、年会、内部刊物、内部邮件等方式与员工沟通。尽量将内部邮件换成富有创意的海报、Flash动画等形式。

学习笔记

通过学习本章内容，相信您已经有了不少学习心得，请仔细记录下来，以便巩固学习成果。如果您在学习中遇到了一些难点，也请如实写下来，方便今后重复学习，彻底解决这些学习难点。

同时，本章列举了大量实用范本，与具体的理论内容互为参照和补充，方便您边学边用。请如实填写您的运用计划，以使工作与学习能够更好地结合。

我的学习心得：

1. ＿＿＿＿＿＿＿＿＿＿＿＿＿＿＿＿＿＿
2. ＿＿＿＿＿＿＿＿＿＿＿＿＿＿＿＿＿＿
3. ＿＿＿＿＿＿＿＿＿＿＿＿＿＿＿＿＿＿

我的学习难点：

1. ＿＿＿＿＿＿＿＿＿＿＿＿＿＿＿＿＿＿
2. ＿＿＿＿＿＿＿＿＿＿＿＿＿＿＿＿＿＿
3. ＿＿＿＿＿＿＿＿＿＿＿＿＿＿＿＿＿＿

我的运用计划：

1. ＿＿＿＿＿＿＿＿＿＿＿＿＿＿＿＿＿＿
2. ＿＿＿＿＿＿＿＿＿＿＿＿＿＿＿＿＿＿
3. ＿＿＿＿＿＿＿＿＿＿＿＿＿＿＿＿＿＿

第 **8** 章

离职员工管理

·············· 关键指引 ········

对许多企业，尤其是高成长性、中小型高科技企业来说，离职员工管理已成为人力资源工作的热点和难点。对离职员工不适当的处理方式往往会给企业造成不良的影响。对于紧缺型岗位，替换一名员工的成本相当于该岗位全年工资支出的1.5倍。所以，做好离职员工管理工作是企业实施精益化管理过程中一个非常重要的内容。

第1节　离职流程管理

1.1　离职管理的要点

1．离职的成本

员工离职给企业带来的直接经济损失至少包括如图8-1所示的五项内容。

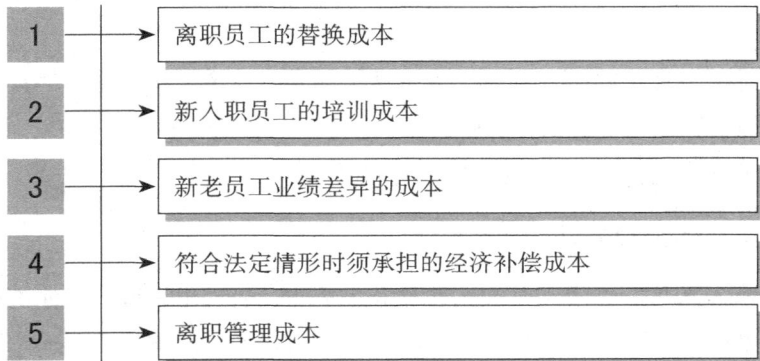

1	离职员工的替换成本
2	新入职员工的培训成本
3	新老员工业绩差异的成本
4	符合法定情形时须承担的经济补偿成本
5	离职管理成本

图8-1　员工离职的成本

2．离职的原因

员工离职包括辞职、自动离职、劝退和解雇四种形式，具体如图8-2所示。

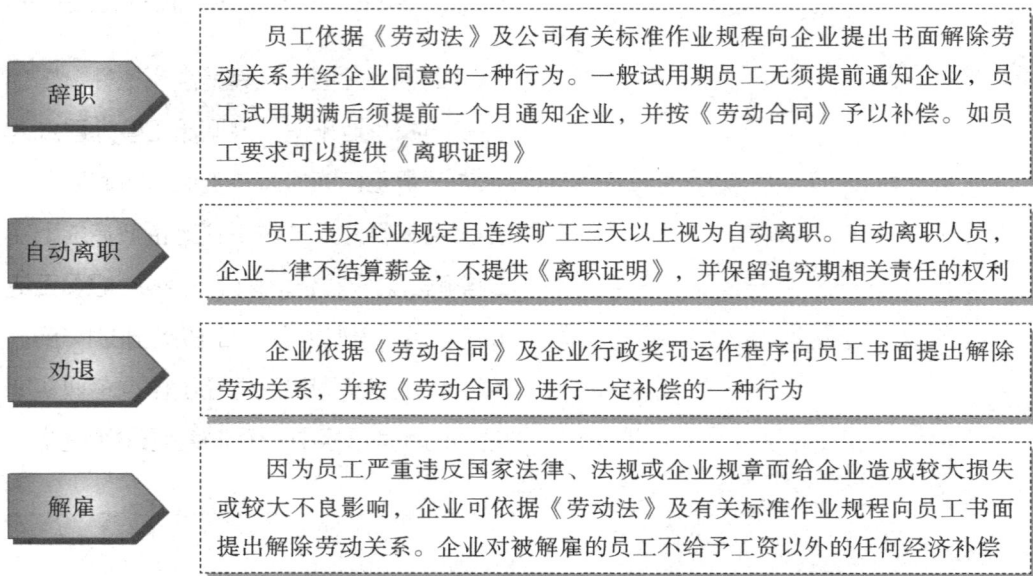

辞职　员工依据《劳动法》及公司有关标准作业规程向企业提出书面解除劳动关系并经企业同意的一种行为。一般试用期员工无须提前通知企业，员工试用期满后须提前一个月通知企业，并按《劳动合同》予以补偿。如员工要求可以提供《离职证明》

自动离职　员工违反企业规定且连续旷工三天以上视为自动离职。自动离职人员，企业一律不结算薪金，不提供《离职证明》，并保留追究期相关责任的权利

劝退　企业依据《劳动合同》及企业行政奖罚运作程序向员工书面提出解除劳动关系，并按《劳动合同》进行一定补偿的一种行为

解雇　因为员工严重违反国家法律、法规或企业规章而给企业造成较大损失或较大不良影响，企业可依据《劳动法》及有关标准作业规程向员工书面提出解除劳动关系。企业对被解雇的员工不给予工资以外的任何经济补偿

图8-2　离职的类型

一般员工离职的企业原因，主要有以下几种。

（1）企业所从事产业的前景不被看好。

（2）企业自身业务发展停滞不前，在竞争中处于劣势。

（3）企业资金流存在问题，无法预估其对企业发展的影响。

（4）企业发展战略出现根本性的失误，可预见到失败。

（5）企业面对强大的竞争对手，处处受其压制。

（6）企业领导不具备创业、守业和继续发展企业的素质。

（7）企业内部环境和管理体制缺乏凝聚力，员工对所从事的工作没有积极投入的认同感。

（8）企业在人员配备方面不合理，导致人才资源的浪费，不具备人尽其才的条件。

（9）企业的运作方式和固有体制存在问题。

（10）企业无力提供相当水平的收入和福利待遇。

3．离职员工的处理方法

在员工离职过程中，企业须强调系统化和人情味，表现出真诚，以使离职管理工作顺利展开。一般来说，企业可以采用如图8-3所示的三种离职处理方法。

1 离职面谈

离职面谈体现了企业以人为本的管理思想，这既是对离职员工的抚慰和挽留，也可以使在职员工切实感受到公司对其成员的重视和关怀，并能减少离职事件对在职员工造成的负面影响。离职面谈还可以帮助企业找出员工离职原因，进而使企业采取有效措施以避免类似的事件再次发生

2 保持联系

企业有可能还会在别的背景下和离职员工发生联系，所以用尽可能尊重的方式来处理离职事件。与离职员工保持良好关系有助于提高企业声誉，强化品牌、扩大影响

3 返聘制度

对企业来说，雇用一个熟悉本员工作的前职员与招募一个新手的成本相比要低得多。回归者的选择往往经过了深思熟虑，这些人对企业的忠诚度也更值得信赖。企业与员工彼此知根知底，信息对称，基本上可以杜绝由昂贵招聘所产生的不当行为

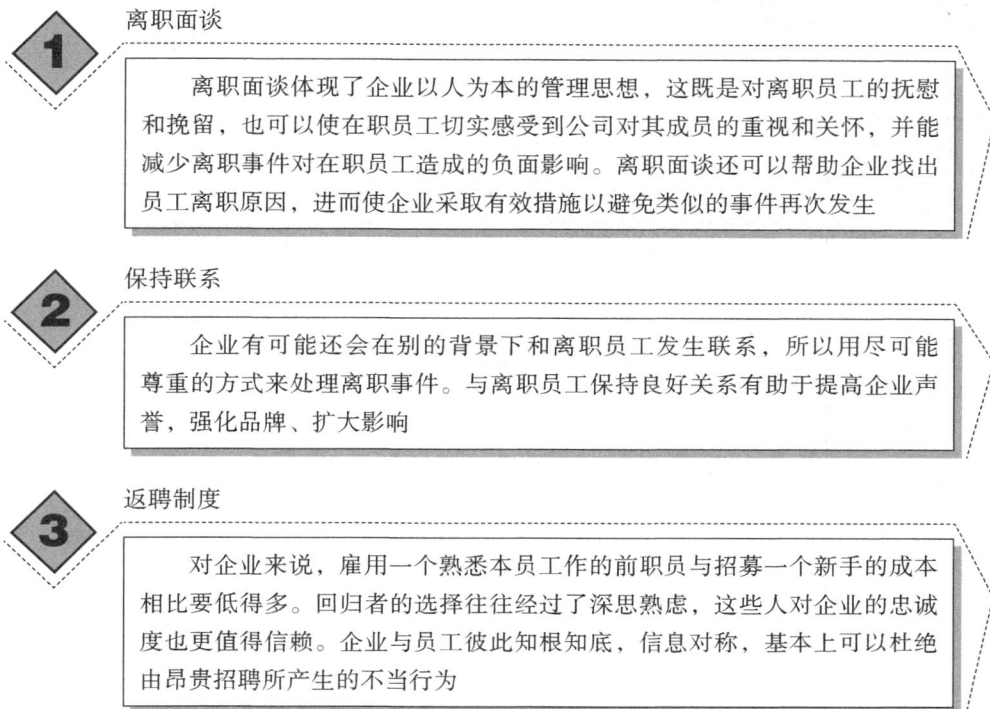

图8-3 离职处理方法

1.2 辞职管理的要点

1. 辞职申请的提出

（1）时间限定。在试用期内辞职的，应当提前七天提出辞职申请。正式员工辞职的，一般岗位员工应当提前一个月、技术岗位的员工应当提前两个月、中层以上的管理人员应提前三个月提出辞职申请。

（2）书面形式。员工辞职无论岗位及工作年限，统一采用由公司人力资源部门制作的"辞职申请表"，以书面形式提出。

（3）提交申请。试用人员及一般正式岗位员工应当向所在部门提出；技术岗位员工经所在部门确认后，或向部门的负责人直接提出；中层以上的管理人员应当向公司人力资源部提出。

2. 接收申请

负责受理员工辞职申请的部门，在收到员工辞职申请后，需与员工进行积极的沟通，对绩效好的员工应当努力挽留，并探讨改善其工作环境、条件、待遇的可能性。

【范本8-1】员工辞职申请表

员工辞职申请表

离职员工姓名		部门及岗位	
离职日期		离职类别： 辞职 □　　辞退 □	
离职原因	辞职： 员工签字：　　　　　　　　　　日期：＿＿＿年＿＿月＿＿日		
	辞退： 直接上级主管签字：　　　　　　日期：＿＿＿年＿＿月＿＿日		
部门负责人意见	 日期：＿＿＿年＿＿月＿＿日		
人力资源部意见	 日期：＿＿＿年＿＿月＿＿日		
总经理意见	 日期：＿＿＿年＿＿月＿＿日		

3．辞职申请的审批

经沟通无效的，相关人员应在10个工作日内依照不同审批权限进行处理，最终批准后，员工方能办理离职手续。

（1）一般岗位及技术岗位员工的辞职申请，应当分别经直接上级主管、财务部门、所在部门负责人签署意见后，并经所在部门主管批准后，报公司人力资源部审核备案。

（2）中层以上的管理人员的辞职申请，应当经公司人力资源部、财务部审核并签署意见后，逐级呈报总经理批准。

（3）与公司约定服务期的员工的辞职申请，应当先报公司人力资源部、财务部对申请人是否违反服务期约定进行审核并签署意见后，再分别依前两项的规定办理辞职审批手续。

4．办理离职手续

离职面谈结束后，由人力资源部为辞职员工办理等离职手续。手续完成后，该员工方可正式离职。

【范本8-2】员工离职应办事项表

员工离职应办事项表

编号：＿＿＿＿＿ 日期：＿＿＿＿年＿＿月＿＿日

部门		职称		姓 名	

已奉准于＿＿＿＿年＿＿月＿＿日离职，请依下列所载项目办理离职手续

顺序	应办事项	经办部门	经办人签章	扣款金额
1	经办工作交接清楚（业务人员应列册）	服务部门		
2	职章	总经理办		（限主管人员）
3	住宿人员办理退舍			
4	缴回制服、钥匙	行政部		
5	缴回个人领用文具用品			
6	缴回员工手册			
7	缴回识别证			
8	办理退保退会			
9	填写离职人员意见表	人力资源部		
10	填停薪单送财务部			
11	填人员异动记录簿、取消插条、人员状况表、名册			
12	审核上列事项	人力资源经理		
13	有无欠账？有无财务未清事项	财务部		
14	发薪审核	财务主管		
备注	以上所有移交手续应当经直接主管或指定的交接人或经手人签字，并经综合部审核签字确认后，方可认定交接手续完成			

5．离职结算

（1）结算条件：当交接事项全部完成，并经相关人员签字确认后，方可对离职人员进

行相关结算。对未按照正规手续办理辞职擅自离开公司的员工，按照旷工擅自离职处理。

（2）结算：离职人员的工资、违约金等款项的结算由财务部和人力资源部共同进行。

（3）解除劳动合同。

6. 离职移交

企业所有员工离职，均须做好如图8-4所示的移交工作。

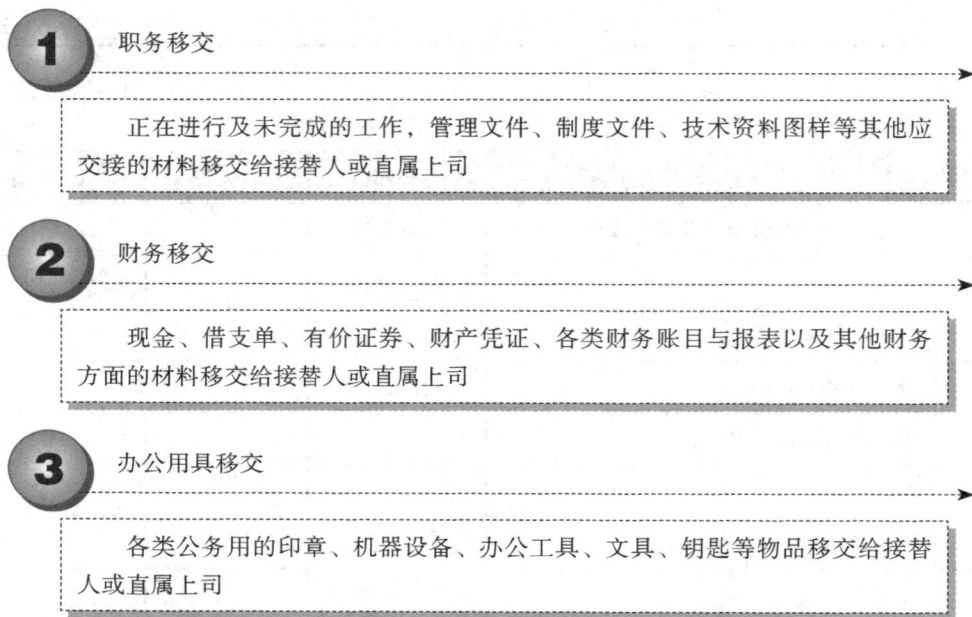

1 职务移交

正在进行及未完成的工作，管理文件、制度文件、技术资料图样等其他应交接的材料移交给接替人或直属上司

2 财务移交

现金、借支单、有价证券、财产凭证、各类财务账目与报表以及其他财务方面的材料移交给接替人或直属上司

3 办公用具移交

各类公务用的印章、机器设备、办公工具、文具、钥匙等物品移交给接替人或直属上司

图8-4　离职移交工作

要点提示

员工离职时必须由本人办理职务、财务、办公用具移交工作，由直属主管或部门指定员工接受工作移交，移交时必须详细审查并签名确认。如离职员工离职后，再发现财务、资料或公司对外的应收账款等有亏欠或有物品损坏者，相关责任和损失由工作移交接受员工及主管负责并赔偿。

7．离职员工知识传承管理

离职员工在工作期间创造的知识、建立的流程、发展的新技能与方法、开发的客户资源等是企业宝贵的财富，所以，企业应尽量做好离职员工知识的延续管理。

人力资源部应提前拟好离职员工知识清单，在交给离职员工的同时，让接任者或所在部门负责人与其确认清单的具体内容，并督促对方落实。

【范本8-3】工作内容交接表

· ·

工作内容交接表

离职者：　　　　离职者职务：　　　　接任者：　　　　交接日期：＿＿＿年＿＿月＿＿日

序号	内容	交接情况
1	岗位所需掌握的知识与技能	
2	岗位的工作流程，建立流程图	
3	整理已完成与未完成的工作	
4	提出岗位工作需改进与注意之处	
5	整理提交岗位核心信息，如客户资源等	
6	知会内外部客户，帮助接任员工做好工作衔接	
7	告知接任者在企业工作需注意的隐性规则	
8	遵守保密协议与竞业禁止的事宜，如没有则补签	

8．知识传承机制

除了知识传承清单外，人力资源部还要建立知识传递的流程与机制，推动各部门人员一起把离职员工的知识尽可能多地发掘出来。

（1）识别哪些员工最能接替岗位工作，如果可能，立即指定接任人。

（2）识别最关键的、最不能流失的知识，要求离职员工将其予以流程化或文字化。

（3）阶段性评估交接效果与目标达成情况，及时排除障碍，并给予相关支持。

（4）尽可能说服离职员工主持一个内部工作交流会或培训，让其他同事了解与掌握岗位知识。

（5）让离职员工带领接任者拜访内外部客户，使工作关系得以延续。

（6）保留与离职员工的沟通方式，使接任者在遇到疑问时可向离职员工求助；将有用的信息归档。

第2节　离职面谈管理

离职面谈并不是一项简单的工作，它需要特殊的技巧。这包括提供安全舒适的沟通环境，建立融洽的关系，很专业地运用探测性问题。离职面谈不仅仅是两个人之间的随意谈话，其内容要经过专门的调查、表述、编辑，以确保其内容充实清晰，具有连贯性，容易理解。

2.1　离职面谈前的准备

一个有效的面谈可以增进了解，消除误解，甚至化解矛盾。因此，人力资源经理应有目的做一些面谈的准备工作。

（1）人力资源经理应及早约定面谈时间，选择较安静且不易被打扰的环境，坦诚相对，从轻松的问题入手，以开放性的问题为主，让离职员工能够依照个人经验回答。

（2）避免问一些指向不明的问题，让离职员工无拘无束地谈论问题并注意保守员工的隐私。

（3）向离职员工的部门主管了解情况，确认部门主管对离职事件结果的期望。

（4）查询离职员工的劳动合同执行情况和附属协议情况（培训协议、保密协议、服务合约等），财务借款情况、设备领用情况、工作中涉及款项的应收应付情况等。

（5）根据了解的具体情况，判断员工是主动辞职还是被辞退，是否符合《劳动法》中的相关规定。

（6）与离职员工部门主管沟通初步的面谈方案，确认部门主管和人力资源部工作目标的一致。

（7）约见员工，判断员工的即时反应，做好面谈的心理准备。

2.2　离职面谈的内容

离职面谈的内容包括该员工对企业制度、自身工作、主管和同事的看法。一般来说，企业需要要了解的信息包括如图8-5所示的几类。

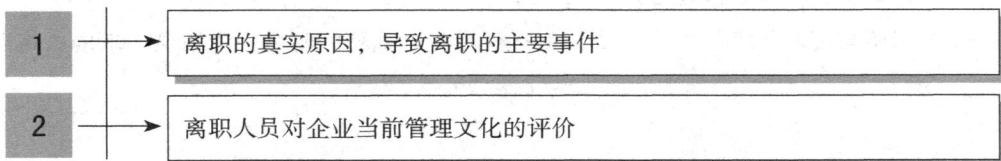

1	离职的真实原因，导致离职的主要事件
2	离职人员对企业当前管理文化的评价

3	→	对企业的工作环境以及内部人际关系的看法
4	→	对所在部门或企业层面需要改进方面的合理化建议
5	→	离职后本岗位后续工作展开的建议及离职后个人职业生涯规划等

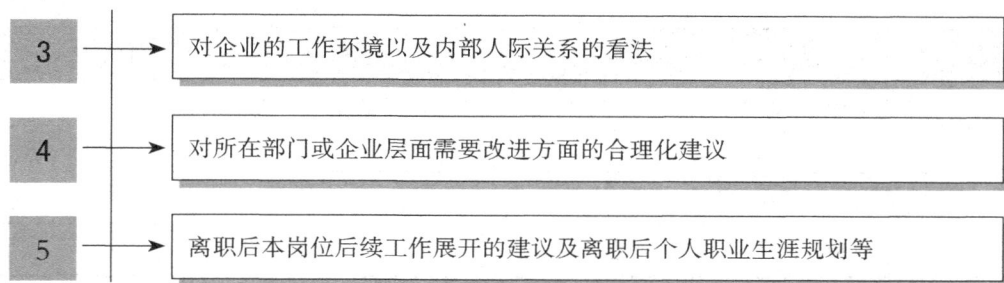

图8-5　离职面谈时企业应了解的信息

坦诚对待一个即将离职的员工，他有可能会把对企业的一些看法，包括在职时不敢讲的意见讲出来。离职面谈的具体内容可以参见范本8-4。

【范本8-4】员工离职面谈表

···

员工离职面谈表

编号：　　　离职者：　　　离职者职务：　　　主持面谈者：　　　面谈日期：_____年____月____日

	面谈项目	回答内容
企业制度	你对企业总的感觉如何	
	你是否得到了足够的培训	
企业制度	你是否得到有关你的工作表现的反馈	
	对你工作表现的评价是否公正、细致	
	你对报酬感觉如何	
	你认为我们的福利待遇如何？还需要作什么改进	
工作本身	你对辞去的工作感觉如何	
	你的工作是否能使你的专业有所长进	
	你认为工作环境是否为你的工作创造了良好的条件	
主管	你对你的主管感觉如何？他的管理能力如何	
	你是否向你的主管反映了你的问题和不满	
	他是否能满意地解决这些问题	
同事	在工作中你与同事合作是否融洽	
新企业	新企业在哪些方面吸引了你	
	你的新职位能够提供本企业现在不能提供的什么东西	

（续表）

	面谈项目	回答内容
离职原因求证	当你加入本企业时，你一定会有自己要实现的职业目标，是什么导致你改变主意的呢	
	是什么原因使你想到辞职	
建议	我们如何做你才会留在企业	

第3节　员工辞退管理

员工辞退属于离职中的一种，只不过其主动权是掌握在企业手中。企业进行员工辞退，可能是由于企业原因，也有可能是员工自身原因。无论是哪种原因，人力资源部都要做好辞退员工的管理工作。

3.1　辞退原因

人力资源部在处理员工辞退时，必须注意是否符合法律规定。可以列出一份可以予以辞退情况列表，在辞退员工时注意核对。

【范本8-5】辞退情况一览表

辞退情况一览表

序号	情形	备注（在情形后打"√"）
1	试用期不合格者	
2	在职不能胜任本岗位工作，经过培训或调职，仍不能胜任工作者	
3	劳动者患病或者非因工负伤，医疗期满后，不能从事原工作也不能从事由用人企业另行安排的工作者	
4	严重违反公司制度屡教不改者，或一年内累计受大过处分达三次或以上者	
5	严重失职，营私舞弊，给企业造成重大损害的	

（续表）

序号	情形	备注（在情形后打"√"）
6	劳动者同时与其他用人企业建立劳动关系，对完成本企业工作造成影响或经本企业提出，拒不改正的	
7	以欺诈、胁迫的手段或乘人之危，使公司违背真实意思的情况下订立或变更劳动合同的	
8	触犯刑法或国家法律法规者；被追究刑事责任或被劳动教养或治安处罚的	
9	符合奖惩制度辞退条件者	
10	严重违反劳动纪律或公司规章制度；或法律、法规、规章规定的其他条件	

3.2 辞退员工流程

辞退员工的程序如图8-6所示。

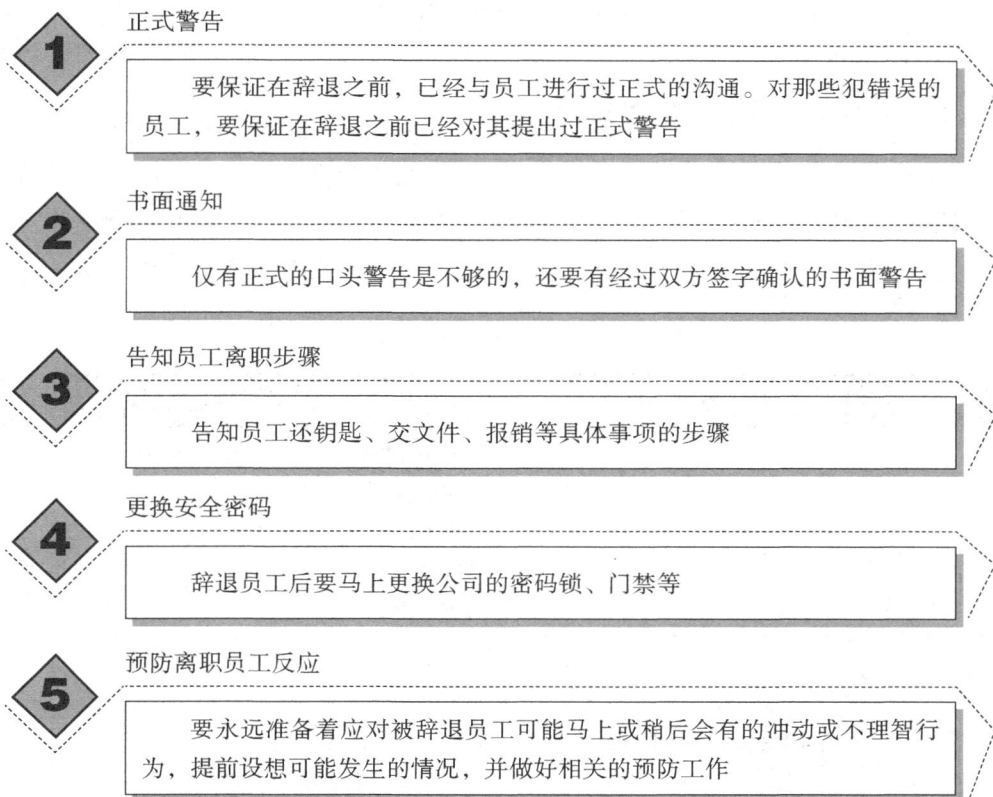

1 正式警告

要保证在辞退之前，已经与员工进行过正式的沟通。对那些犯错误的员工，要保证在辞退之前已经对其提出过正式警告

2 书面通知

仅有正式的口头警告是不够的，还要有经过双方签字确认的书面警告

3 告知员工离职步骤

告知员工还钥匙、交文件、报销等具体事项的步骤

4 更换安全密码

辞退员工后要马上更换公司的密码锁、门禁等

5 预防离职员工反应

要永远准备着应对被辞退员工可能马上或稍后会有的冲动或不理智行为，提前设想可能发生的情况，并做好相关的预防工作

6 准备好通知辞退消息

> 事先想好怎样告诉部门留下来的员工关于这个员工被辞退的消息，如果不说，其他员工就会有可能传播不实的小道消息

图8-6　辞退员工的程序

3.3　辞退面谈

辞退面谈主要分为如图8-7所示的两种类型。

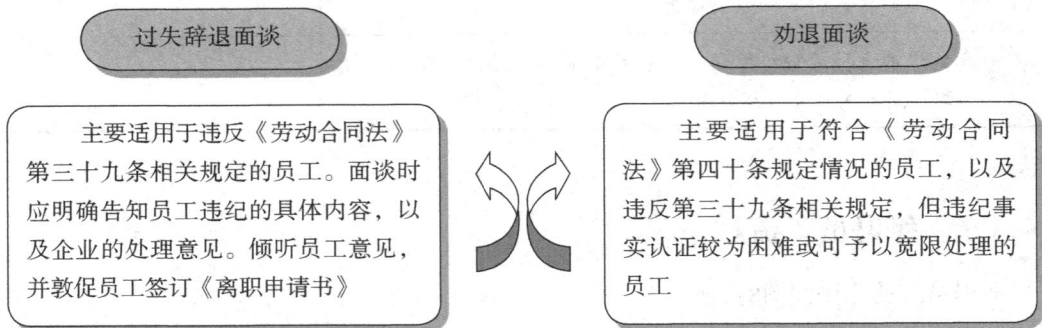

过失辞退面谈

> 主要适用于违反《劳动合同法》第三十九条相关规定的员工。面谈时应明确告知员工违纪的具体内容，以及企业的处理意见。倾听员工意见，并敦促员工签订《离职申请书》

劝退面谈

> 主要适用于符合《劳动合同法》第四十条规定情况的员工，以及违反第三十九条相关规定，但违纪事实认证较为困难或可予以宽限处理的员工

图8-7　辞退面谈的类别

3.4　辞退员工反应处理策略

被辞员工在获知被辞的消息时，会有各种不同的反应和感觉。为做好辞退工作，人力资源部经理一定要熟悉几种主要的反应，并且掌握正确的应对方法，以免因为自己的不当处理而为企业乃至自身带来不必要的麻烦。员工可能做出的反应及处理策略，具体如表8-1所示。

表8-1　辞退中员工反应及对策

序号	员工反应	感觉	具体对策
1	敌意、生气	很生气、失望	（1）用试探性的语言总结你听到他的话，如"听起来你对这件事情很生气" （2）避免正面冲突，不要发生争吵 （3）保持客观态度，坚持事实，并给员工提供对他日后有帮助的信息
2	防卫性强、讨价还价	罪恶感、害怕、不确定感、不信任感	（1）让员工明白你知道这是一个困境，如果是你，你跟他的感觉一样 （2）不要掺入任何讨价还价的讨论 （3）提供将来可能提供的帮助，必要时进行心理辅导

（续表）

序号	员工反应	感觉	具体对策
3	正式的、程序化的	抑制着、控制着情绪，但想要报复	（1）给员工自由谈论的机会，只要他不离题 （2）尽量避免顾左右而言他，不要谈论所谓"办公室政治" （3）保持平静的语调
4	坚忍克己	震惊、不信任感、麻木	（1）理解他的震惊。如果员工不反对，立即跟员工沟通下一步的做法 （2）问员工此时是否有什么具体问题。如果没有，告诉员工下一步企业可以为其提供的帮助
5	哭哭啼啼	忧愁、悲伤、焦虑	（1）提供纸巾让员工哭够了再说 （2）避免诸如"哭什么，这有什么大不了的"之类话语 （3）当员工平息下来后，解释事实及下一步的计划

学习笔记

通过学习本章内容，相信您已经有了不少学习心得，请仔细记录下来，以便巩固学习成果。如果您在学习中遇到了一些难点，也请如实写下来，方便今后重复学习，彻底解决这些学习难点。

同时，本章列举了大量实用范本，与具体的理论内容互为参照和补充，方便您边学边用。请如实填写您的运用计划，以使工作与学习能够更好地结合。

我的学习心得：

1. _____
2. _____
3. _____

我的学习难点：

1. _____
2. _____
3. _____

我的运用计划：

1. _____
2. _____
3. _____

第 9 章

职业生涯规划

··· 关键指引 ········

职业生涯规划是指一个人对职业生涯乃至人生进行持续的、系统的计划的过程，它包括职业定位、目标设定、通道设计三部分内容。企业为员工做职业生涯规划时，要在员工个人发展与组织发展相结合的基础上，对员工职业生涯的主客观因素进行分析、总结和测定，以确定其事业奋斗目标，并为其实现这一目标，编制相应的工作、教育和培训等行动计划。

第1节　职业生涯规划管理

1.1　职业生涯规划管理的目的

开展职业生涯规划管理的目的就是通过企业和个人的努力，使企业目标与个人目标渐趋一致，并使员工自我价值得到实现，企业获得长足的人力资本，以顺利实现企业目标。其意义有以下五点。

1．避免给企业带来损失

使员工的职业生涯目标与组织发展目标相一致，降低并减少两者目标相违背情况的发生，避免给企业带来损失。

2．有利于留住人才

企业进行员工职业生涯规划有利于稳定员工队伍，可以增加员工满意度，留住现有优秀人才。

3．有利于增强企业发展的可持续性

企业可以更合理高效地配置企业人力资源，保证企业未来人才需求和企业的可持续性发展，避免企业人才断档和后继无人情况的出现。

4．有利于提高员工自我定位的准确性

增强员工对职业环境的把握能力和对职业困境的控制能力，在企业提供的工作平台上更好地发挥自己的才智与能力。

5．有利于提高人才培养的针对性

有利于企业根据发展需求，有针对性地培养人才，把培训、管理等资源与手段聚焦在所需的岗位人才上，实现资源的合理配置，帮助人才尽快成长。

1.2 职业生涯规划的要点

调查表明，一个人的兴趣与成功概率有着明显的正相关性。在设计职业生涯时，务必注意如图9-1所示的几个要点。

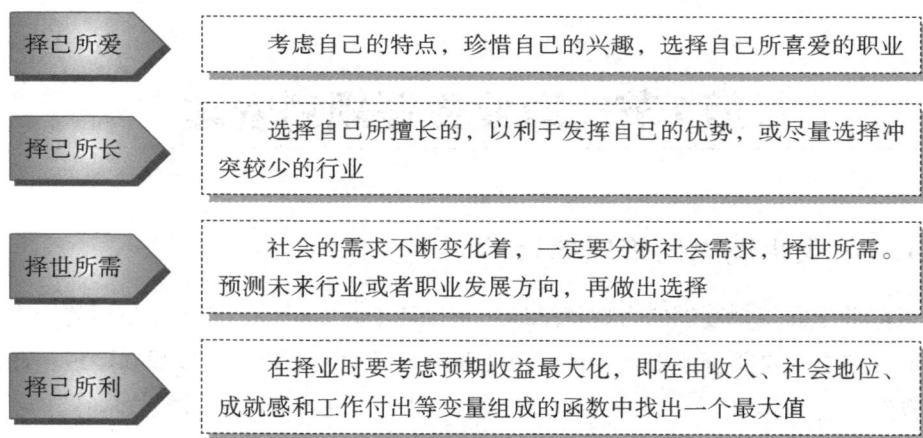

择己所爱	考虑自己的特点，珍惜自己的兴趣，选择自己所喜爱的职业
择己所长	选择自己所擅长的，以利于发挥自己的优势，或尽量选择冲突较少的行业
择世所需	社会的需求不断变化着，一定要分析社会需求，择世所需。预测未来行业或者职业发展方向，再做出选择
择己所利	在择业时要考虑预期收益最大化，即在由收入、社会地位、成就感和工作付出等变量组成的函数中找出一个最大值

图9-1 职业生涯规划要点

2．个人成长阶段特点

员工对自己做出全面分析，包括自己的需求、能力、兴趣、性格等方面，以此来确定什么样的职业比较适合自己。

【范本】个人成长阶段特点分析表

个人成长阶段特点分析表

阶段	年龄	时期	发展重点
成长阶段	0～10岁 11～12岁 13～14岁	幻想 兴趣 能力	（1）受家庭教育和保护 （2）适应学校生活和社会生活 （3）逐渐认识自己 （4）了解工作的意义
探索阶段	15～17岁 18～21岁 22～24岁	控试 转变 尝试	（1）初步、简单的职业选择 （2）多种职业的抉择 （3）恐惧工作压力 （4）努力寻找合适工作 （5）面对挫折
确立阶段	25～30岁 31～44岁	稳定 建立	（1）安定、检讨、婚姻的选择、养儿育女 （2）统整、稳固并力求上进和升迁
维持阶段	45～64岁	维持	（1）维持既有职位与成就 （2）准备退休计划
衰退阶段	65岁以上	衰退	（1）适应退休生活 （2）发展新角色

1.3 职业生涯规划的方法

1. 人职匹配法

职业生涯设计和规划的核心是实现人与职业的匹配；每个人都有自己独特的人格模式，每种人格模式都有与其相适应的职业类型；人们应当寻求与个人特性（人格模式）相一致的职业。人职匹配包括如图9-2所示的两个方面。

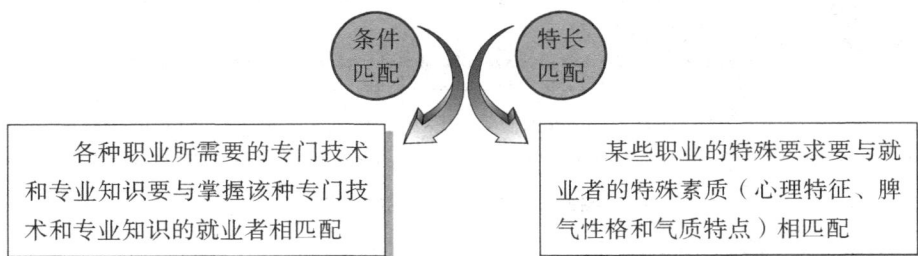

条件匹配

特长匹配

各种职业所需要的专门技术和专业知识要与掌握该种专门技术和专业知识的就业者相匹配

某些职业的特殊要求要与就业者的特殊素质（心理特征、脾气性格和气质特点）相匹配

图9-2 人职匹配的内涵

2．职业锚法

对于一个有一年以上工作经验的人来说，职业锚是职业生涯规划和设计的最佳工具。职业锚就是指人们选择和发展职业的立足点，或者说是人们职业发展的根基与支柱。它包括人们的职业价值观和从事一定职业所拥有的核心优势与专业特长。职业锚的基本观点如下。

（1）每个人都有自己的职业锚。当他清楚地了解了自己的天资和能力、动机和需要以及价值观之后，就会意识到自己的职业锚是什么。

（2）职业锚中的有关内容和要素是发展的。

（3）准确地把握自己的职业锚，是人们职业定位和职业发展的根本。

1.4　职业生涯规划的流程

企业人力资源部和员工职业辅导人应协助员工进行个人职业生涯规划。员工职业生涯规划可以参照如图9-3所示的五个步骤进行操作。

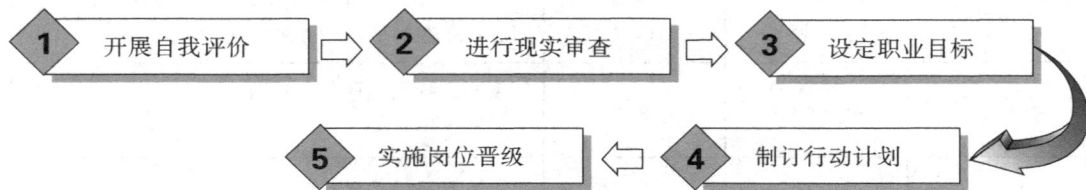

图9-3　员工职业生涯规划流程

1．开展自我评价

企业帮助员工确定兴趣、价值观、资质以及行为导向，指导员工思考他目前所处的职业生涯的位置，帮助其制订未来的发展计划。员工评估个人的职业发展规划与当前所处的环境以及可能获得的资源是否匹配。自我评价的要求包括企业和员工两个方面的内容，具体如图9-4所示。

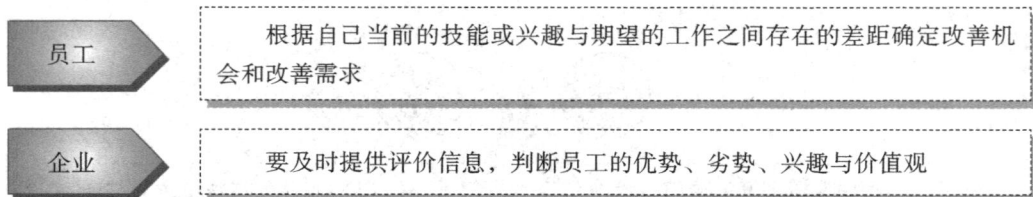

| 员工 | 根据自己当前的技能或兴趣与期望的工作之间存在的差距确定改善机会和改善需求 |
| 企业 | 要及时提供评价信息，判断员工的优势、劣势、兴趣与价值观 |

图9-4　自我评价的要求

2．进行现实审查

企业要帮助员工了解自身规划与公司潜在的晋升机会、横向流动等规划是否相符合，以及企业对其技能、知识所做出的评价等信息。现实审查中信息传递的方式有以下三种。

（1）上级主管应能及时提供下属员工的信息资料，这也是对其进行绩效考核的一个内容。

（2）上级主管与员工举行专门的绩效评价与职业开发讨论会，交流员工的职业兴趣、优势以及可能参与活动等方面的信息。

（3）所有的交流信息均应记入员工职业发展档案中。

3．设定职业目标

员工与上级主管针对目标进行讨论，并将其记入员工的职业发展档案。企业应根据讨论结果帮助员工确定短期职业目标与长期职业目标。这些目标应与员工的期望职位、应用技能水平、工作设定、技能获得等其他方面紧密联系。

4．制订行动计划

帮助员工决定如何才能完成自己的短期职业目标与长期的职业目标。行动计划的方式主要取决于员工开发的需求以及开发的目标，可采用安排员工参加培训课程和研讨会、获得更多的评价、获得新的工作经验等方式。制订行动计划的要求如图9-5所示。

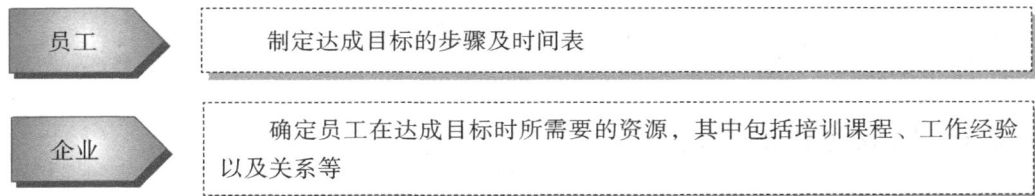

员工	制定达成目标的步骤及时间表
企业	确定员工在达成目标时所需要的资源，其中包括培训课程、工作经验以及关系等

图9-5 制订行动计划的要求

5．实施岗位晋级

每年考核结束后，对于符合晋级标准的人员，经部门负责人和人力资源部审核后报企业负责人批准后晋级，相关资料信息由人力资源部备案，并存入员工个人职业发展档案。职业生涯规划管理模型如图9-6所示。

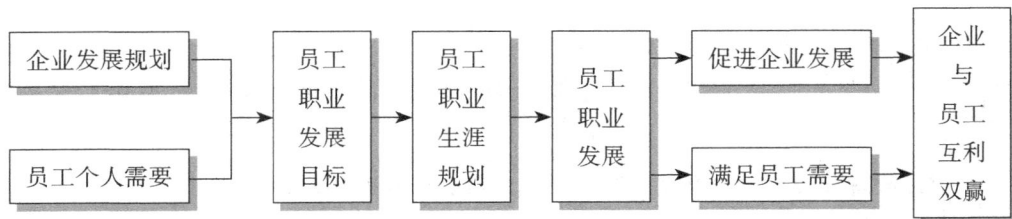

企业发展规划 → 员工职业发展目标 → 员工职业生涯规划 → 员工职业发展 → 促进企业发展 → 企业与员工互利双赢
员工个人需要 → 员工职业发展目标
员工职业发展 → 满足员工需要 → 企业与员工互利双赢

图9-6 职业生涯规划管理模型

第2节 职业定位管理

职业定位就是找准个人在职业生涯的位置，或者说确定个人职业生涯的方向和目标。职业定位主要包括择业定位和发展定位，具体如图9-7所示。

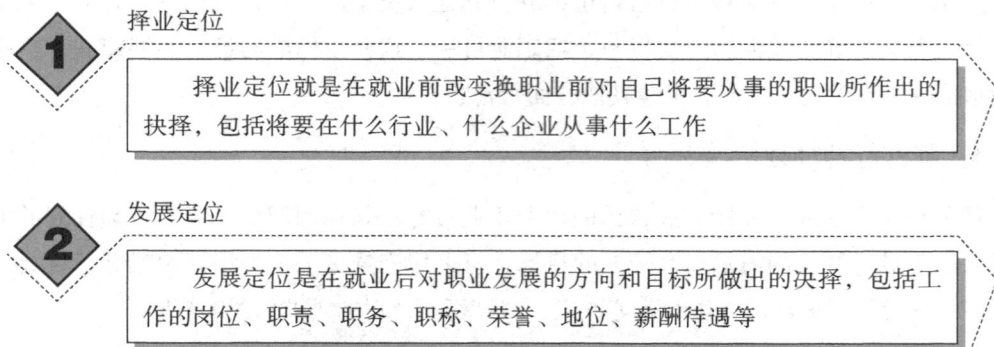

1 择业定位

择业定位就是在就业前或变换职业前对自己将要从事的职业所作出的抉择，包括将要在什么行业、什么企业从事什么工作

2 发展定位

发展定位是在就业后对职业发展的方向和目标所做出的决择，包括工作的岗位、职责、职务、职称、荣誉、地位、薪酬待遇等

图9-7 职业定位的内涵

2.1 职业定位的内涵

1．职业定位的重要性

（1）职业定位是否得当，决定着人们的职业选择是否科学合理。

（2）职业定位是否得当，决定着能否发挥自己的职业特长与职业优势，进而决定着职业发展的成败得失。

（3）职业定位是否得当，决定着企业和员工能否对其职业发展提供必要的支持和帮助。

2．职业生涯的含义

职业生涯有以下四层含义。

（1）以满足员工的个人需求为目的，因而是员工的个体行为，而非群体或组织的行为。

（2）以心理开发、生理开发、智力开发、技能开发为基础。

（3）发展效果以职业素质、工作业绩、工资待遇、职称职务的变动为标志。

（4）心理体验是职业生涯的重要构成要素。

2.2 职业定位的类型

在实际工作中，员工重新审视自我动机、需要、价值观及能力，逐步明确个人需要与价值观，明白自己的优势与发展的重点，达到自身目标实现。在此过程中，每个人都根据自己的天资、能力、动机、需要、态度和价值观，逐渐形成较为明晰的、与职业有关的自我概念，最终形成一个占主导地位的职业定位。实际上这是一个持续不断的探索过程，具体如图9-8所示。

图9-8　职业定位的类型

1．技能型

以技术职能能力为职业定位的员工，有特有的职业工作追求、需要和价值观。

特点：强调实际技术或某项职能业务工作。此类雇员热爱自己的专业技术或职能工作，注重个人专业技能发展，一般多从事工程技术、营销、财务分析、系统分析、企业计划等工作。

2．管理型

管理权力是此类型员工的追逐目标，他们倾心于全面管理、掌握更大权力、肩负更大责任。

特点：愿意担负管理责任，且责任越大越好。具体的技术工作或职能工作仅仅被他们看作是通向更高、更全面管理层的必经之路，他们从事一个或多个技术职能区工作，只是为了更好地展现自己的能力。

3．创造型

在某种程度上，创造型职业定位与其他类型的职业定位有重叠。

特点：追求创造型定位的员工要求有自主权、管理能力，能施展自己的才干。但是，这不是他们的主要动机与价值观，有创造空间才是他们追求的主要目标。

4．安全型

职业定位又称稳定型。职业的稳定和安全是这一类员工的追求、驱动力和价值观。

特点：他们的安全取向有两类，一种追求职业安稳，这种稳定和安全感主要源自于既定组织中稳定的成员资格，例如，大公司组织安全性高，其成员的稳定系数也高；另一种注重情感的安全稳定，例如使自己融入团队而获得的安全感。

5．自主型

自主型职业定位又称独立型。此类员工认为，组织生活是非理性的，太限制个人，甚至侵犯个人私生活。他们追求自由自在不受约束或少受约束的工作环境。

特点：以最大限度地摆脱组织约束，追求能施展个人职业能力的工作环境为目的。

2.3　职业定位的方法

从职业定位可以判断员工职业成功的标准，从而有针对性地为员工开展职业生涯规划，最大程度地激励员工。职业定位常用的方法有以下两种，具体如图9-9所示。

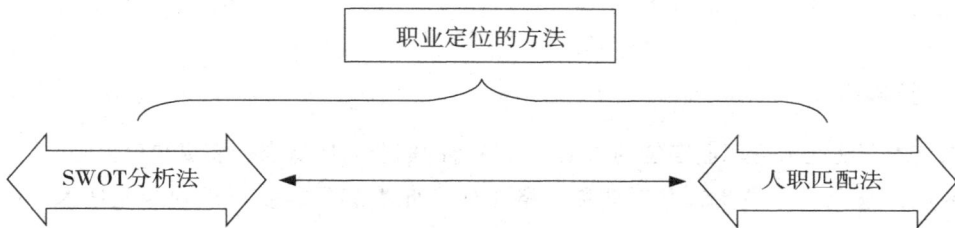

图9-9　职业定位的方法

1．SWOT分析法

SWOT分析法又称态势分析法，是一种功能强大的分析工具，是将与就业目标岗位密切相关的各种主要内部优势、劣势、机会和威胁等，通过调查列举出来，并依照矩阵形式排列，然后将各种因素相互匹配起来加以分析，从中得出适合的职业定位。其中，S代表优势（Strength），W代表弱势（Weakness），O代表机会（Opportunity），O代表威胁（Threat）。在这里，S、W是内部因素，O、T是外部因素。

企业员工通过对自身优势和劣势、外部环境的机会和威胁的分析，对就业岗位的方方面面已经十分了解。这时企业就可以充分发挥员工自身优势，尽可能避免其劣势，充分利用外部机会，尽可能避免外部威胁，制定出合理的职业定位。SWOT矩阵提供了如表9-1所示的四种战略。

表9-1 SWOT矩阵

内部因素／环境因素	优势（S）	劣势（W）
机会（O）	SO：（极大—极大战略） 尽可能地增加内部优势，并利用外界机会	WO：（极小—极大战略） 尽可能地减少劣势，并最大限度地增加机会
威胁（T）	ST：（极大—极小战略） 最大限度地增加优势，并尽可能减少威胁	WT：（极小—极小战略） 尽可能地减少劣势和威胁

2．SWOT法的实施步骤

一般来说，对员工职业定位问题进行SWOT分析时，应遵循以下五个步骤。

（1）罗列员工自身的内部优势和劣势，以及外部可能存在的机会与威胁。

（2）将优势、劣势与机会、威胁相组合，形成SO 、ST、WO 、WT策略。

（3）对SO 、 ST、WO 、WT策略进行甄别和选择，确定你目前应采取的具体战略与方针。

（4）列出五年内的职业行动计划提纲。

（5）列出五年后的职业行动计划提纲。

3．人职匹配法

人职匹配法分为两种类型：一是条件匹配，即所需专门技术和专业知识的职业与掌握该种特殊技能和专业知识的择业者相匹配，或者脏、累、险、劳动条件很差的职业，需要吃苦耐劳、体格健壮的劳动者与之相匹配；二是特长匹配，即某些职业需要具有一定的特长，如具有敏感、易动感情、不守常规、有独创性、个性强、理想主义等人格特征的人，宜于从事审美性、自我情感表达的艺术创作类型的职业。

4．人职匹配法的实施步骤

人职匹配法的实施步骤如图9-10所示。

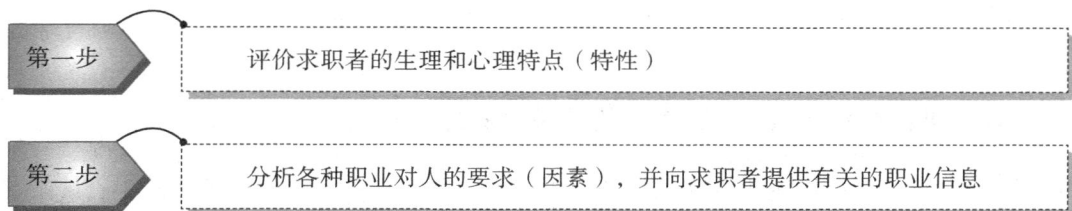

第一步　评价求职者的生理和心理特点（特性）

第二步　分析各种职业对人的要求（因素），并向求职者提供有关的职业信息

第三步　　　　指导人员在了解求职者的特性和职业的各项指标的基础上，帮助求职者进行比较分析，以便选择一种适合其个人特点又有可能在职业上取得成功的职业

图9-10　人职匹配法实施步骤

第3节　目标设定要点

职业生涯目标是指人们对未来职业表现出来的一种强烈的追求和向往，是人们对未来职业生活的构想和规划，它是人们追求成功的驱动力。职业目标是人们在职业上的追求、期望，如"人力资源总监"就是一个职业目标，而"人力资源方面的工作"就不是职业目标，只是一个职业发展方向。

职业生涯目标是一系列目标的组合，需要分阶段来实现。目标分解是将目标清晰化、具体化的过程，是将目标量化成可操作的实施方案的有效手段。职业目标分解是根据观念、知识、能力差距，将职业生涯长期的远大目标分解为有时限规定的长、中、短期分目标，直至将目标分解为某确定日期可以采取的具体步骤。

3.1　职业生涯目标设定的步骤

目标设置理论认为明确工作目标可以提高工作的绩效。目标设置理论表明：困难的目标比容易的目标能带来更高的个人绩效；具体的目标比没有目标或笼统的目标如"尽你最大努力"能带来更高的绩效；积极的绩效反馈会带来更高的绩效。但在企业管理中运用目标设定理论并不是一件很简单的事情，应注意目标设定的步骤。

（1）目标要明确具体；目标要有挑战性。

（2）个人目标要与组织目标和政策相一致。

（3）制定出实现目标的详细行动计划和方法措施。

（4）把整个目标分阶段进行。

（5）在不同的时间内检查和评价目标执行情况，制定奖励措施。

3.2　职业生涯各阶段目标规划的特点

职业生涯总目标需要通过分阶段来实现。一般来说，20多岁时希望尽快进入工作角色，30岁左右时希望走向重要岗位，40岁时力求有所突破，50岁时则力求平稳。

1．职业目标规划

职业目标规划如表9-2所示。

表9-2　职业目标规划

类型	定义及任务
人生规划	整个职业生涯的规划，时间为40年左右，设定整个人生的发展目标。如规划成为一个有数亿资产的公司董事
长期规划	5～10年的规划，主要设定较长远的目标。如规划30岁时成为一家中型公司的部门经理，40岁时成为一家大型公司副总经理等
中期规划	一般为2～5年内的目标与任务。如规划到不同业务部门做经理，从大型公司部门经理到小公司做总经理等
短期规划	2年以内的规划，主要是确定近期目标，规划近期完成的任务。如对专业知识的学习，2年内掌握哪些业务知识等

2．目标分类

目标有极强的时间性，在谈任何目标的时候首先要明确时间范围，然后才是内容范围，具体如图9-11所示。

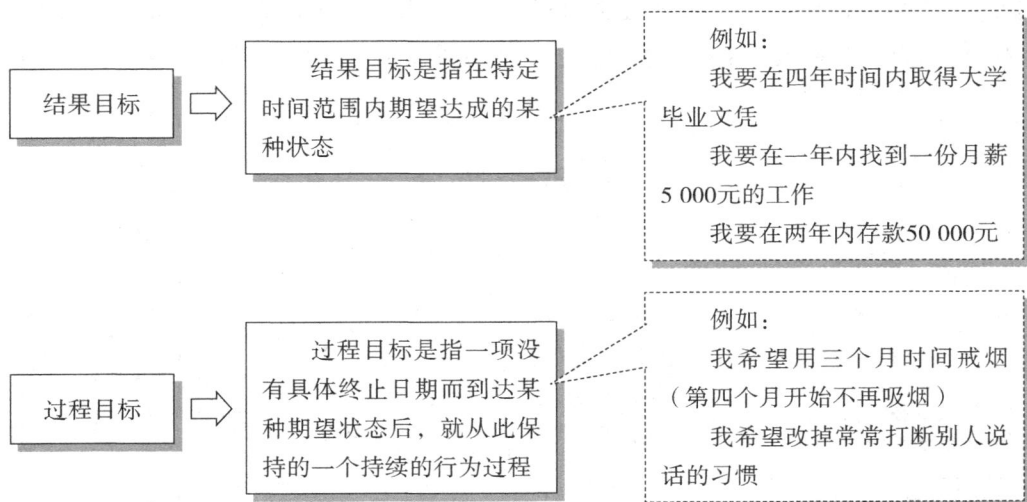

图9-11　过程目标

3.3　职业生涯目标设定的方法

职业生涯目标是一系列目标的组合，需要通过分阶段来实现。目标分解是将目标清晰化、具体化的过程，是将目标量化成可操作的实施方案的有效手段。职业目标分解是根据观念、知识、能力差距，将职业生涯长期的远大目标分解为有时间规定的长、中、短期分目标，直至将目标分解为某确定日期可以采取的具体步骤。

1．按时间分解

按时间分解是最常见并且也是很容易掌握的目标分解方法，用该方法可将目标分解为最终目标、长期目标、中期目标，短期目标，具体如图9-12所示。

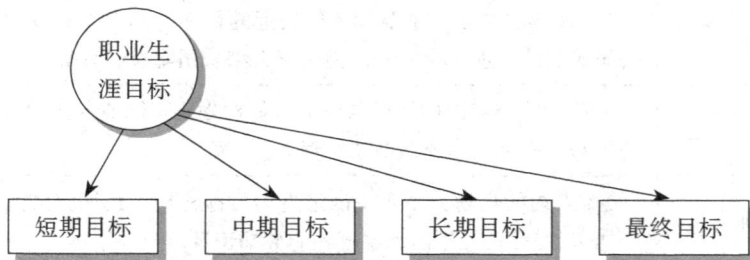

图9-12　职业生涯目标按时间分解

2．按性质分解

按性质可将职业生涯目标分解为外职业生涯目标和内职业生涯目标。其中，外职业生涯目标包括工作内容目标、职务目标、工作环境目标、经济收入目标、工作地点目标等；内职业生涯目标则侧重于在内职业生涯过程中的知识和经验的积累、观念和能力的提高以及内心的感受，主要包括工作能力目标、工作成果目标、提高心理素质目标、观念目标等，具体如图9-13所示。

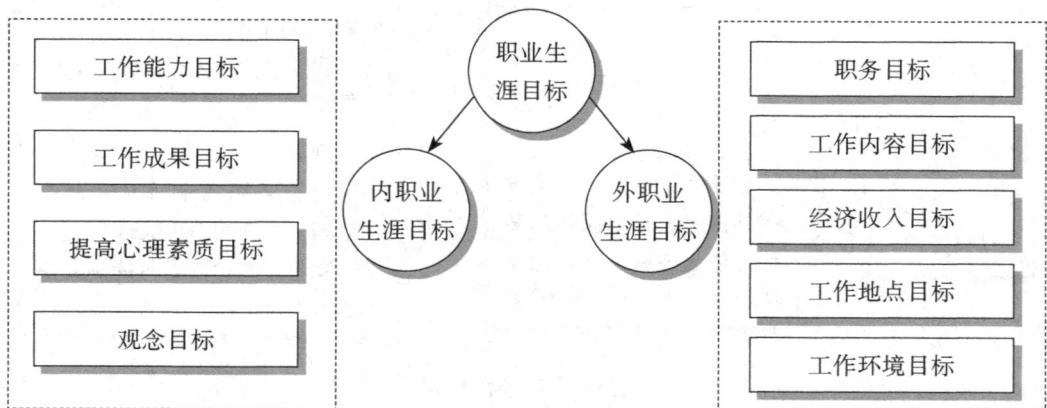

图9-13　职业生涯目标按性质分解

156

第4节 职业通道设计管理

员工入职后，企业首先会根据其基本工作和学习经历、面试时候体现的素质和个人岗位意愿以及公司的岗位需求来确定入职时候的岗位，上述三个因素以企业岗位需求为主，参考其他两个因素最终确定，至此起始岗位确定完成。

4.1 职业通道模式

职业通道模式主要分三类：单通道模式、双通道模式、多通道模式。按职业性质又可分为管理性、技术性、技能性职业通道。入职后员工的职业生涯发展通道可以分为横向和纵向两个部分。

4.2 员工职业发展通道的建立步骤

企业一般应该按照以下步骤来建立企业员工职业发展通道，具体如图9-14所示。

1 做好员工职业发展通道中的岗位分析与设计

这是建立企业职业发展通道基础的准备工作，必须结合企业战略、组织结构、关键流程，对企业的岗位进行再分析和再设计

2 设计职业发展通道的层次结构（职层）

分析和整合企业内部的各个岗位，以规范化了的岗位为基础，将其划分到不同的职业发展系列，并针对不同的职业发展系列，设置科学合理的职业阶梯等级，充实职业发展系列

3 进行职业发展通道的岗位等级（职级）评价

根据企业岗位设置的特点，综合相关的影响因素，设计科学的评价指标体系，通过层次分析法来确定各指标的权重，并对岗位等级评价模型进行模糊综合评判，最终确定各岗位之间的等级对应关系

4 设置员工职业发展通道中的等级能力标准

确定胜任岗位所需的各种素质能力要求及相应的级别要求，建立胜任素质能力模型，并以此作为员工晋升和转岗可行性的判断标准

5 设计员工职业发展通道的信息管理系统

根据具体的实际需求，做好系统分析和设计，建立相关的数据库，以实现员工职业发展通道的岗位、层级结构、对应等级，以及职业发展通道等级能力标准的可持续性优化管理

6 完成员工个人职业发展通道设计

利用员工职业发展通道信息管理系统提供的相关资源条件，结合员工个人的职业发展需求和企业实际情况，帮助员工实现合理的个人职业发展通道规划

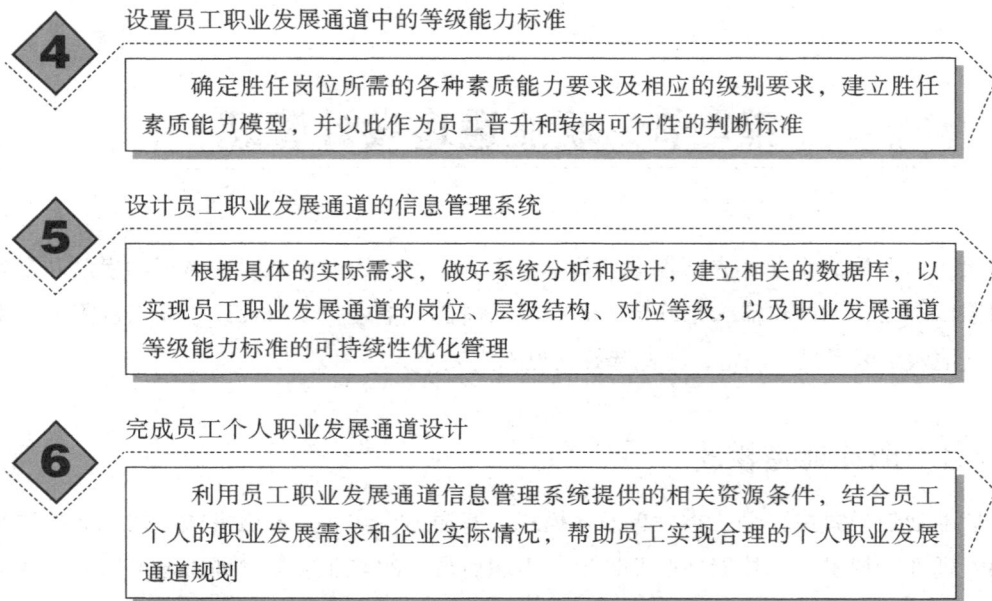

图9-14　建立企业员工职业发展通道的步骤

4.3　职业发展通道设计的注意事项

职业发展通道设计时应该注意以下几个事项。

1. 远近结合

一方面要让员工能够看到短期内的晋升或发展方向，也就是通过努力能在1～2年内能够实现的；另一方面看到未来3～5年自己的机会在哪里。前者即"立足当前"，后者当然就是"放眼未来"。

2. 内外结合

职业发展通道的设计不能仅局限于本企业。比如生产管理类岗位，从本企业实际看，未来可以沿着班组长、生产主管、生产经理等职业发展通道成长，未来则可以在自己不断积累的前提下，进入其他同业企业或是其他行业去做生产管理类岗位。本企业的实际积累就是"立足当前"，未来包括跳槽在内的机会就是"放眼未来"。

3. 公私结合

企业需要根据业务发展策略为不同职位设计不同的发展通道，员工自身能力、环境、机会的变化也可能导致其自身的发展诉求发生变化。因此，企业在为员工设计发展通道时，必须要考虑到员工自身的能力变化、技能提升等综合因素；员工在一家企业的发展路径也必须要与企业实际相结合，两者相辅相成。

4．通道层次链适中

一般这个层次链以 4 ~ 6 层为宜。同时，在分开职等之后内部还需要进行职级的分类，职级不同分类，设置不同的薪资，让员工看得到自己正一步步地往前走，可以走也走得到。

5．通道数量要适中

虽然有了通道层次链，但是发展数量有限，可能会导致一些骨干员工或者学习上进的员工因为只有一条单一通道而离开。所以，通道要稍微丰富点，让员工找到适合自己的定位。

学 习 笔 记

通过学习本章内容，相信您已经有了不少学习心得，请仔细记录下来，以便巩固学习成果。如果您在学习中遇到了一些难点，也请如实写下来，方便今后重复学习，彻底解决这些学习难点。

同时，本章列举了大量实用范本，与具体的理论内容互为参照和补充，方便您边学边用。请如实填写您的运用计划，以使工作与学习能够更好地结合。

我的学习心得：

1. _____
2. _____
3. _____

我的学习难点：

1. _____
2. _____
3. _____

我的运用计划：

1. _____
2. _____
3. _____

第 **10** 章

心理健康辅导

·· **关键指引** ········

长期以来，企业在安全管理过程中对"物的安全"的关注超过了对"人的安全"的关注，忽视了对员工心理安全的关注，使得部分员工的不健康心理长期存在，给企业的安全生产埋下了隐患。因此，解决员工的心理安全问题，提升员工的安全感直接关系到企业的稳定和健康发展，具有深刻的社会意义和重大的现实意义。

第1节　员工心理健康分析

社会的发展给企业同时带来了机遇和挑战。竞争的加剧、不稳定因素的增加，使得企业员工的心理承受着巨大的压力。形成压力的原因是多方面的，通常情况下是工作中产生的各种压力，即职场压力，包括工作任务过重、人际沟通不顺畅、角色冲突、工作环境太差等。

如果一个企业的员工长期处于亚健康状态，尤其是在心理健康方面存在问题，从长远来看，并不利于企业发展。企业要关注员工心理健康，其关键就在于找准原因，对症下药，多措施并举，让员工怀着积极、健康的心态去工作和生活。

1.1　员工心理健康管理的内容

1. 员工心理健康管理的目的

企业员工心理健康管理的目的是促进员工心理健康、降低管理成本、提升组织文化、提高企业绩效等。具体而言有以下三大目的。

（1）减少人才流失

实施员工心理健康管理的企业能使员工感受到企业对他们的关心，使员工更有归属感和工作热情，能吸引更多的优秀员工，由此降低重大人力资源风险，保护企业的核心资源。

（2）提高劳动生产率

通过员工心理健康管理工作的实施，使员工压力处于最佳水平，身心更健康，精力更充沛，由此提高企业的劳动生产率，增强企业的核心竞争力。

（3）预防危机事件发生

通过员工心理健康管理工作的实施，对员工承受的压力水平进行即时监控，并给出适当的指导建议，促进员工随时调整身心状态，预防员工心理危机事件的发生。

2．员工心理不健康的表现

在激烈的社会竞争和繁重的工作压力下，许多员工的心理健康水平逐渐下降，心理亚健康和不健康的状况越来越明显，压抑、抑郁、焦虑、烦躁、苦闷、不满、失眠、恐惧、无助、痛苦等不良心理反应层出不穷，员工的心理健康已成了企业亟待解决的问题。

人力资源经理要清楚认识员工心理不健康的表现，具体如表10-1所示。

表10-1　员工心理不健康的表现

序号	心理方面症状表现	生理方面症状表现	行为方面症状表现
1	焦虑、紧张和急躁	心率加快，血压升高	拖延和避免工作
2	疲劳感、生气和憎恶	肠胃失调，如溃疡	工作能力降低
3	感情压抑	身体受伤	酗酒
4	交流的效果降低	心脏疾病	完全无法工作
5	退缩和忧郁	呼吸问题	去医院的次数增加
6	孤独感和疏远感	汗流量增加	为了逃避而饮食过度
7	厌烦和对工作不满	头痛	由于胆怯而减少饮食
8	精神疲劳和低效能工作	肌肉紧张	没胃口，瘦得快
9	注意力分散	睡眠不好	冒险行为增加
10	缺乏自发性和创造性	——	侵犯他人，破坏公共财产
11	自信心不足	——	与家人和朋友的关系恶化

1.2　员工心理压力管理

1．员工压力的形成模式

一定数量、一定强度的压力对完成任务有好处，但总体上讲，过大的压力不利于员工的身心健康。企业应尽量考虑减少员工的压力。这种考虑需要融化于工作设计上；要强化支持性的管理而不是压迫性的管理；员工参与要适度；组织培育和训练要加强；要不断增进沟通，具体如图10-1所示。

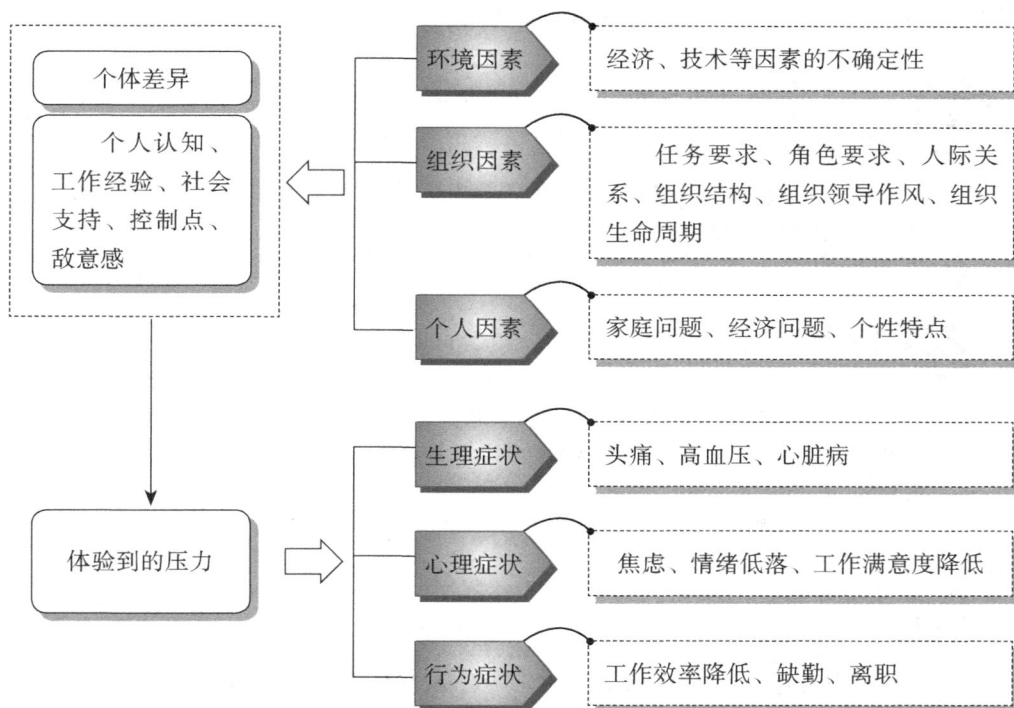

图10-1　压力的心理模型

2．压力管理的主要内容

当压力源出现时，个体会产生一系列心理和生理反应，这些反应能够调动和唤起机体的潜能，在一定程度上有助于其积极主动地适应环境，但过重或持续的压力则可能损害个体的身心健康。压力管理主要包括以下两个部分，具体如图10-2所示。

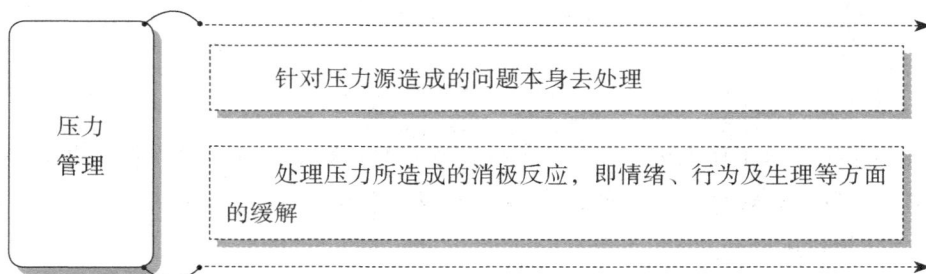

图10-2　压力管理的内容

3．压力的表现方式

工作压力造成的心理问题虽源于心理疲劳而非身体疲劳，但是与生理健康相互作用、相互影响。心理不健康必然会对生理健康产生消极影响，最常见的就是疲劳综合症。疲劳综合症一般有如下三种表现，具体如图10-3所示。

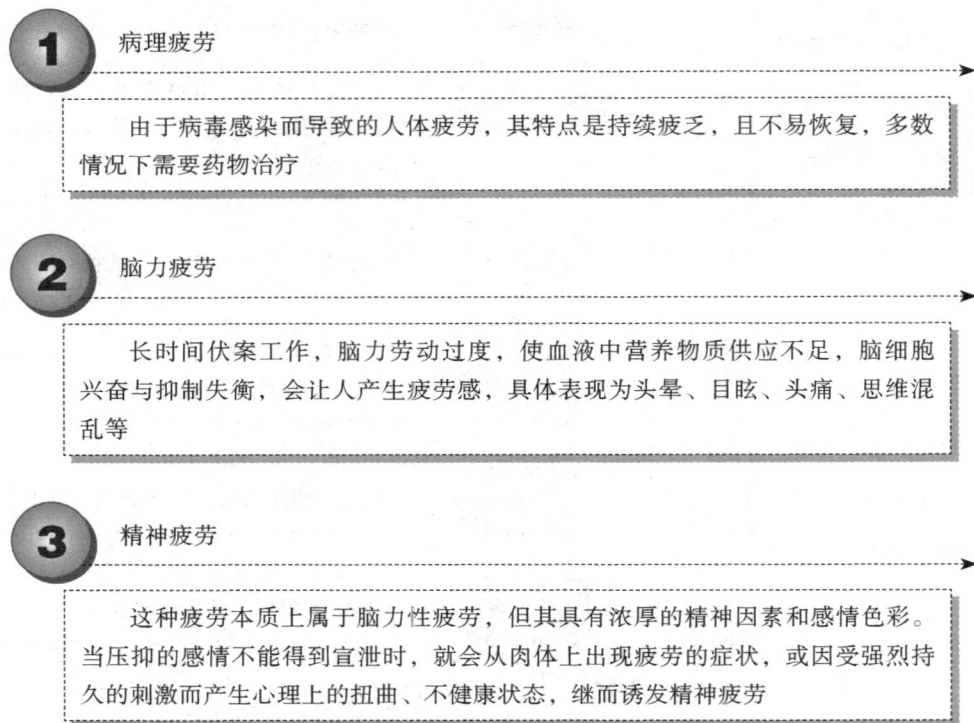

1 病理疲劳

由于病毒感染而导致的人体疲劳，其特点是持续疲乏，且不易恢复，多数情况下需要药物治疗

2 脑力疲劳

长时间伏案工作，脑力劳动过度，使血液中营养物质供应不足，脑细胞兴奋与抑制失衡，会让人产生疲劳感，具体表现为头晕、目眩、头痛、思维混乱等

3 精神疲劳

这种疲劳本质上属于脑力性疲劳，但其具有浓厚的精神因素和感情色彩。当压抑的感情不能得到宣泄时，就会从肉体上出现疲劳的症状，或因受强烈持久的刺激而产生心理上的扭曲、不健康状态，继而诱发精神疲劳

图10-3 压力的表现方式

4．压力的处理方法

（1）要觉察压力

觉察压力有三个层次：过多的压力引发纷乱的情绪；较大的压力会带来躯体的各种不适反应；过大的压力会使人出现意识缩窄、对环境反应迟钝的状况，身心处于崩溃的边缘。

（2）要追求平衡

当员工集中心智工作太久，或者长期处在竞争的状态中，可以通过肌体的放松来释放内心压力。当员工懈怠太久、无所事事之时，可通过肌体的运动来保持精神的活力。

（3）掌握排压技巧

排压技巧有很多，如写压力日志、生物反馈、肌肉放松训练、冥想与想象、倒数放松、自我催眠、一分钟放松技巧等，具体如图10-4所示。

渐进式放松引导法		腹式呼吸法

在进行放松前，先指导被催眠者练习深呼吸，体会肌肉紧张与放松的感觉。引导过程中，可以选择身体的大部位或者小部位逐渐放松，也可以揉合在一起同时进行。通常情况下，都是从上往下引导放松

这是最为有效地放松技巧之一，做腹式呼吸的时候，通过扩张和收缩腹部肌肉来吸气和吐气，同时保持胸部静止，用这种方式呼吸两到三分钟后，你的血管就会扩张，血液循环加强、心率降低、平稳，你会感到更加放松

图10-4 放松训练的方法

（4）保持积极心态

良好的心态会提高人们应对压力的能力，不良的心态本身就像一团乱麻，干扰人的内心。企业应让员工要对压力有正确的观念，压力并不可怕，可怕的是对压力有不恰当的观念与反应。

（5）情绪的认知调节

夸大（灾难化）或情绪化的推理等认知扭曲往往会导致压力过大。事件是A，对该事件的认知是B，情绪反应或行为后果是C。如果无法改变事件A，只要改变自己的认知B，情绪也就相应得到了改变。

第2节　员工心理健康援助计划

员工心理援助计划的简称是EAP（Employee Assistance Program），以应用心理学为技术支撑，以管理学为最终的落脚点，其最终目的是帮助解决员工及其家庭成员的各种心理和行为问题，促进员工心理健康，提高员工的工作绩效，提升人力资本价值。

2.1　员工心理援助管理

1. 员工心理援助的内容

企业员工心理援助计划是企业实施人性化管理的一个组成部分。对企业来说，通过实施企业心理咨询可以更深入地了解员工的个人信息，有针对性地为员工排忧解难，保持员

工良好的工作状态，并且更易于培养员工的忠诚度。企业员工心理援助对企业、员工个人及人力资源部的内容及作用如表10-2所示。

表10-2　企业员工心理援助的内容及作用

类别	内容	作用
工厂	（1）具有工厂发展战略的服务项目 （2）工厂战略变革过程中的员工心理调适 （3）工厂战略转型中的人才选拔与安置 （4）大规模的工厂裁员安抚与干预 （5）组织气候调查、诊断与改造 （6）建立员工心理健康档案	（1）改善管理效果、提高生产率 （2）减少缺勤率 （3）减少招聘成本及培训费用 （4）提高工厂士气 （5）提升公众形象 （6）减少赔偿投诉 （7）减少客户投诉 （8）降低意外事故发生率 （9）改善工厂气氛 （10）改善组织内的合作关系 （11）树立组织关心员工的形象
管理人员	（1）与员工的沟通交流 （2）对员工的激励与评价	（1）员工的投诉减少 （2）有效处理员工的关系 （3）避免涉入私人问题或提供错误建议 （4）有更多的时间关注其他问题 （5）提高所追求的目标，改善员工关系 （6）有效地领导整个团队 （7）降低管理意外事件的风险 （8）为业绩分析和改进提供管理工具 （9）帮助经理确认和解决员工的问题
员工个人	（1）员工健康问题、人际关系、家庭关系、情感困扰 （2）个体危机干预、酗酒、药物成瘾、子女教育及相关问题 （3）改变个体自身弱点及不合理的信念、行为模式和生活方式等 （4）职业生涯规划、工作要求、工作公平感、工作关系、人际关系、家庭与工作平衡、工作压力及相关问题 （5）减少或消除不适当的管理和环境因素，缓解和疏导工作造成的情绪、行为及生理方面的症状等	（1）平衡家庭与工作的关系 （2）降低失业人数 （3）提高工作绩效和满意度 （4）减少酗酒、吸烟及其他成瘾问题 （5）更融洽地与他人相处 （6）规划个人职业生涯 （7）提高个人生活质量，保证社会安宁 （8）增进个人身心健康，促进家庭和睦 （9）降低工作压力

2．企业员工心理援助三级预防制

企业员工心理援助三级预防制主要是指以下三个层面的工作。

（1）初级预防：消除诱发问题的根源

初级预防的目的是减少或消除任何导致职业心理健康问题的因素，并且更重要的是设法建立一个积极的、支持性的和健康的工作环境。通过对人力资源方面的企业诊断，能够发现问题在哪里和解决问题的途径。通常，初级预防可以通过改变一些人事政策来实现，如改善组织内的信息沟通、工作再设计和给予低层人员更多的自主权等。

（2）二级预防：教育和培训

教育和培训旨在帮助员工了解职业心理健康的知识，如各种可能的因素怎样对员工心理健康产生影响，以及如何提高对抗不良心理问题的能力。有关的教育课程包括应付工作压力、自信心训练、放松技术、生活问题指导以及解决问题技能等。二级预防的另一个重要目的是向人力资源管理人员和组织内从事员工保健的专业人员提供专门的培训课程，提高他们对员工心理健康的重视和处理员工个人问题的能力，如"基本咨询技能"和"行为风险管理"等方面的培训。

（3）三级预防：员工心理咨询与辅导

员工心理咨询是指由专业心理咨询人员向员工提供个别、隐私的心理辅导服务，以解决他们各种心理和行为问题，使他们能够保持较好的心理状态来生活和工作。由于员工的许多职业心理健康问题与家庭生活方面的因素有关，这种心理咨询服务通常也面向员工的直系家庭成员。

2.2 员工心理援助计划（EAP）的实施流程

1．调查、测试与评估

企业员工心理状况的调查测试是企业心理援助计划有效开展的前提，旨在发现和诊断员工心理健康问题及其导致的因素，并提出相关建议，减少或消除不良的组织管理因素。

2．宣传教育

企业可以采用卡片、海报或板报专栏、企业心理健康网站、员工心理健康手册、讲座等多种形式宣传心理健康知识，树立员工对心理健康的正确认识，提高员工的心理健康和自我保健意识，鼓励员工遇到心理问题时积极寻求帮助。

3．针对性培训

针对性培训一是让管理者学会心理咨询的理论和技巧，在工作中预防和解决员工心理问题的发生；二是对员工开展压力应对、积极情绪、工作与生活协调、自我成长等专题的培训或部门咨询，帮助员工掌握提高心理素质的基本方法，增强对心理问题的抵抗力。

4. 建立员工心理健康档案

对员工进行心理健康测试，建立心理健康档案，发现和诊断职业心理问题及其有关因素，并提出相应建议，减少或消除组织管理的不良因素。

5. 心理咨询与治疗

心理咨询与治疗是企业心理援助计划解决员工心理问题的最后步骤，使用多种形式的员工心理咨询，对受心理问题困扰的员工提供热线咨询、网上咨询、团体辅导、个人面询等形式丰富的帮助和服务，充分解决员工心理困扰问题，使得员工能够顺利、及时地获得心理咨询与治疗。

6. 员工团体心理辅导

对于效能低下、团体组织气氛问题突出的二级、三级部门、基层团队，以及重要部门关键职位员工，提供针对性解决问题的方案，并通过"团体（小组）辅导"的方式提供专业帮助。

7. 员工家属心理辅导

针对员工个人情感生活和家庭生活中存在的问题，开展一系列涉及"婚恋、情感、家庭、子女"问题的团体辅导、个体咨询与家庭治疗，解除员工的后顾之忧。

8. 效果评估

在项目进行各阶段和项目结束时，分别提供阶段性评估和总体评估报告，帮助管理者及时了解员工帮助计划的实施效果，为企业改善和提高心理健康管理水平提供依据。

9. 会谈与短期治疗

企业可每周安排固定咨询时间，为企业员工提供预约个体咨询和辅导，内容包括婚姻家庭、个人发展、心理健康、心理治疗、工作压力、子女教育等。企业还可通过定期发送电子邮件的形式就当前热点心理问题对员工进行保健辅导。

第3节　员工心理危机管理

心理危机是指由于突然遭受严重灾难、重大生活事件或精神压力，使生活状况发生明显的变化，尤其是出现了用现有的生活条件和经验难以克服的困难，以致使当事人陷于痛苦、不安状态，常伴有绝望、麻木不仁、焦虑，以及植物神经症状和行为障碍。

3.1 心理危机的产生

1．心理危机产生的原因

人力资源部要对员工实施心理危机干预，首先要了解心理危机产生的原因。心理危机产生的原因如图10-5所示。

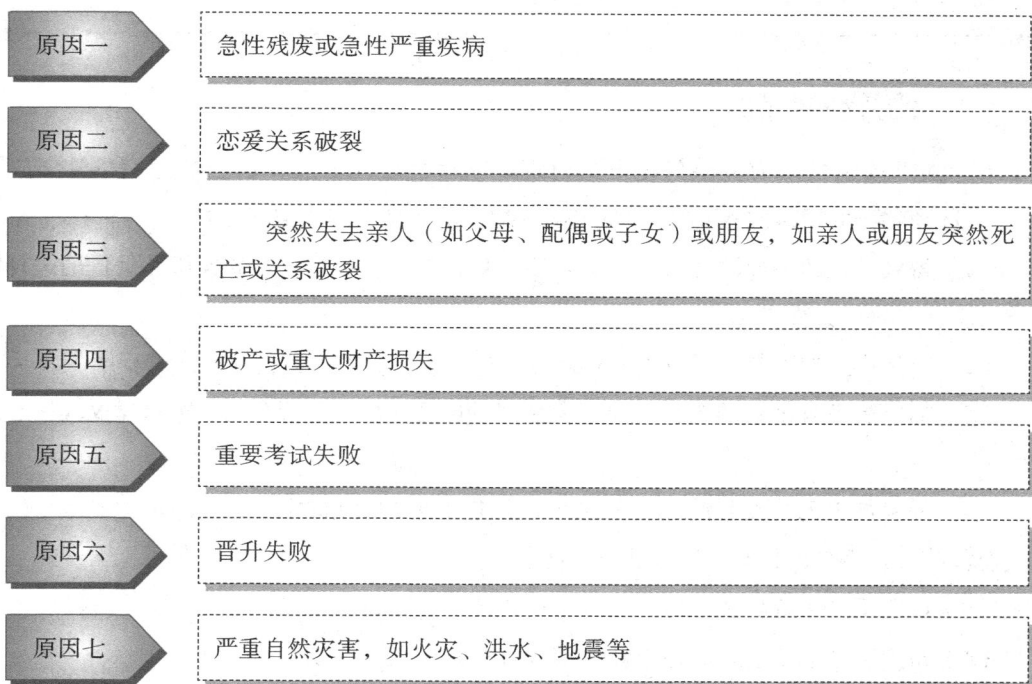

原因一	急性残废或急性严重疾病
原因二	恋爱关系破裂
原因三	突然失去亲人（如父母、配偶或子女）或朋友，如亲人或朋友突然死亡或关系破裂
原因四	破产或重大财产损失
原因五	重要考试失败
原因六	晋升失败
原因七	严重自然灾害，如火灾、洪水、地震等

图10-5　心理危机产生的原因

2．心理危机的特征

人力资源部在明确员工心理危机产生的原因之后，要掌握心理危机的特征。心理危机的特征有以下几种。

（1）通常为自限性，在1～6周内消失。

（2）在危机期，个人会发出需要帮助的信号，并更愿意接受外部的帮助或干预。

（3）干预后取决于个人的素质、适应能力和主动作用，以及他人的帮助或干预。

3．心理危机的正常应对

每个人对严重事件都会有所反应，但不同的人对同一性质事件的反应强度及持续时间不同。一般的应对过程可分为三阶段，具体如表10-3所示。

表10-3　心理危机的应对阶段

阶段	表现
第一阶段（立即反应）	麻木、否认或不相信
第二阶段（完全反应）	感到激动、焦虑、痛苦和愤怒，也可有罪恶感、退缩或抑郁
第三阶段（消除阶段）	接受事实并为将来作好计划

3.2　治疗性干预

治疗性干预是指人力资源部在员工出现心理危机后，采取一定的针对性措施实施干预。一般治疗性干预需要企业领导和员工的支持。治疗性干预有以下一些工作需要做。

（1）得到员工的书面同意后，与其直接主管联系，了解其在职的期望、最近的表现以及最近或过去的一切改变。

（2）收集详细的资料，对员工的自杀意念进行评估，考虑其自杀意念的程度。

（3）如果员工有足够的自控力并愿意签订对自己和他人无害合约，可以建议其做心理治疗。

（4）如果员工无法控制冲动，正在准备实施自杀，应立即报警，同时和他家庭中的关键人物联系，必要时送其到医院接受强制性治疗。

（5）帮助员工了解导致他沮丧和产生自杀倾向的原因。

（6）帮助员工寻找活着的理由并强调他对企业、同事以及家人的重要性。

（7）辨认过去工作中的困难，寻求帮助并找到有效的办法，减少以前导致问题发生的情况。

（8）与员工一起回顾其工作情况，讨论可能会使他再次陷入自杀行为的工作情况。

（9）取得员工的书面同意，与有关心理咨询师进行协调，制订帮助员工建立积极态度和行为的治疗计划。

（10）定期安排员工接受心理咨询师和精神科医生的心理健康评估。

（11）鼓励员工寻找积极的资源，对员工的转变、态度和情感表示兴趣和给予及时鼓励。

3.3 自杀危机干预

1. 自杀倾向的表现

自杀倾向的表现如图10-6所示。

表现一	口头表示出希望结束工作和家庭生活所带来的束缚及压力的想法和情感
表现二	与同事讨论他正经受着巨大的工作和生活的压力，而且有无法应对的感受
表现三	主动告诉同事他即将会失踪，含蓄或明显地主动与大家说再见，但没有解释他到哪里
表现四	讨论结束自己生命的计划
表现五	有严重的、长期的抑郁经历，并伴随着越来越多的故意旷工或做事拖拉等现象
表现六	不断提到并讨论死亡
表现七	不再注意外表和个人卫生，外表逐渐或突然改变
表现八	认为生活无望的观点与最近生活中的事件相对应，如人际关系、离婚、死亡或工作压力
表现九	工作中停止了与同事交流的习惯
表现十	在缺乏明显外界原因的情况下突然哭泣
表现十一	近来企业发生了同事死亡或者自杀事件

图10-7 自杀倾向的表现

2. 自杀危机干预的目标

在确定某位员工有自杀倾向时，需要制定危机干预的目标。一般自杀危机干预有长期目标和短期目标，具体如表10-4所示。

表10-4　自杀危机干预目标

类别	具体表现
长期目标	（1）缓和自杀冲动和念头，恢复到以前的生活状态 （2）稳定自杀危机，确定以工作为基础的能在未来判断自杀危机情况严重程度的共同信号 （3）在可能的情况下促进接受适当的专业帮助，以消除自杀危机 （4）重建希望 （5）重拾工作热情，并了解他所提供的支持的重要性 （6）重拾对生活各方面的积极情绪和快乐
短期目标	（1）公开讲述对生和死的关心程度 （2）辨别引发自杀倾向的各种生活因素和刺激事件 （3）理解并表达在自杀意念下可能产生的影响、情感和想法 （4）有规律地接受精神科评估和药物治疗 （5）表示不再有自杀的冲动或需要 （6）表示自杀念头出现的频率和强烈度降低 （7）如果自杀冲动无法控制的话，会主动联系专业人士帮助 （8）确认至少三个曾经出现过的活着的理由和机会，使这些理由和机会变得更为明显 （9）恢复连续出勤工作的记录 （10）恢复正常的工作、合作态度以及对责任的正常兴趣 （11）同意在自杀念头出现而自己不能解决时，及时向他人求助

3．危机发生后的应急处理

企业对自伤、自杀（或自杀倾向）者的应急处理程序和方法如下。

（1）立即送往医院救治或进行监护。

（2）立即向上级主管部门报告（应注意保护当事人利益）。

（3）立即通知当事人的家长或监护人。

（4）在一定时间里由当事人亲近和信任的同事亲属等陪伴，保证其身心安全，稳定和疏导其情绪。

（5）企业心理辅导员对当事人进行心理干预。

（6）对当事人所在部门的同事进行情绪处理和心理疏导，以帮助当事人获得支持性的环境。

（7）加强对当事人危机后的安全保护和心理平复工作，防止意外事故的再次发生，帮助其健康成长。

学 习 笔 记

通过学习本章内容，相信您已经有了不少学习心得，请仔细记录下来，以便巩固学习成果。如果您在学习中遇到了一些难点，也请如实写下来，方便今后重复学习，彻底解决这些学习难点。

同时，本章列举了大量实用范本，与具体的理论内容互为参照和补充，方便您边学边用。请如实填写您的运用计划，以使工作与学习能够更好地结合。

我的学习心得：

1. _____
2. _____
3. _____

我的学习难点：

1. _____
2. _____
3. _____

我的运用计划：

1. _____
2. _____
3. _____

第 **11** 章

员工冲突管理

··· ▪ 关键指引 ········

人际冲突在组织中是不会消失的，只要人是组织的参与者，那么冲突也会"参与"到组织中来。企业员工冲突管理是企业实施精益化管理的重点之一。企业管理人员必须学会正确看待和处理不同意见，理解不同的观点，充分利用双向沟通或争论来有效控制和化解冲突。

··

第1节　冲突管理的内容

冲突是指双方在观念和行为上的对立或对抗，是一种在满足各自需要的过程中遇到挫折、阻力或力图超越现状时的心理紧张和压力及其外部表现。企业应该正确面对、分析、解决压力问题，从而改善团队气氛，提升团队产能，化危机为转机。

1.1　冲突的产生

1．冲突的原因

产生冲突的原因是多方面的。组织中的人际关系冲突是很难量化的，但一般说来，包括以下几个方面。

（1）组织内权力地位的争斗

这似乎是人类永远摆脱不了的麻烦，也是许多灾难的祸根。当一个职位较低的员工看着职位高于自己的人的能力并不比自己强时，就很可能不服气，进而与其明争暗斗，最终引发冲突（多发生于管理层）。

（2）分工或责任不清晰导致的冲突

由于授予员工的工作模糊不清或是职责范围重叠，甲说是乙的工作，乙认为是丙的工作，丙还认为是丁的工作，弄到最后大家都不清楚责任方到底是谁，就会产生冲突，当事人互相推卸责任。

（3）沟通不畅导致的冲突

工作流动信息的传递受阻或谬误也会产生冲突。甲认为是这个样子，乙认为是那个样子，大家的看法不同，信息不准确，这都会导致冲突发生。这种冲突通常具有很大的破坏性。

（4）意见不同而引发的冲突

人们有表现自己、实现自己价值的愿望，总希望自己在组织内有所作为，发表意见，展示自己的才能，并希望这些意见为别人所接受。这也是冲突的来源。

（5）个人情绪导致的冲突

每个人都会被情绪影响，而情绪会影响到人的行为，员工情绪的变化足以使组织平静的生活掀起不小的波澜。因此、不要因为别人有一些情绪性的反应就针对这个问题跟他抬杠，结果双方都情绪化，小问题成为大问题，让整个企业的工作受到损失。

（6）资源竞争引发导致的冲突

企业内部职位、资金等资源是十分有限的，这可能会让企业内部成员为了维护各自利益、满足自身需要，对有限的资源展开激烈的争夺。这样一来，企业内成员之间的冲突就再所难免了。

2．冲突的阶段

虽然企业很难控制冲突的发生，却可以根据冲突的不同阶段而引导其向建设性方向迈进。冲突一般包括以下四个阶段，具体内容如表11-1所示。

表11-1　冲突的四个阶段

序号	阶段	具体说明
1	潜伏期	当从内心知觉到有冲突发生，虽然尚未到爆发的那一刻，其实就已进入人际冲突的阶段。此阶段需加强对潜伏期的侦测，预知或控制冲突的方向及程度，使其向建设性冲突的方向前进，进而减缓冲突的程度，使大家以较平和、理性的态度解决冲突
2	爆发期	冲突爆发时，无论是口头或肢体的冲突，都会对双方造成伤害。在此时，无效地处理冲突不如暂时不去处理，设法控制愤怒的情绪，让自己冷静下来。学习接受无法接受的事情，不代表永远无法解决问题，员工需要一些时间来思考人生的难题
3	扩散期	员工冲突一旦爆发，不要责备它、阻断它或否认它，应静观它的变化，思考可能因应的对策，也许双方都有悔意，也许后面还有"余震"不断。留出一些时间、空间，让彼此有个缓冲也很好，也许当初无法替对方考虑，现在或许可以慢慢释出诚意，看看对方的反应再做打算

序号	阶段	具体说明
4	解决期	冲突的解决包括双方均满意的双赢结果，也包括令人感觉不愉快的结果。总之，这是一个作抉择的时机，以让事情暂时告一个段落或有一个结果。所谓双赢是"你好，我也好"，没有人吃亏

1.2 冲突的分类

1．按产生原因分类

企业看待冲突要一分为二，冲突不多，就不利于团队和组织的改善提高，不利于适应新环境；而冲突太多太大时，则会引起混乱和组织的生存危机。根据冲突产生的原因可以将其分为以下几类，具体内容如图11-1所示。

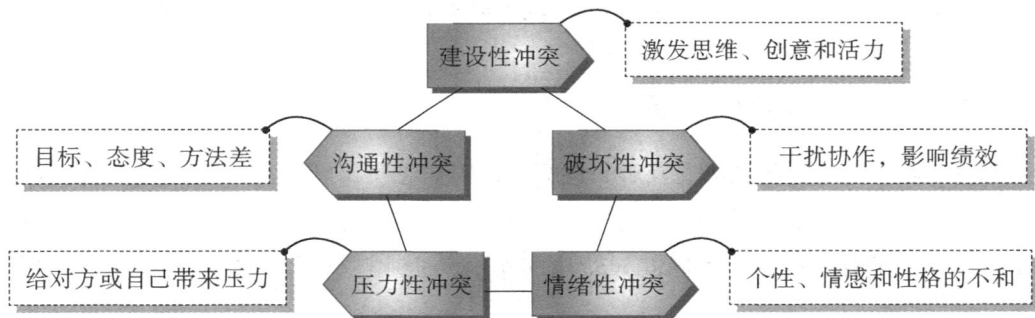

图11-1　冲突的类型

2．按冲突性质分类

（1）有害冲突

有害冲突是指组织中具有损害性的或阻碍目标实现的冲突。管理者必须消除这种冲突。有效冲突也可转化成有害冲突。有害冲突不仅能使人力、物力分散，降低凝聚力，而且还会造成人们的紧张与敌意，降低对工作的关心度。有害冲突的特点如图11-2所示。

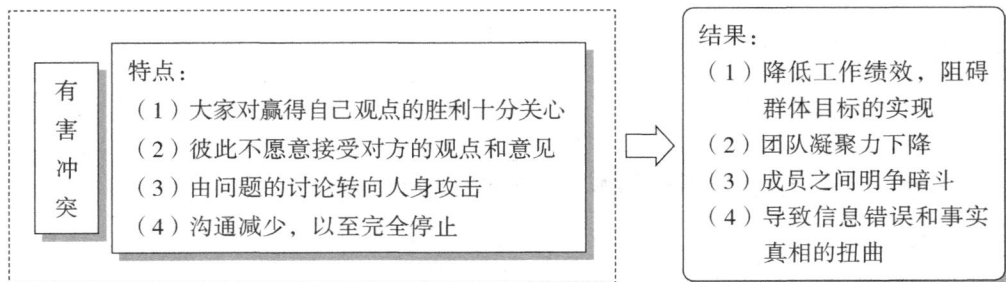

图11-2　有害冲突的特点

181

（2）有效冲突

有效冲突的形式是大家集思广益，把自己的意见都表达出来，可能过程中会产生冲突，但是越冲突，主意越多。有效冲突能够增加企业内聚力。组织间的有效冲突可以表现它们的实力，并最终实现权力平衡，以防无休止的斗争；也可促使其联合，以求生存，或对付更强大的敌人。有效冲突的特点如图11-3所示。

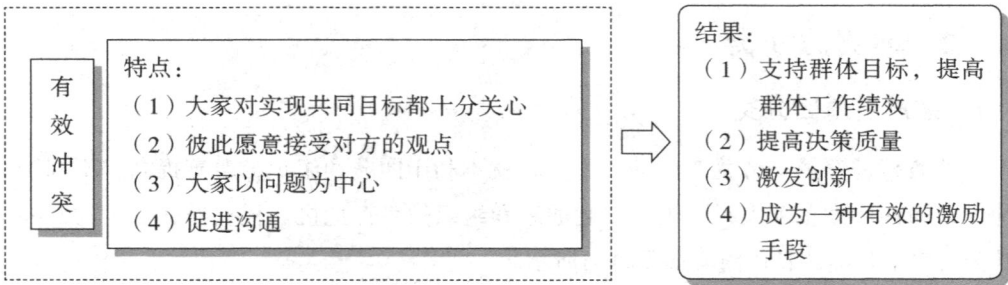

| 有效冲突 | 特点：
（1）大家对实现共同目标都十分关心
（2）彼此愿意接受对方的观点
（3）大家以问题为中心
（4）促进沟通 | ⇒ | 结果：
（1）支持群体目标，提高群体工作绩效
（2）提高决策质量
（3）激发创新
（4）成为一种有效的激励手段 |

图11-3　有效冲突的特点

1.3　冲突与绩效的关系

据调查显示，企业管理者花在解决冲突上的工作时间，已占到日常工作时间的20%。可见，如何有效地进行冲突管理已成为企业管理者提高组织绩效、实现组织目标，甚至关系到企业生死存亡的重要课题。如图11-4所示是企业内部员工冲突与企业绩效的影响关系。

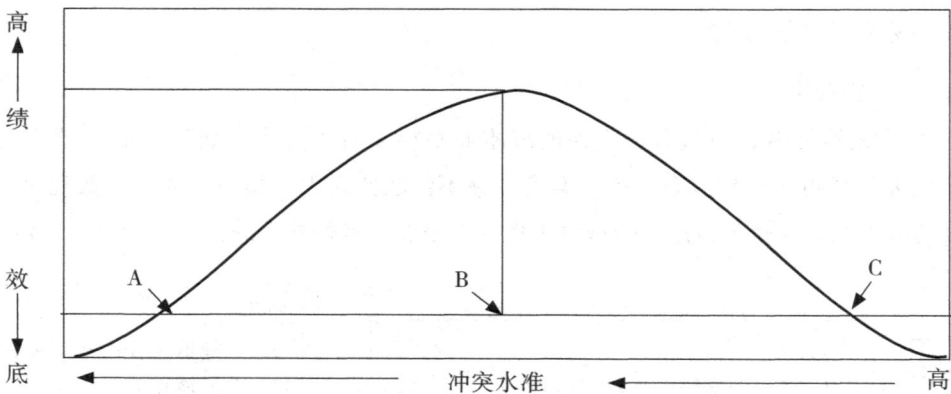

图11-4　企业内部员工冲突与企业绩效的影响关系

其具体说明如表11-2所示。

表11-2 内部员工冲突与企业绩效的影响关系说明

情景	冲突程度	冲突类型	内在属性	绩效
A	低或没有	破坏性	• 冷漠的 • 呆滞的 • 对改变没有反应 • 缺乏创新	低
B	适量	建设性	• 有活力的 • 自我批评的 • 创新的	高
C	高	破坏性	• 无秩序的 • 不合作的	低

（1）冲突程度A，即冲突很低或没有冲突的情况下，冲突的作用是破坏性的，组织里人们的关系充满冷漠和疏离，组织发展停滞不前，员工对工作缺乏热情与创意，对改革没有信心，工作绩效很低。

（2）冲突程度B，即冲突处于适中的情况下，冲突所起到的作用是功能性的，组织能够进行持续的创新改革，同事之间关系相处和谐，工作绩效也很高。

（3）冲突程度C，即冲突的作用是破坏性的，组织活动为无秩序，同事之间不合作，组织绩效也很低。

由此可以看出，在组织绩效管理中，冲突水平应维持在一定的程度，过低或没有会使整个组织的活动处于死水之中，在市场经济社会如果一个企业没有发展就会很快被淘汰。

第2节 冲突处理的程序

2.1 冲突处理的步骤

当企业内部冲突发生时，一般按以下流程进行处理，具体内容如图11-5所示。

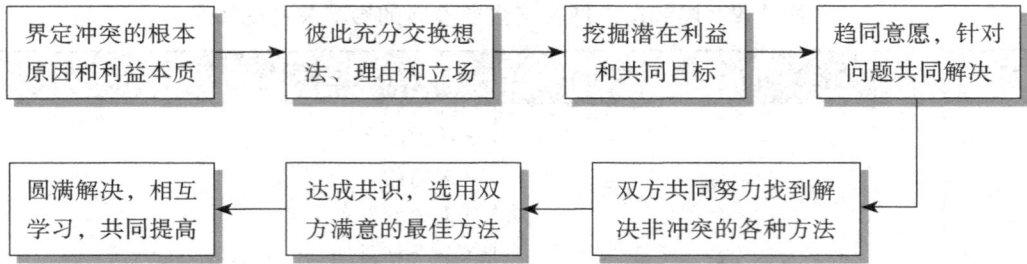

图11-5　冲突处理的步骤

1．检举

员工对企业的方针、政策、经营管理有意见、不满，或与其他员工发生冲突时，可先与自己的直接上级坦诚交谈。如仍不能解决问题则可根据检举制度进行检举。检举的流程如下。

（1）员工将自己的不满或有关冲突的情况以书面报告的形式写下来，注明自己所属的部门、姓名、住址。如希望与有关领导见面可写申请，然后投递。

（2）员工将检举信递到检举负责人手中，负责人将检举人姓名、住址、部门记录下来。在保密的同时，把正文转抄在专用纸上，根据其内容委托有关部门予以答复。

（3）答复的形式是多种多样的，但均应注意以下几个方面：按照检举者的意见、提出的问题进行答复；回答全部问题；避免含糊不清、拐弯抹角的答复；答复重点在于问题的解决；对涉及机密不能回复的事项要说明。

要点提示

答复的原则是在收到检举后10日内完成。答复一旦寄出，负责人立即将检举人的姓名、住址销毁。

2．裁决

如果通过与直接上级沟通和检举都不能解决问题，可安排其与上一级主管面谈，由上一级主管裁决。裁决程序如下。

（1）事先写好书面材料。

（2）对信件进行严格审核后，决定是否由上一级主管亲自出面裁决；同时在24小时内把收到信件一事通知上一级主管。

（3）如果不需要上一级主管出面裁决，应通知写信人，并说明另行处理方法；如果需上一级主管出面裁决，可安排面谈时间，必要时也可请适当部门的管理人员解决问题。

（4）上一级主管受理该冲突后，需派专人调查。

（5）担任调查的专职人员，在第一次面谈时要充分了解冲突的有关情况，同时做到以下两点：第一，调查中，采取不偏袒任何一方的公正的态度；第二，调查实质性问题时不可匿名进行，但要注意保密。

（6）问题涉及多方时，要单独调查各方，必要时也可安排各方会面。

（7）调查结束后，担任调查的专职人员要向员工说明调查的经过、搞清的问题及得出的结论。

（8）上一级主管在作最后裁决时，要以事实为根据，依企业现存的规章制度提出处理意见。

2.2 冲突的控制方法

1．冲突处理的要点

冲突发生之后，冲突处理时可以寄希望于冲突双方通过自我调整使冲突得以解决。但这种可能性并不大，因为人在盛怒之下是很难去对自我进行剖析的。在冲突双方不愿或不能通过自我解决冲突时，就需要管理者介入了，但需要注意以下几个要点，具体内容如图11-6所示。

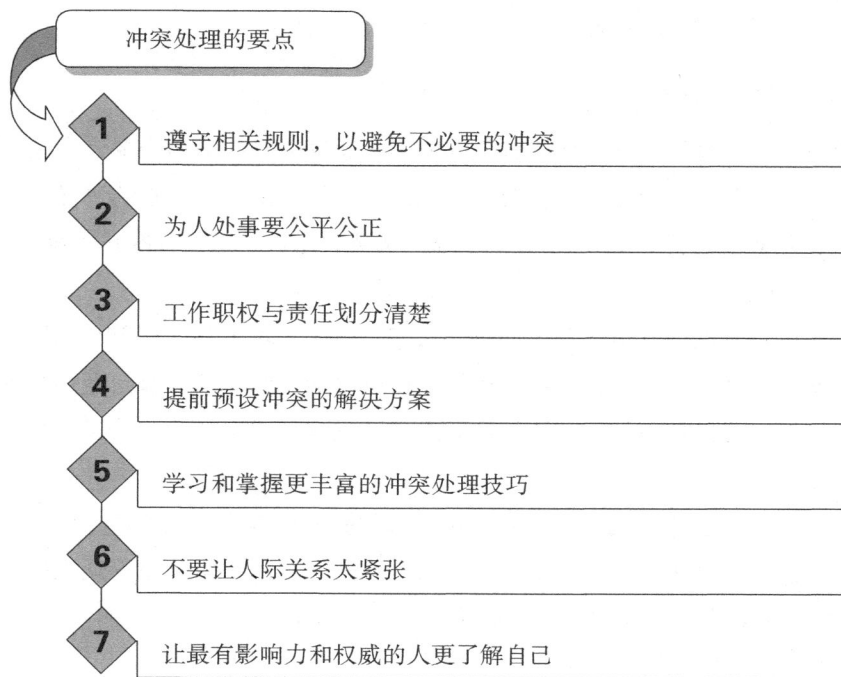

冲突处理的要点

1 遵守相关规则，以避免不必要的冲突

2 为人处事要公平公正

3 工作职权与责任划分清楚

4 提前预设冲突的解决方案

5 学习和掌握更丰富的冲突处理技巧

6 不要让人际关系太紧张

7 让最有影响力和权威的人更了解自己

图11-6 冲突处理的要点

2．冲突处理的技巧

要高效地处理冲突，化冲突为和谐，除了要遵循必要的步骤外，主管人员还需掌握一些处理冲突的技巧。

（1）沟通协调一定要及时

团队内必须做到及时沟通，积极引导，求同存异，把握时机，适时协调。唯有做到及时，才能最快求得共识，保持信息的畅通，避免矛盾积累。

（2）善于询问与倾听，努力地理解别人

倾听是沟通行为的核心过程，因为倾听能激发对方的谈话欲，促发更深层次的沟通。另外，只有善于倾听，深入探测到对方的心理以及他的语言逻辑思维，才能更好地与之交流，从而达到协调和沟通的目的。

一名善于协调沟通的人必定是一位善于询问与倾听的行动者。善于询问与倾听不但有助于了解和把握对方的需求，理解和体谅对方，而且有益于与他人达成畅通、有效地协调沟通的目的。

（3）与上级沟通时要有胆、有理、有节、有据

与上级沟通时，应能够倾听上级的指挥和策略，并作出适当的反馈，以测试自己是否理解上级的语言和理解的深刻度；当出现出入，或者有自己的想法时，要有胆量和上级进行沟通。

2.3 纪律处分的方法

1．纪律处分的流程

人力资源部在实施纪律处分时，首先要明确纪律处分程序的两个要点：在进行处分前一定要让员工明确在什么情况下会被处罚；把由员工与不由员工控制的责任提取出来。在明确了设置纪律处分程序的两个要点之后，接下来就要了解纪律处分的具体流程。

（1）了解规章制度

关于纪律管理方面的具体规章制度有《员工手册》《员工行为规范和纪律处罚条例》等成文的制度。主管人员一定要在对新进员工进行培训的时候及在部门经理会议上，不断地告知新老员工这些规章制度的具体内容和要求。只有在大家知情的情况下，这些制度才能有效实施。

在向员工说明了企业的规章制度后，接下来要做的就是不断观察员工的表现，并且经常给予反馈。员工的直接主管要告知员工怎么做是对的，怎么做是违反规定的。只有在与员工不断沟通并使其明确奖惩制度的前提下，才有可能顺利实施各项措施。

（2）与规章制度比较

主管人员在实施惩罚前，还要将犯错员工的表现和成文的规章制度作对比，比较一下

两者是否相差很多，表现在什么地方。这样可以为下一步骤的实施提供有力依据。

（3）实施恰当的处分

如果员工的行为远远背离规章制度，就要遵照规章制度对其实施恰当的处分。

2. 纪律处分的方法

对员工的纪律处分的执行有几种方法，其中最重要的三种是热炉原则、渐进式处分和无惩罚处分。

（1）热炉原则

热炉原则是人力资源管理中的一个方法，即处理员工冲突时要象热炉子烫手一样，遵循警告、一致、即时性、公平的原则，其处理方法如图11-7所示。

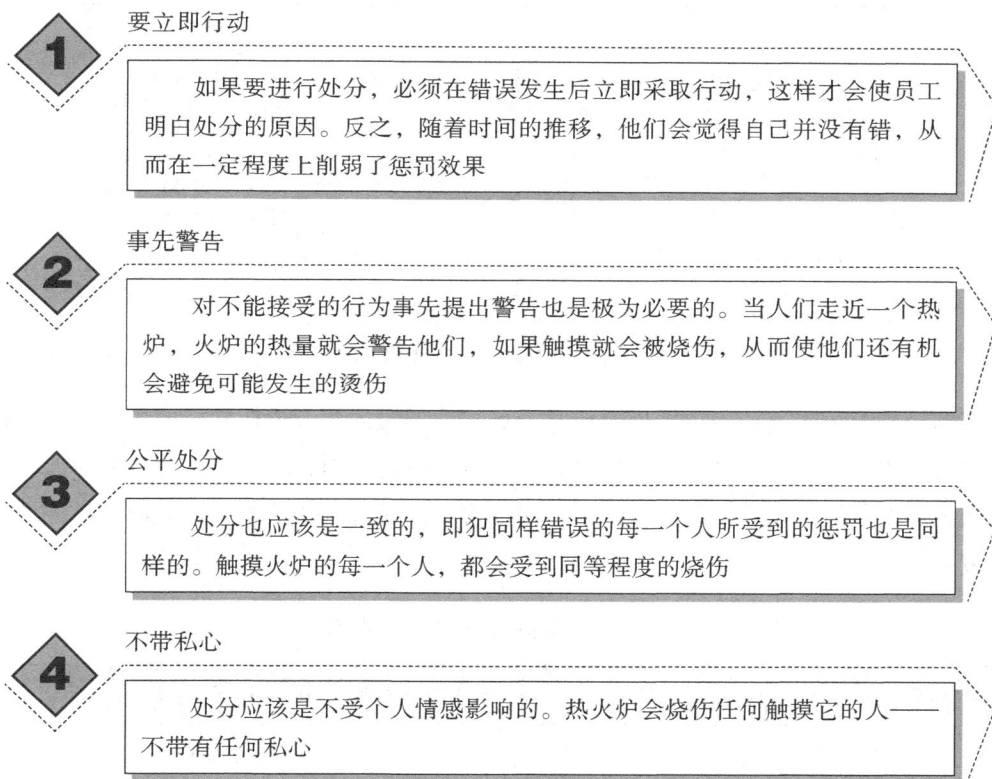

1 要立即行动

如果要进行处分，必须在错误发生后立即采取行动，这样才会使员工明白处分的原因。反之，随着时间的推移，他们会觉得自己并没有错，从而在一定程度上削弱了惩罚效果

2 事先警告

对不能接受的行为事先提出警告也是极为必要的。当人们走近一个热炉，火炉的热量就会警告他们，如果触摸就会被烧伤，从而使他们还有机会避免可能发生的烫伤

3 公平处分

处分也应该是一致的，即犯同样错误的每一个人所受到的惩罚也是同样的。触摸火炉的每一个人，都会受到同等程度的烧伤

4 不带私心

处分应该是不受个人情感影响的。热火炉会烧伤任何触摸它的人——不带有任何私心

图11-7　热炉原则

尽管热炉原则有一些优点，但它也存在不足。如果所有惩罚发生的环境都是相同的，那么这种方式将没有任何问题。但是，实际情况往往差别很大，每项惩罚都涉及许多变量。例如，企业对一名忠诚工作了20年的员工的处分，和对一名来到企业不满6周的员工的处分能一样吗？因此，主管人员在进行处分的时候，往往不能做到完全的一致和不受个人情感影响。因为情况确实是各不相同的，此时就可以采用下面介绍的渐进式处分。

（2）渐进式处分

渐进式处分的目的是确保对所犯错误施以最恰当的惩罚。使用该方法时，应回答一系列与所犯错误的严重程度有关的问题。人力资源部必须按顺序提出一些问题来决定实施什么样的处分，这些问题如图11-8所示。

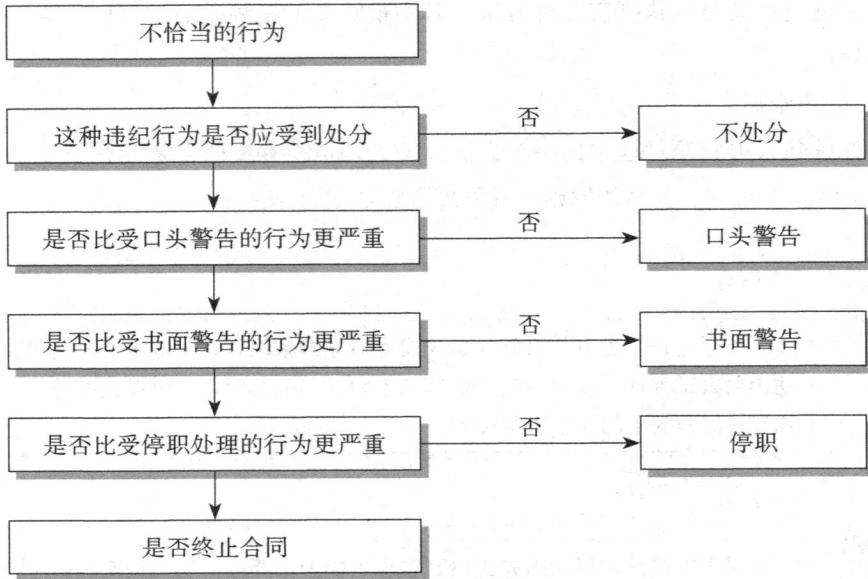

图11-8　渐进式处分按顺序提出的问题

在渐进式处分中，人力资源部对于每一层次上的错误都应遵循同样的程序。只有在前面所有层次的问题都得到肯定回答之后，才能考虑终止合同，即辞退。为了帮助人力资源部正确选择处分形式，企业应将这一程序规范化。如表11-3所示是某企业制定渐进处分的建议指南。

表11-3　渐进处分的建议指南

序号	处分形式	说明
1	需要第一次口头警告、第二次书面警告、第三次终止合同的违纪行为	玩忽职守
		擅离岗位
		工作效率低
2	需要第一次书面警告、第二次终止合同的违纪行为	工作时间睡觉
		连续1~2天不来上班（未请假）
		浪费财物

（续表）

序号	处分形式	说明
3	需要立即解雇的违纪行为	盗窃
		工作时间打架、伪造时间卡
		连续3天不来上班（未请假）

在表11-3中，一名员工未经允许擅自离开岗位，初犯时会受到口头警告，再犯时会受到书面警告，第三次犯将被终止合同。在工作中打架斗殴，通常会被立即终止合同。企业应该根据自己的特点，对各种违纪行为制定出不同的处罚标准。

（3）无惩罚处分

无惩罚处分是指给员工一段时间的带薪假期，让员工考虑自己是否愿意遵守规章制度、是否愿意继续为企业工作。当员工违反了规章制度，企业一般要给予口头提醒；再犯时给予书面提醒；如果第三次违反，那这个员工必须离开岗位1～3天（带薪）来考虑这个问题。在前两次违纪中，企业应鼓励员工去解决问题；如果出现第三种情况，则当这个员工回来之后，他要保证再也不会犯这样的错误，否则就应该离开企业。

在应用无惩罚处分时，所有的规章制度都要有清楚的书面说明，这一点特别重要。在新进员工刚来时就应告诉他，重复违反不同的规章制度和几次违反同一规章制度将被同样对待。这种方式可以防止员工钻这一程序的空子。

第3节　高效沟通管理

在企业的经营管理过程中，其管理人员都会经常被一些冲突所困扰。例如，经营者与管理者之间的冲突、员工与管理者之间的冲突、部门之间的冲突、分公司与总公司之间的冲突等。企业员工冲突在很大程度上是由于人与人的沟通问题导致。因此，企业管理人员一定要学会怎样进行高效沟通管理。

3.1　高效沟通的流程

要想有效地解决员工冲突，就必须基于利益而非基于立场与其进行沟通交流。

1．沟通前的准备

（1）阅读前面设定的工作目标。

（2）检查每项目标完成的情况。

（3）从下属的同事、下属、客户、供应商收集关于本下属工作表现的情况。

（4）对于高分和低分的方面要收集翔实的资料。

（5）整理该下属的表扬信、感谢信、投诉信等。

（6）提前通知员工做好沟通准备。

2．沟通的内容

（1）你如何解释这次讨论的目的？

（2）这次讨论要达到的目标是什么？

（3）你如何鼓励员工参与这次讨论？

（4）这次讨论，员工可能提出的问题是什么？

（5）哪些是员工的突出优点？你如何表扬？

（6）哪些是员工存在的问题？你怎样提出？

（7）对于员工存在的问题，你的具体建议是什么？

（8）下一步的行动方案是什么？

3．沟通的步骤

（1）营造一个和谐的气氛。

（2）说明讨论的目的、步骤和时间。

（3）根据每项工作目标考核其完成的情况。

（4）分析成功和失败的原因。

（5）评价工作能力上的强项和有待改进的方面。

（6）探讨改进的方案。

4．沟通的技能

（1）鼓励下属的参与。

（2）认真聆听员工的看法和意见。

（3）关注下属的长处。

（4）谈话要具体，使用客观化的词句。

（5）保持平和的态度。

（6）是双方的沟通而非演讲。

（7）不做假设和提前判断。

5．沟通中的体语忌讳

（1）避免翘起二郎腿。

（2）避免打哈欠、伸懒腰。

（3）不要用手挖耳孔、鼻孔，不要剪指甲。

（4）不要将手搂在头后。

（5）不要双臂交叉。

（6）不要来回抖动大腿。

（7）避免坐得太近或太远。

6．沟通中避免冲突的方式

（1）随时让对方感觉到你的尊重和真诚。

（2）避免谈利不谈弊，或谈弊不谈利。

（3）重点突出，巧妙说明你的观点和建议。

（4）归功于对方的智慧。

（5）以正确的意见为基准。

（6）要通过正常渠道。

（7）语气自然、关心、亲切。

（8）言而有心、言而有行、言而有信。

（9）善于倾听、积极反馈。

3.2 不同类型对象的沟通技巧

1．与活泼型对象的沟通技巧

（1）热情，微笑，加强目光接触，表现出积极的合作态度，表现出充满活力，精力充沛。

（2）大胆创意，多提出新的、独特的观点，并描绘前景。

（3）着眼于全局观念，避免过小的细节，如果要写书面报告，应简单扼要，重点突出。

（4）注意要明确目的，讲话直率，给他们时间说话，并适时地称赞，经常确认及简单的重复。

（5）重要事情一定要以书面形式与其确认。

2．与完美型对象的沟通技巧

（1）遵守时间，尽快进入主题，要多听少说，做记录，不随便插话。

（2）不要过于亲热友好，尊重他们对个人空间的需求。

（3）不要过于随便，公事公办，着装正统严肃，讲话要用专业术语，避免俗语。

（4）做好准备，考虑周到全面，摆事实，并确保其正确性，信息要全面具体，特别要多用数字。

（5）语速放慢，条理清楚，减少眼神接触的频率和力度，更要避免身体接触。

3．与力量型对象的沟通相处技巧

（1）直接切入主题，用肯定自信的语气来谈话，增强眼光接触的频率和强度。

（2）充分准备，实话实说，而且声音洪亮，加快语速。

（3）行动要有计划，计划要严格高效，准备一张概要，并辅以背景资料，重点描述行动结果。

（4）阐述观点要强而有力，但不要挑战他的权威地位，从结果的角度谈，而不谈感受。

（5）给他提供2～3个方案供其选择。

4．与和平型对象的沟通相处技巧

（1）热情，建立友好的气氛，使之放松，减小压力感，避免清高姿态，显出谦虚的态度。

（2）放慢语速，以友好但非正式的方式，例如，可以谈谈生活琐事，特别是关于你的个人情况。

（3）讲究细节，淡化变化，适当地重复他的观点，以示重视。

（4）不要施加过大的压力，不要过分催促，最好避免限制严格的期限。

学习笔记

　　通过学习本章内容，相信您已经有了不少学习心得，请仔细记录下来，以便巩固学习成果。如果您在学习中遇到了一些难点，也请如实写下来，方便今后重复学习，彻底解决这些学习难点。

　　同时，本章列举了大量实用范本，与具体的理论内容互为参照和补充，方便您边学边用。请如实填写您的运用计划，以使工作与学习能够更好地结合。

我的学习心得：

1. _____
2. _____
3. _____

我的学习难点：

1. _____
2. _____
3. _____

我的运用计划：

1. _____
2. _____
3. _____

第 **12** 章

劳动合同管理

········ 关键指引 ········

劳动合同是企业人力资源管理的重要工具和手段。劳动合同管理的内容主要包括劳动合同的订立、履行、变更、解除、终止和续订。

第1节　劳动合同管理流程

按照《中华人民共和国劳动法》和市场经济条件下劳动合同制度的要求，企业应对从劳动者择业到签订劳动合同、录用备案，劳动合同的变更、解除、终止等劳动合同管理的全过程进行梳理，以达到成本最低、效益最高的目标。

1.1　劳动合同的签订

1. 订立劳动合同的法律依据

劳动合同是劳动者与用人企业之间为确立劳动关系，依法协商达成双方权利和义务的协议。作为劳动关系建立、变更和终止的一种法律形式，劳动合同在劳动关系中，无论是对用人企业还是对劳动者都具有重大的作用及意义。我国《中华人民共和国劳动法》明确规定："建立劳动关系应当订立劳动合同"、"劳动合同应当以书面形式订立"，从上述规定可以看出，书面劳动合同是劳动者和用人企业建立劳动合同关系的唯一合法形式。

2. 劳动合同订立的最佳时机

（1）未签订劳动合同超过一个月的，支付双倍工资。《中华人民共和国劳动合同法》第八十二条第一款"用人单位自用工之日起超过一个月不满一年未与劳动者订立书面劳动合同的，应当向劳动者每月支付两倍的工资。"

（2）未签订劳动合同满一年，视为已订立无固定期限劳动合同。《中华人民共和国劳动合同法》第十四条第三款规定："用人单位自用工之日起满一年不与劳动者订立书面劳动合同的，视为用人单位与劳动者已订立无固定期限劳动合同。"

（3）用人企业未在用工的同时订立书面劳动合同，与劳动者约定的劳动报酬不明确的，新招用的劳动者的劳动报酬按照集体合同规定的标准执行；没有集体合同或者集体合同未规定的，实行同工同酬。

（4）有些员工不愿意签订合同，对此，在招聘的时候应该明确告知，一旦录用应当签订劳动合同，对于不愿或不打算签订劳动合同的劳动者不予录用。

（5）在建立劳动关系以后，确有劳动者不愿签订劳动合同的，一定要在一个月内解决，如果一个月内解决不了，企业将承担很被动的法律后果。

1.2 劳动合同的续签

1. 作出是否续订的决定

人力资源部应在劳动合同届满前两个月召开月度人力资源工作会议进行讨论，根据劳动者年度绩效考核结果与岗位用人条件重新评估并作出是否续订的决定。

2. 发出是否续订通知

经重新评估后，人力资源部分别向符合续订劳动合同的员工发出《续订劳动合同通知书》，向决定终止其劳动合同的员工发出《终止劳动合同通知书》。

3. 根据反馈意愿分别处理

不同反馈意愿的处理方法如表12-1所示。

表12-1　不同反馈意愿的处理方法

序号	反馈意愿	处理方法
1	双方当事人同意续订	（1）双方当事人协商要约和承诺，即对原合同条款审核后确定继续实施还是变更部分内容 （2）按程序续签劳动合同 （3）协商一致后，双方签字或盖章。实际操作中可以重新签一份，也可以填写续签合同单（该续签单一般附在劳动合同后面）
2	用人企业同意续订而劳动者不同意续订	用人企业将依照《中华人民共和国劳动合同法》第四十六条第（五）款的规定处理，并依法为劳动者办理劳动合同终止离职手续
3	用人企业不予续订劳动合同	在劳动合同终止之日起两日内按程序办理办理劳动合同终止离职手续，并依照《中华人民共和国劳动合同法》第四十七条规定支付经济补偿

1.3　劳动合同的变更

劳动合同的变更，是指劳动合同依法订立后在履行过程中，由于订立劳动合同的主客观条件发生了变化，当事人双方协商一致，依照法律规定的条件和程序对原劳动合同中的某些条款进行修改或补充的法律行为。

（1）可以变更劳动合同的条件如下。

①订立劳动合同时所依据的法律、法规已修改或废止。

②用人单位转产或调整、改变生产任务。

③用人单位严重亏损或发生自然灾害，确实无法履行劳动合同规定的义务。

④当事人双方协商同意。

⑤法律允许的其他情况。

（2）变更劳动合同必须在劳动合同有效期内进行。

（3）必须遵循《中华人民共和国劳动法》规定的平等自愿、协商一致原则，不得违反相关法律、行政法规中规定的变更原则。

（4）必须遵循劳动合同变更的法定程序。

（5）用人单位根据工作需要调整劳动者的工作岗位时，须与劳动者协商一致，变更劳动合同的相关内容。

（6）变更劳动合同，只限于对劳动合同中某些内容的变更，不能对劳动合同的当事人进行变更。

（7）变更劳动合同后，原条款不再具有法律效力，但原劳动合同的其他条款仍然有效。

1.4　劳动合同的终止

劳动合同终止是指劳动合同所确立的劳动关系依法被消灭，即劳动关系双方权利和义务的失效。

1．劳动合同终止的分类

劳动合同终止分为两类，即自然终止和因故终止，如表12-2所示。

表12-2　劳动合同终止的分类

类别	具体说明
自然终止	（1）定期劳动合同到期 （2）劳动者退休 （3）以完成一定工作为期限的劳动合同规定的工作任务完成，合同即为终止 　　注：当上述条件出现时，劳动合同就可以终止。但在实际操作中，习惯上劳动者应提前30日以书面形式通知用人单位

（续表）

类别	具体说明
因故终止	（1）劳动合同约定的终止条件出现 （2）劳动合同双方约定解除劳动关系或一方依法解除劳动关系 （3）劳动关系主体一方消灭（企业破产或劳动者因故死亡） （4）不可抗力导致劳动合同无法履行（战争、自然灾害等） （5）劳动争议仲裁机构的仲裁裁决、人民法院判决也可导致劳动合同终止

2．用人单位解除劳动合同的条件

（1）在试用期间被证明不符合录用条件的。

（2）严重违反用人单位劳动纪律或者其规章制度的。

（3）严重失职，营私舞弊，对用人单位利益造成重大损害的。

（4）劳动者同时与其他用人单位建立劳动关系，对完成本单位的工作任务造成严重影响，或者经用人单位提出，拒不改正的。

（5）以欺诈、胁迫的手段或者乘人之危，使对方在违背真实意思的情况下订立或者变更劳动合同的。

（6）被依法追究刑事责任的。

（7）劳动者患病或者非因工负伤，在规定的医疗期满后不能从事原工作，也不能从事由用人单位另行安排的工作的。

（8）劳动者不能胜任工作，经过培训或者调整工作岗位后，仍不能胜任工作的。

（9）劳动合同订立时所依据的客观情况发生重大变化，致使原劳动合同无法履行，经双方当事人协商不能就变更劳动合同达成协议的。

这里需说明的是，解除劳动合同，所依据的用人单位的规章制度必须是合法的。劳动者对用人单位造成的损害可由用人单位内部规章来规定。若因此发生争议，则由劳动争议仲裁委员会进行认定。上述条件中的（7）～（9）条在实施过程中，用人单位应提前30日以书面形式通知劳动者本人或者额外支付劳动者一个月的工资。

3．劳动合同终止时应办的手续

劳动者与用人单位的劳动合同终止后，劳动者与用人单位应分别履行相应手续，具体说明如表12-3所示。

表12-3　劳动合同终止时应办的手续

对象	终止手续
劳动者	（1）按《劳动法》规定的时间与要求，提前给用人单位发出书面解约通知。正常情况下，劳动者提前解除劳动合同，应提前三十天书面通知用人单位

（续表）

对象	终止手续
劳动者	（2）进行工作、业务交接 （3）清理债权债务关系
用人单位	（1）提前解约需提前三十天通知 （2）及时结算工资、经济补偿金 （3）进行工作、业务交接 （4）办理员工档案和社会保险关系转移 （5）清理债权债务关系 （6）出具终止、解除劳动合同证明书，作为该劳动者按规定享受失业保险待遇和失业登记、求职登记的凭证

要点提示

终止、解除劳动合同证明书，应该写明劳动合同期限、终止或者解除日期、所担任的工作。如果劳动者要求，用人单位可在证明书中客观地说明解除劳动合同的原因。

4．经济补偿金核算

在人员管理中，用人单位与劳动者解除劳动合同时如果符合下列条件，应当向劳动者支付经济补偿金。

（1）经劳动合同双方当事人协商一致，由用人单位提出解除劳动合同的，用人单位应根据劳动者在本单位的工作年限，每满1年发给相当于1个月工资的经济补偿金；6个月以上不满1年的，按1年计算；不满6个月的，向劳动者支付半个月工资的经济补偿；最多不超过12个月（这里所指的月工资是指劳动者在劳动合同解除或者终止前12个月的平均工资，下同）。

（2）劳动者不能胜任工作，经培训或调整工作岗位仍不能胜任工作的经济补偿金的支付办法同前。

（3）经济性裁员以及客观情况发生变化，劳动关系双方就变更合同达不成一致意见，由用人单位提出解除劳动合同的，按照劳动者在本单位工作年限，每满1年发给相当于1个月工资作为经济补偿金。

（4）劳动者患病或非因工负伤，经劳动鉴定委员会确认不能从事原工作，也不能从事由用人单位另行安排的工作而解除劳动合同的，用人单位可额外支付给劳动者相当于1个月工资的经济补偿金。

（5）用人单位依据国家有关规定解除劳动合同，也应支付经济补偿金。

（6）因工作需要，经用人单位主管部门或有关组织决定调整工作而转移工作单位的员工，应与原用人单位解除劳动合同，与新的用人单位签订劳动合同，原用人单位不需支付经济补偿金。

1.5　无固定期限劳动合同管理

固定期限劳动合同和无固定期限劳动合同在合同订立主体、订立程序和订立形式上均无差别，其最主要的区别即在合同期限上。固定期限劳动合同有确定的终止期限，无固定期限劳动合同没有确定的终止期限，这唯一的区别造成了二者在本质上存在不同。

1．无固定期限劳动合同的签订

如果满足以下条件，在订立第一次劳动合同期届满，可依据《劳动合同法》第十四条"用人单位与劳动者协商一致"的规定，订立无固定期限劳动合同。

（1）劳动者在用人单位连续签订了两次固定期限劳动合同后，除劳动者明确反对的，用人单位在续订劳动合同时应当与劳动者订立无固定期限劳动合同。

（2）劳动者在用人单位连续工作满10年的，用人单位与劳动者也应当订立无固定期限劳动合同。

（3）用人单位自用工之日起满1年仍未与劳动者订立书面劳动合同的，视为用人单位已与劳动者订立了无固定期限劳动合同（注意：此时，用人单位仍不能免除其订立书面合同的义务）。

（4）用人单位初次实行劳动合同制度或者国有企业改制重新订立劳动合同时，劳动者在该用人单位连续工作满10年且距法定退休年龄不足10年的。

2．无固定期限劳动合同的法律后果

（1）应签而未签，并致使劳动关系非法终止的，用人单位应当支付经济补偿金标准的两倍作为赔偿金。

这里的非法终止，是指比如劳动者在企业工作满10年后，应当签订无固定期限劳动合同，而用人单位未签，致使该劳动合同到期终止了。这也属于未按法律规定非法终止劳动合同。

（2）应签无固定期限劳动合同，而仅签固定期限劳动合同的，用人单位应当自签订无固定期限劳动合同之日起，向劳动者支付双倍的工资。

（3）用工满1年仍未与劳动者订立书面劳动合同的，视为用人单位与劳动者已订立无固定期限劳动合同。

此时，用人单位与劳动者订立书面劳动合同的义务并未免除，而是转化为与劳动者订立无固定期限的劳动合同。如果此时用人单位仍未与劳动者订立书面劳动合同的，则从用工满1年的次日起，用人单位应当向劳动者支付双倍的工资。

3．无固定期限劳动合同的解除

无固定期限劳动合同一般可以通过三种方式予以解除，包括协商解除、法定解除和约定解除，具体说明如图12-1所示。

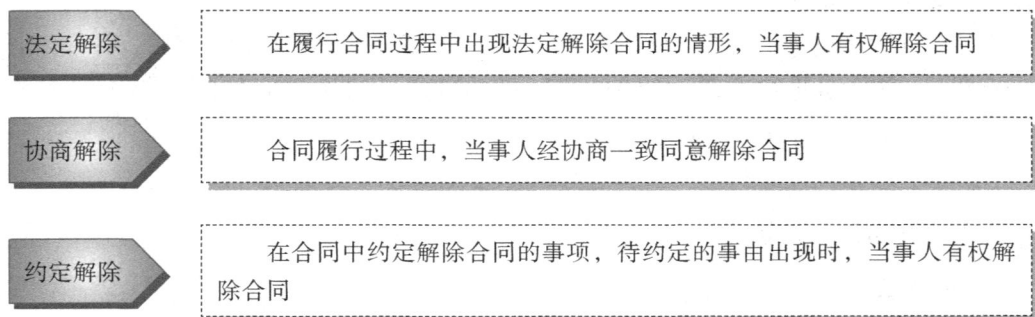

法定解除	在履行合同过程中出现法定解除合同的情形，当事人有权解除合同
协商解除	合同履行过程中，当事人经协商一致同意解除合同
约定解除	在合同中约定解除合同的事项，待约定的事由出现时，当事人有权解除合同

图12-1　无固定期限劳动合同的解除方式

4．不得解除劳动合同的情形

劳动者有下列情形之一的，用人单位不得依据《劳动法》第二十六条、第二十七条的规定解除劳动合同。

（1）患职业病或者因工负伤并被确认丧失或者部分丧失劳动能力的。

（2）患病或者负伤，在规定的医疗期内的。

（3）女员工在孕期、产期、哺乳期内的。

（4）法律、行政法规规定的其他情形。

要点提示

当企业发生破产重整、严重经济困难、搬迁等情况需要集体裁员时，《中华人民共和国劳动合同法》也要求必须优先留用签有无固定期限劳动合同的劳动者。

第2节 劳动合同的具体内容

按《劳动法》的规定，劳动合同包括用人企业名称、劳动者姓名、住址及身份证号、劳动期限、工作内容和工作地点、工作时间和休息时间、劳动报酬、交纳社会保险、劳动条件和劳动保护及其他。

劳动合同除去以上主要内容外，用人单位还可以就试用期、培训、保密、补充商业保险、福利等与劳动者进行协商并签定有关合同。劳动合同文本由用人单位和劳动者各执一份。劳动合同应当具备以下条款。

2.1 法定必备条款

1．劳动合同双方主体条款

用人单位的名称、地址、法定代表人或者主要负责人，劳动者的姓名、住址、居民身份证或者其他有效身份证件号码等条款。这些内容是劳动合同双方主体的基本情况，应当在劳动合同中明确，以方便劳动纠纷的处理。

2．劳动合同期限

劳动合同期限是双方当事人相互享有权利、履行义务的时间界限，即劳动合同的有效时间，主要分为固定期限、无固定期限和以完成一定的工作任务为期限三种。

3．工作内容和工作地点

（1）工作内容

工作内容是指劳动合同关系所指向的对象，即劳动者具体从事什么种类或内容的劳动。这里的工作内容是指工作岗位和工作任务或职责。该条款是劳动合同的核心内容之一，是建立劳动关系的重要依据。

（2）工作地点

工作地点即劳动合同的履行地，是劳动者从事劳动合同所规定工作内容的地点。它关系到劳动者的工作环境、生活环境，以及劳动者的就业选择。劳动者有权在与用人单位建立劳动关系时知悉自己的工作地点，所以这也是劳动合同中必不可少的内容。

4．工作时间和休息休假

（1）工作时间

工作时间是指劳动者在用人单位中，必须用来完成其所承担工作任务的时间。工作时间不同，对劳动者的就业选择、劳动报酬等均有重要影响。

（2）休息休假

休息休假是指劳动者按规定不需进行工作而自行支配的时间。用人单位与劳动者在约定休息休假事项时，应当遵守《劳动法》等法律法规和其他相关规定。

5．劳动报酬

劳动报酬是指劳动者与用人单位确定劳动关系后，因提供了劳动而取得的报酬。劳动报酬是满足劳动者及其家庭成员物质文化生活需要的主要来源，也是劳动者付出劳动后应该得到的回报。劳动报酬一般包括计时工资、计件工资、奖金、津贴和补贴、加班加点工资和特殊情况下支付的工资。

确定劳动报酬的依据主要包括以下几个方面。

（1）用人单位工资水平、工资分配制度、工资标准和工资分配形式。

（2）工资支付办法。

（3）加班加点工资及津贴、补贴标准和奖金分配办法。

（4）工资调整办法。

（5）试用期及病、事假等期间的工资待遇。

（6）特殊情况下员工工资（生活费）支付办法。

（7）其他劳动报酬分配办法。劳动合同中有关劳动报酬的约定，要符合我国有关最低工资标准的规定。

6．社会保险

社会保险是国家通过立法建立的一种社会保障制度，目的是使劳动者在市场经济条件下因年老、患病、工伤、失业、生育等原因丧失劳动能力或中断就业，本人和家属失去工资收入时，能够获得物质帮助。

社会保险由国家成立的专门性机构进行基金的筹集、管理及发放，不以赢利为目的。我国的社会保险包括医疗保险、养老保险、失业保险、工伤保险和生育保险。

7．劳动保护、劳动条件和职业危害防护

（1）劳动保护

劳动保护是指国家和用人单位为了防止劳动过程中的事故，减少职业危害，保障劳动者的生命安全和身体健康而采取的各种措施。

（2）劳动条件

劳动条件是指用人单位为保障劳动者履行劳动义务、完成工作任务而提供的必要物质和技术条件，如必要的工作场所、工具、设备、仪器、技术资料等。

（3）职业危害

职业危害是指用人单位的劳动者在职业活动中，因接触职业性有害因素如粉尘、放射性物质和其他有毒有害物质而对生命健康所引起的危害。用人单位与劳动者订立劳动合同时，应当将工作过程中可能产生的职业病危害及其后果、职业病防护措施和待遇等如实告知劳动者，并在劳动合同中写明，不得隐瞒或者欺骗。

8．法律法规规定应当纳入劳动合同的其他事项

劳动合同除前款规定的必备条款外，用人单位与劳动者可以约定试用期、培训、保守秘密、补充保险和福利待遇等其他事项。

2.2　商定条款（约定条款、补充条款）

1．试用期

试用期是指对新录用劳动者进行试用的期限。用人单位与劳动者可以在劳动合同中就试用期的期限和工资等事项作出约定。劳动者在试用期的工资不得低于本单位同岗位最低档工资或者劳动合同约定工资的百分之八十，并不得低于用人单位所在地的最低工资标准。在试用期内，用人单位与劳动者之间的劳动关系尚处于不完全确定的状态，除劳动者被证明不符合录用条件外，用人单位不得解除劳动合同。而且，用人单位在试用期解除劳动合同的，应当向劳动者说明理由。

2．培训

培训是按照职业或工作岗位对劳动者提出的要求，以开发和提高劳动者职业技能为目的的教育和训练过程。企业员工培训应以培养有理想、有道德、有文化、有纪律、掌握职业技能的员工队伍为目标，促进员工队伍整体素质的提高。

企业应建立健全员工培训的规章制度，根据本企业的实际情况对员工进行在岗、转岗、晋升、转业培训，对新录用人员进行上岗前培训，并保证培训经费和其他培训条件。员工应按照国家规定和企业安排参加培训，自觉遵守培训的各项规章制度，并履行培训合同规定的各项义务，服从企业的工作安排，做好本职工作。

3．保守商业秘密

商业秘密是不为大众所知悉，能为权利人带来经济利益，具有实用性并经权利人采取保密措施的技术信息和经营信息。在市场经济条件下，用人单位和劳动者选择职业都有自主权。有的劳动者因工作需要，了解或掌握了用人单位的技术信息或经营信息。

如果用人单位事先不向劳动者提出保守商业秘密、承担保密义务的要求，有的劳动者就有可能带着用人单位的商业秘密另谋职业，通过擅自泄露或使用用人单位的商业秘密以谋取更高的个人利益。而用人单位往往难以通过法律讨回公道，从而遭受重大经济损失。

因此，用人单位可以在劳动合同中就保守商业秘密的具体内容、方式、时间等与劳动者约定，防止自己的商业秘密被侵占或泄露。

4．补充保险

补充保险是指除了国家规定的基本保险以外，用人单位根据自己的实际情况为劳动者建立的一种保险，它用来满足劳动者高于基本保险需求的愿望，包括补充医疗保险、补充养老保险等。补充保险的建立依用人单位的经济承受能力而定，由用人单位自愿实行，国家不作强制的统一规定，只要求用人单位内部统一。用人单位必须在参加基本保险并按时足额缴纳基本保险费的前提下，才能实行补充保险。因此，补充保险的事项不作为合同的必备条款，由用人单位与劳动者自行约定。

5．福利待遇

随着市场经济的发展，用人单位给予劳动者的福利待遇也成为劳动者收入的重要指标之一。福利待遇包括住房补贴、通信补贴、交通补贴、子女教育等。

【范本】××实业有限公司劳动合同

××实业有限公司劳动合同

＿＿＿＿＿＿＿＿＿＿公司（以下简称甲方），现聘用＿＿＿＿＿＿（以下简称乙方）为甲方劳动合同制员工，甲、乙双方本着自愿、平等的原则，经协商一致，特签订本合同，以便共同遵守。

第1条　合同期限

合同期限为＿＿＿＿年，从＿＿＿＿年＿＿＿月＿＿＿日至＿＿＿＿年＿＿＿月＿＿＿日止。其中，试用期为＿＿＿＿个月，从＿＿＿＿年＿＿＿月＿＿＿日至＿＿＿＿年＿＿＿月＿＿＿日止。

第2条　工作岗位

甲方安排乙方从事＿＿＿＿＿＿＿工作。

甲方有权根据生产经营需要及乙方的能力和表现调整乙方的工作，乙方有反映本人意见的权利。但未经甲方批准，乙方须服从甲方的管理和安排。

乙方应按时、按质、按量完成甲方指派的任务。

第3条　工作条件和劳动保护

甲方须为乙方提供符合国家规定的安全卫生的工作环境，保证乙方人身安全及在身体不受危害的环境条件下从事工作。

甲方根据乙方岗位实际情况，按照甲方规定向乙方提供必要的劳动防护用品。

第4条　教育培训

在乙方被聘用期间，甲方负责对乙方进行职业道德、业务技能、安全生产及各种规章制度的教育和培训。

第5条 工作时间

甲方实行每周5天、每天8小时工作制，上下班时间按甲方规定执行。

乙方享有国家规定的法定节假日、婚假、丧假、计划生育假等有薪假日。

甲方确因生产（工作）需要乙方加班时，按照××市和甲方的有关规定给予乙方一定的经济补偿或相应时间的补休。

第6条 劳动报酬

按甲方现行工资制度确定乙方月基本工资为_____元，其余各类津贴、奖金等发放按公司规定及经营状况确定。

甲方实行新的工资制度或乙方的工作岗位变动时，乙方的工资待遇按甲方规定予以调整。

甲方发薪日期为每月_____日，实行先工作后付薪制度。

第7条 劳动保险和福利待遇

乙方因生、老、病、伤、残、死，甲方按国家和××市有关规定处理。

甲方：（盖章） 乙方：（签名）

法定代表人：

（主要负责人）

日期：_____年____月____日 日期：_____年____月____日

第3节 合同风险防范管理

劳动合同作为用人单位和劳动者双方的约定，告知了用人单位和劳动者各自的权利和义务，告知了双方什么时候享有权利，什么时候履行义务。为了完善劳动合同管理制度，深化用人单位劳动用工改革，用人单位应按照国家法律法规及规章制度对劳动用人的规定，与劳动者平等协商劳动合同，构建和谐的劳资关系。用人单位劳动合同管理及风险防范，主要包括如下一些内容和应对措施。

3.1 合同签订前的风险防范

用人单位招聘劳动者时应充分利用自己享有的知情权并履行告知义务，以免在发生合同纠纷时承担不利的法律后果，如图12-2所示。

《劳动合同法》第八条规定："用人单位招用劳动者时，应当如实告知劳动者工作内容、工作条件、工作地点、职业危害、安全生产状况、劳动报酬，以及劳动者要求了解的其他情况；用人单位有权了解劳动者与劳动合同直接相关的基本情况，劳动者应当如实说明。"

图12-2　知情权和告知义务

1．知情权

用人单位招聘劳动者时，如果不充分利用自己享有的知情权来订立劳动合同，那么将可能承担以下不利的法律后果。

（1）《劳动合同法》第九十一条规定："用人单位招用与其他用人单位尚未解除或者终止劳动合同的劳动者，给其他用人单位造成损失的，应当承担连带赔偿责任。"

（2）《劳动合同法》第二十一条规定："在试用期中，除劳动者有本法第三十九条和第四十条第一项、第二项规定的情形外，用人单位不得解除劳动合同。用人单位在试用期解除劳动合同的，应当向劳动者说明理由。"

2．知情权的应用范围

用人单位有权了解劳动者与劳动合同直接相关的基本情况，主要包括以下信息。

（1）劳动者身份、学历、资格、工作经历等信息。

（2）劳动者是否患有精神疾病、是否患有法律法规定应禁止工作的传染病、是否患有潜在疾病及残疾等。

（3）劳动者是否怀孕。

（4）劳动者是否达到法定16周岁就业年龄。

（5）劳动者是否与其他用人单位仍有未到期的劳动合同。

（6）劳动者是否与其他用人单位签订有未到期的竞业限制协议等。

3．知情权的应用要点

（1）用人单位在招聘劳动者时，应事先设计录用条件，加强入职审查。入职表务必让劳动者当面签名确认并存档，以备不时之需。

（2）让劳动者在劳动合同中书面声明：本人保证提供的学历证明、资格证明、工作经历等资料真实，如有虚假，用人单位可立即解除劳动合同，并不予经济补偿。

4．告知义务

用人单位招聘劳动者时，有主动向劳动者如实告知的义务。如果不充分履行有关告知义务，用人单位将可能承担以下不利的法律后果。

《劳动合同法》第八十六条规定："劳动合同依照本法第二十六条规定被确认无效，

给对方造成损害的，有过错的一方应当承担赔偿责任。"

即如果发生劳动合同纠纷，用人单位如在开庭时不能举证已主动履行有关告知义务，仲裁庭、法庭则往往会认定用人单位存在欺诈行为，从而认定劳动合同无效的过错在于用人单位。

5．告知义务的范围

用人单位的告知义务主要包括告知劳动者工作内容、工作条件、工作地点、职业危害、安全生产状况、劳动报酬等。

6．告知义务的应用要点

（1）在招聘工作中，用人单位应当以书面形式告知劳动者，并保留好相关证据，这样就从举证角度防止了对自身可能造成的损害。

（2）用人单位还可以采用在入职登记表中进行声明的方法，即让劳动者签名确认"公司已经告知本人工作内容、工作条件、工作地点、职业危害、安全生产状况、劳动报酬及本人要求了解的其他情况。"

7．担保的风险防范

《劳动合同法》第九条规定："用人单位招用劳动者，不得扣押劳动者的居民身份证和其他证件，不得要求劳动者提供担保或者以其他名义向劳动者收取财物。"

《劳动合同法》第八十四条规定："用人单位违反本法规定，扣押劳动者居民身份证等证件的，由劳动行政部门责令限期退还劳动者本人，并依照有关法律规定给予处罚。用人单位违反本法规定，以担保或者其他名义向劳动者收取财物的，由劳动行政部门责令限期退还劳动者本人，并以每人五百元以上二千元以下的标准处以罚款；给劳动者造成损害的，应当承担赔偿责任。劳动者依法解除或者终止劳动合同，用人单位扣押劳动者档案或者其他物品的，依照前款规定处罚。"

因此，用人单位在招聘劳动者时，不得扣押劳动者身份证等证件，不得要求或变相要求劳动者提供担保、收取财务。

3.2　试用期的管理及风险防范

用人单位如果以口头或其他形式约定试用期，或仅仅是在入职登记表或员工手册中载明试用期，而不与劳动者签订正式的书面劳动合同，将面临很大的法律风险。

1．试用期不签劳动合同的风险

《劳动合同法》第十九条第四款规定："试用期包含在劳动合同期限内。劳动合同仅约定试用期的，试用期不成立，该期限为劳动合同期限。"

（1）不签订正式书面劳动合同超过一个月不满一年，此期间用人单位应当向劳动者每月支付两倍工资；

（2）若满一年，则同时视为用人单位与劳动者已签订无固定期限劳动合同。

2．试用期次数、期限约定风险

《劳动合同法》第八十三条规定："用人单位违反本法规定与劳动者约定试用期的，由劳动行政部门责令改正；违法约定的试用期已经履行的，由用人单位以劳动者试用期满月工资为标准，按已经履行的超过法定试用期的期间向劳动者支付赔偿金。"

用人单位如果有以下情况，将被视为违法，并需要向劳动者支付赔偿金。

（1）用人单位约定的试用期超过法律规定的最长期限。

（2）同一用人单位与劳动者重复约定试用期。

（3）用人单位在以完成一定工作任务为期限的劳动合同中或者期限不满三个月的劳动合同中约定试用期。

（4）用人单位在劳动合同中仅约定试用期或者劳动合同期限与试用期相同。

用人单位与劳动者订立劳动合同时，不但要严格按照法律的规定约定试用期期限，对同一劳动者更应该只约定一次试用期，而且要避免签订单独的试用合同。因为连续两次订立固定期限劳动合同的，需订立无固定期限劳动合同，这样用人单位就会浪费一次签订固定期限劳动合同的机会。

3．试用期保险风险

用人单位如果在试用期内不给劳动者缴纳社会保险费，则违反了法律的强制性规定，其法律后果也有可能是相当不利的。

《工伤保险条例》规定，用人单位依照本条例规定应当参加工伤保险而未参加的，由劳动保障行政部门责令改正；未参加工伤保险期间用人单位职工发生工伤的，由该用人单位按照本条例规定的工伤保险待遇项目和标准支付费用。"

4．试用期工资标准风险

《劳动合同法》第二十条规定："劳动者在试用期的工资不得低于本单位相同岗位最低档工资或者劳动合同约定工资的百分之八十，并不得低于用人单位所在地的最低工资标准。"因此，试用期工资必须严格遵守法律法规要求的标准。如果用人单位试用期工资标准低于所在地的最低工资标准，那将会面对以下不利的法律后果。

（1）《劳动合同法》第八十五条规定："用人单位有下列情形之一的，由劳动行政部门责令限期支付劳动报酬、加班费或者经济补偿；劳动报酬低于当地最低工资标准的，应当支付其差额部分；逾期不支付的，责令用人单位按应付金额百分之五十以上百分之一百以下的标准向劳动者加付赔偿金：（一）未按照劳动合同的约定或者国家规定及时足额支付劳动者劳动报酬的；（二）低于当地最低工资标准支付劳动者工资的；（三）安排加班不支付加班费的；（四）解除或者终止劳动合同，未依照本法规定向劳动者支付经济补偿的。"

（2）《最高人民法院关于审理劳动争议案件适用法律若干问题的解释》第十五条规定："用人单位有下列情形之一，迫使劳动者提出解除劳动合同的，用人单位应当支付劳动者的劳动报酬和经济补偿，并可支付赔偿金：（一）以暴力、威胁或者非法限制人身自由的手段强迫劳动的；（二）未按照劳动合同约定支付劳动报酬或者提供劳动条件的；（三）克扣或者无故拖欠劳动者工资的；（四）拒不支付劳动者延长工作时间工资报酬的；（五）低于当地最低工资标准支付劳动者工资的。"

3.3　劳动合同订立的管理及风险防范

1．劳动合同订立风险

用人单位在一定期限内将劳动合同书面化，是《劳动合同法》的基本要求。用人单位如果不及时按照《劳动合同法》要求的形式、期限订立劳动合同，将承担以下不利的法律后果。

（1）工资成本增加的风险

《劳动合同法》第八十二条第一款规定："用人单位自用工之日起超过一个月不满一年未与劳动者订立书面劳动合同的，应当向劳动者每月支付二倍的工资。"

（2）成立无固定期限劳动合同的风险

《劳动合同法》第十四条第三款规定："用人单位自用工之日起满一年不与劳动者订立书面劳动合同的，视为用人单位与劳动者已订立无固定期限劳动合同。"

（3）《中华人民共和国劳动合同法实施条例》第五条规定："自用工之日起一个月内，经用人单位书面通知后，劳动者不与用人单位订立书面劳动合同的，用人单位应当书面通知劳动者终止劳动关系，无需向劳动者支付经济补偿，但是应当依法向劳动者支付其实际工作时间的劳动报酬。"

2．劳动合同订立风险防范

（1）用人单位能够举证证明拒不签订劳动合同的过错在于劳动者一方，比如有通知签订劳动合同录音录像、经劳动者本人签名的催签劳动合同通知，再结合其他劳动者已签劳动合同的证据，仲裁庭、法庭一般就不会支持劳动者要求支付双倍工资的请求。

（2）用人单位人力资源部工作人员务必要求劳动者本人当面签名，避免因劳动者背后找他人代签而使得用人单位承担败诉风险。

3．规章制度制定的管理及风险防范

《劳动合同法》第四条规定："用人单位应当依法建立和完善劳动规章制度，保障劳动者享有劳动权利、履行劳动义务。

用人单位在制定、修改或者决定有关劳动报酬、工作时间、休息休假、劳动安全卫

生、保险福利、职工培训、劳动纪律以及劳动定额管理等直接涉及劳动者切身利益的规章制度或者重大事项时，应当经职工代表大会或者全体职工讨论，提出方案和意见，与工会或者职工代表平等协商确定。在规章制度和重大事项决定实施过程中，工会或者职工认为不适当的，有权向用人单位提出，通过协商予以修改完善。用人单位应当将直接涉及劳动者切身利益的规章制度和重大事项决定公示，或者告知劳动者。"

4．劳动合同条款的管理及风险防范

用人单位如果因劳动合同约定不明而被诉诸法院，仲裁庭、法庭一般都会倾向作出有利于劳动者的解释。在这种情况下，用人单位基本会败诉。所以，用人单位应当制作符合《劳动合同法》规定的劳动合同。如果劳动合同条款约定不明，会给用人单位留下以下不确定风险。

《劳动合同法》第十八条规定："劳动合同对劳动报酬和劳动条件等标准约定不明确，引发争议的，用人单位与劳动者可以重新协商；协商不成的，适用集体合同规定；没有集体合同或者集体合同未规定劳动报酬的，实行同工同酬；没有集体合同或者集体合同未规定劳动条件等标准的，适用国家有关规定。"

《劳动合同法》赋予了双方可约定条款的权利，除明确必备条款外，用人单位和劳动者应对以下内容进行充分约定。

（1）试用期、岗位录用条件、培训、保密、竞业限制、违约金条款、离职员工工作交接条款。

（2）合法制定的规章制度，经民主程序后已向劳动者公示的条款。

（3）解除或终止劳动合同书面通知的送达（方式、地址）条款。

（4）因劳动者不能胜任工作而被调整工作岗位的，工资随岗位的调整而调整（尤其是减薪）等。

5．违约金风险管理

用人单位利用其优势地位，常常预先在劳动合同中设定高额违约金，限制劳动者在职业上的自由流动，也侵害了劳动者的择业自主权，并由此引发大量劳动争议。《劳动合同法》对违约金条款给予了严格的限制，明确规定只有两类劳动者可以在劳动合同中约定违约金。

（1）用人单位为劳动者提供专项培训费用，对其进行专业技术培训的，可以与该劳动者订立协议，约定服务期。如果劳动者违反服务期约定的，应当按照约定向用人单位支付违约金，但违约金的数额不得超过用人单位提供的培训费用。

（2）对负有保守商业秘密和知识产权义务的高级管理人员、高级技术人员和其他负有保密义务的人员，用人单位可以与之约定竞业限制。如劳动者违反竞业限制的约定，应当按照约定支付违约金。

学 习 笔 记

通过学习本章内容，相信您已经有了不少学习心得，请仔细记录下来，以便巩固学习成果。如果您在学习中遇到了一些难点，也请如实写下来，方便今后重复学习，彻底解决这些学习难点。

同时，本章列举了大量实用范本，与具体的理论内容互为参照和补充，方便您边学边用。请如实填写您的运用计划，以使工作与学习能够更好地结合。

我的学习心得：

1. _____
2. _____
3. _____

我的学习难点：

1. _____
2. _____
3. _____

我的运用计划：

1. _____
2. _____
3. _____

第 13 章

劳动争议管理

劳动争议又称劳动纠纷，是指劳动关系当事人即用人单位与劳动者之间因劳动的权利和义务产生分歧而引起的争议。我国现行的劳动争议解决机制具体表现为"一调一裁两审"制，包括劳动争议协商、劳动争议调解、劳动争议仲裁及劳动争议诉讼共四种形式。其中，劳动争议调解是解决劳动争议最稳妥的方式之一。

第1节　劳动争议内部调解

目前，我国的劳动争议调解机构一般是用人单位的内部机构。是否申请调解，当事人可以自愿选择。用人单位应重视以调解方式解决劳动争议，因为劳动争议过多、过滥、久拖不决会增加用人单位的劳动成本，影响用人单位的精益化管理效果及长远发展。

1.1　劳动争议的内容

1．劳动争议的类型

处理劳动争议是人力资源部门日常工作的内容之一。由于引发劳动争议的原因很多，劳动争议也可以从不同角度进行分类。按照有关惯例，劳动争议可以分为以下几种类型。

（1）个人争议和集体争议

根据劳动者一方当事人人数的多少，劳动争议可以分为个人争议和集体争议，如图13–1所示。

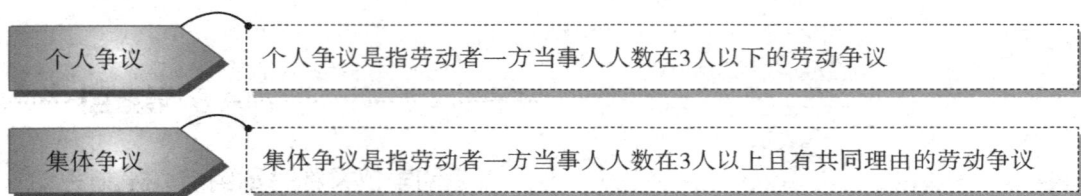

图13-1　个人争议和集体争议

（2）既定权利争议和待定权利争议

按照争议的内容性质不同，劳动争议可划分为既定权利争议和待定权利争议，如图13-2所示。

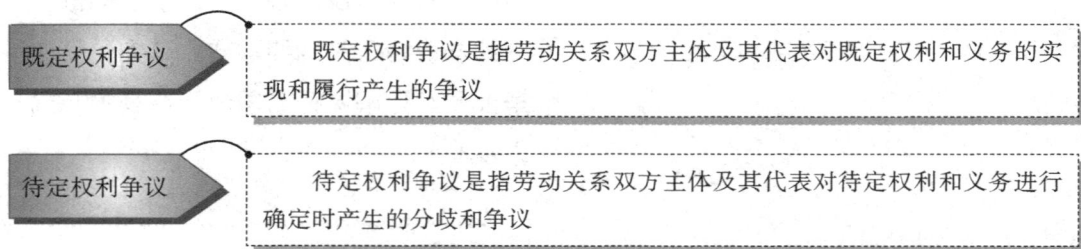

图13-2　既定权利争议和待定权利争议

（3）按争议事项划分的争议

按照劳动争议的事项，可以划分为因开除、除名、辞退或辞职发生的争议，因工资分配发生的争议，因保险福利发生的争议，因劳动合同发生的争议等。

2．劳动争议的原因

引发劳动争议的原因主要有以下几个方面。

（1）因用人单位开除、除名、辞退，或劳动者辞职、离职而发生的终止劳动关系的劳动争议。

（2）用人单位和劳动者之间因执行国家有关工资、福利、保险、培训、劳动保护规定而发生的有关劳动法规的劳动争议。

（3）履行劳动合同的劳动争议，包括用人单位和劳动者之间因执行、变更、解除劳动合同而发生的争议。

（4）其他劳动争议。

1.2　劳动争议调解委员会调解流程

劳动争议调解委员会是用人单位根据《劳动法》和《企业劳动争议处理条例》的规定在本单位内部设立的机构，是专门处理与本单位劳动者之间劳动争议的群众性组织。

1．劳动争议调解委员会人员组成

劳动争议调解委员会由下列人员组成。

（1）职工代表（由职工代表大会或职工大会推举产生）。

（2）用人单位代表（由厂长或经理指定）。

（3）用人单位工会代表组成（由用人单位工会委员会指定）。

要点提示

用人单位的代表不能超过调解委员会人员总数的三分之一，调解委员会主任由工会代表担任。调解委员会的办事机构设在用人单位工会委员会。没有成立工会组织的用人单位，调解委员会的设立及其组成由单位代表与职工代表协商决定。

用人单位内部的调解程序是自愿的，只有双方当事人都同意申请调解，调解委员会才能受理该案件。劳动争议调解委员会调解工作程序如图13-3所示。

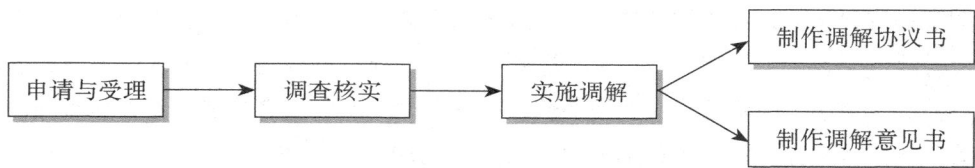

图13-3　劳动争议调解委员会调解流程

2．申请与受理

劳动争议发生后，当事人不愿协商或者协商不成并自愿选择调解的，应及时申请。调解委员会接到调解申请后，应对调解申请书进行审查，看其是否符合受理条件和范围。经审查决定受理的，调解委员会应征询对方当事人的意见；对方当事人愿意调解的，应将调解的地点、要求等以口头或书面形式通知双方当事人；对方当事人不愿调解的，应做好记录，在3日内以书面形式通知申请人；对不予受理的，应向申请人说明理由，并在接到"劳动争议调解申请书"4日内作出受理或不受理的决定。对调解委员会无法决定是否受理的案件，由调解委员会主任决定是否受理。

3．调查核实

调解委员会对决定受理的案件，应及时指派调解员对争议事项进行全面调查核实，调查应做好笔录，并由调查人签名或盖章。调查工作一般包括以下内容。

（1）查清案件的基本事实：双方发生争议的原因、经过、焦点及有关的人和情况；

（2）掌握与争议问题有关的劳动法律法规的规定和劳动合同的约定，分清双方当事人应承担的责任，拟定调解方案和调解意见。

4．实施调解

较复杂的案件，由调解委员会主任主持召开有争议双方当事人参加的调解会议（发生争议的劳动者一方在3人以上，并有共同申诉理由的，应当推举代表参加调解活动），有关部门和个人可以参加调解会议协助调解；简单的争议案件，可由调解委员会指定1~2名调解委员进行调解。调解会议的议程通常如下。

（1）会议记录员向会议主持人报告到会人员情况。

（2）会议主持人宣布会议开始，接着宣布申请调解的争议事项、会议纪律及当事人应持的态度。

（3）听取双方当事人对争议的陈述和意见，进一步核准事实。

（4）调查人员公布核实的情况和调解意见，征求双方当事人的意见。

（5）依据事实和法律及劳动合同的约定促使双方当事人协商达成协议，不管是否达成协议都要记录在案，当事人核对后签字。

5．制作调解协议书

调解达成协议的，制作调解协议书，双方当事人应自觉履行。协议书应写明争议双方当事人的姓名（企业、法定代表人）、职务、争议事项、调解结果及其他应说明的事项，由调解委员会主任（简单争议由调解委员）以及双方当事人签名或盖章，并加盖调解委员会印章。调解协议书一式三份（争议双方当事人、调解委员会各一份）。

6．制作调解意见书

调解不成的，调解员应做好记录，并在调解意见书上说明情况。调解意见书要写明当事人的姓名（企业、法定代表）、年龄、性别、职务、争议的事实、调解不成的原因及调解委员会的意见；调解意见书由调解委员会主任签名、盖章，并加盖调解委员会印章。调解意见书一式三份（争议双方当事人、调解委员会各一份），及时送达当事人，告知当事人在规定的期限内向当地劳动争议仲裁委员会申请仲裁。

第2节　仲裁诉讼程序管理

对于劳动争议，和解和调解并非必经程序，当事人可以不经和解或调解而直接向劳动仲裁委员会申请仲裁，也可在和解或调解不成的情形下再申请仲裁。当劳动争议发生后，若当事人无法先行达成调解或和解协议，则应该申请劳动争议仲裁机构先行处理。对仲裁裁决不服的，才可以向人民法院起诉；未经劳动争议仲裁委员会裁决的劳动争议案件，法院不予受理。

2.1 劳动争议仲裁注意要点

1. 当事人可以申请劳动争议仲裁的情形

（1）因企业开除、除名、辞退和员工辞职、自动离职发生的争议。

（2）因执行国家有关工资、保险、福利、培训和劳动保护等规定发生的争议。

（3）因履行劳动合同发生的争议。

（4）法律、法规规定应当依照《中华人民共和国企业劳动争议处理条例》处理的其他劳动争议。

要点提示

社保补缴争议和住房公积金争议不属于劳动争议范围，不可单独申请劳动争议仲裁。住房公积金争议由住房公积金管理中心行使监督职能，责令限期缴存。逾期仍不缴存的，可以申请人民法院强制执行。

2. 劳动争议仲裁申诉书内容

劳动争议仲裁申诉书应载明以下列事项。

（1）当事人基本资料

申诉人的姓名、民族、性别、年龄、职业、住址、工作单位和联系方式；被诉人的名称、地址和被诉人法定代表人姓名、职务、联系方式。

（2）仲裁请求及所依据的事实和理由

首先应当写明劳动争议发生的时间、地点、原因、经过和结果等，并重点写明当事人之间权益争议的具体内容和焦点，说明被诉人应当承担的责任。其次，依据法律规定分清是非，明确责任，论证所提要求的正确性、合法性。争议涉及多项内容的，必须一一列出，否则，遗漏部分不予受理。

（3）证据，证人的姓名和住址

证据包括书证、物证、证人证言、当事人陈述、被诉人答辩、鉴定结论和勘验笔录等。证人应该是能够证明劳动争议案件客观情况的人。证人被劳动争议仲裁机构通知作证时，不能拒绝作证，而且不得作伪证。

2.2　劳动争议仲裁的流程

1．申诉

劳动争议当事人应当自劳动争议发生之日起60日内以书面形式向劳动争议仲裁委员会申请仲裁，并按照被诉人人数递交副本。用人企业和劳动者申请劳动仲裁时，需分别提交以下材料，具体如图13-4所示。

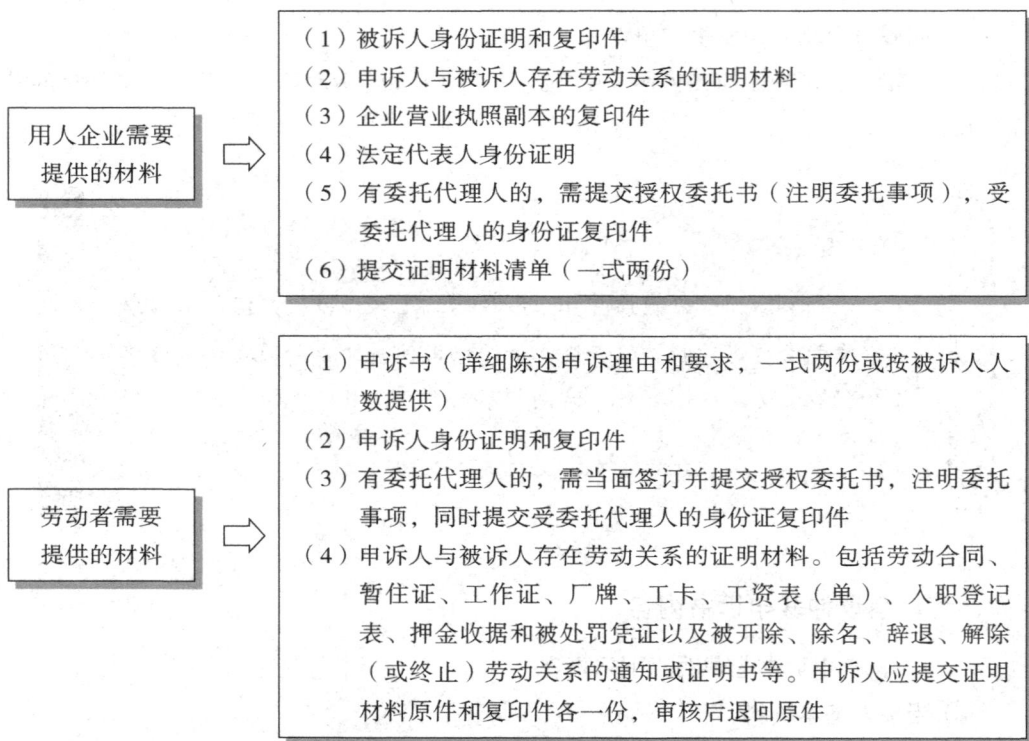

用人企业需要提供的材料 ⇨	（1）被诉人身份证明和复印件 （2）申诉人与被诉人存在劳动关系的证明材料 （3）企业营业执照副本的复印件 （4）法定代表人身份证明 （5）有委托代理人的，需提交授权委托书（注明委托事项），受委托代理人的身份证复印件 （6）提交证明材料清单（一式两份）
劳动者需要提供的材料 ⇨	（1）申诉书（详细陈述申诉理由和要求，一式两份或按被诉人人数提供） （2）申诉人身份证明和复印件 （3）有委托代理人的，需当面签订并提交授权委托书，注明委托事项，同时提交受委托代理人的身份证复印件 （4）申诉人与被诉人存在劳动关系的证明材料。包括劳动合同、暂住证、工作证、厂牌、工卡、工资表（单）、入职登记表、押金收据和被处罚凭证以及被开除、除名、辞退、解除（或终止）劳动关系的通知或证明书等。申诉人应提交证明材料原件和复印件各一份，审核后退回原件

图13-4　申诉材料

2．受理

（1）劳动争议仲裁委员会自收到申诉书之日起7日内作出受理或不予受理的决定。决定受理的，自作出决定之日起7日内将申诉书副本送达被诉人，并组成仲裁庭。决定不予受理的，将决定以通知书形式送达申诉人并说明理由。

（2）对不予受理决定不服的，申诉人可自收到不予受理决定通知书之日起15日内向人民法院起诉。

3．处理

（1）仲裁庭于开庭的前4日，将开庭时间和地点以书面形式通知送达当事人。

当事人无正当理由拒不到庭或者未经仲裁庭同意中途退庭的，对申诉人按撤诉处理，对被诉人可以缺席裁决。

（2）自组成仲裁庭之日起60日内结案；案情复杂需要延期的，经劳动争议仲裁委员会批准，可以适当延期，但最长不超过30日（员工一方在三十人以上的集体劳动争议自组成仲裁庭之日起15日内结案；若案情复杂需延期的，经劳动争议仲裁委员会批准，可以延期，但延期期限不超过15日）。如在审理过程中遇有其他法定情形的，经仲裁委员会批准后，可中止案件审理或延期审理。

4．裁决

在作出裁决前，仲裁庭应当先行调解。调解达成协议的，仲裁庭应当制作调解书。一般来说，裁决时要注意以下几个要点。

（1）仲裁庭裁决劳动争议案件，应当自劳动争议仲裁委员会受理仲裁申请之日起45日内结束。

（2）案情复杂需要延期的，经劳动争议仲裁委员会批准，可以延期并书面通知当事人，但是延长期限不得超过15日。

（3）逾期未作出裁决的，当事人可以就该劳动争议事项向人民法院提起诉讼。

（4）裁决劳动争议案件时，若部分事实已经清楚，仲裁庭可以就该部分先行裁决。

（5）仲裁庭对追索劳动报酬、工伤医疗费、经济补偿或者赔偿金的案件，根据当事人的申请，可以裁决先予执行，移送人民法院执行。

（6）劳动争议仲裁不收费。

5．结案

劳动争议仲裁法律文书送达当事人后，仲裁案件即告结束。

（1）当事人如不服仲裁裁决，可自收到仲裁裁决书之日起15日内向有管辖权的人民法院起诉。

（2）期满双方当事人均不起诉的，仲裁裁决即发生法律效力。

（3）一方当事人逾期不起诉、又不自觉履行的，对方当事人可以申请人民法院强制执行。

2.3　劳动争议诉讼的程序

人民法院处理劳动争议案件和处理一般民事纠纷一样，适用《民事诉讼法》的规定，其主要程序有一审程序、二审程序和审判监督程序等。

1．起诉和受理

人民法院收到起诉状或者口头起诉后，应进行审查，认为符合起诉条件的，应当在7日内立案，并通知当事人；认为不符合起诉条件的，应当在7日内裁定不予受理；原告对裁定不服的，可以提起上诉。

2．审理前的准备

正式审理之前，人民法院还要做一些准备工作。例如，向被告发送起诉状副本、组成合议庭、开展调查或委托调查和通知当事人参加诉讼等。

3．开庭审理

法庭调查时，按当事人陈述、证人作证、出示证言书证等证据、宣读鉴定结论和勘验笔录的顺序进行。进入法庭辩论后，先由原告及其诉讼代理人发言，然后由被告及其诉讼代理人答辩，再由各方相互辩论。辩论之后由审判长按照原告、被告、第三人的先后顺序征询各方最后意见。

4．依法作出判决

判决前能够调解的，还可以进行调解；调解不成的，应当及时判决。

5．二审程序

当事人不服一审判决的，可依法提起二审程序，但须在一审判决书送达之日起15日内向上一级人民法院提起上诉。上诉状应当写明当事人的姓名、法人名称、法定代表人的姓名、原审人民法院名称、案件编号、案由和上诉的理由。上诉状应通过原审人民法院提交，并按对方当事人或代表人的人数提交副本。二审人民法院做出的判决为终审判决。

6．审判监督程序

审判监督程序是人民法院对已经发生法律效力的判决和裁定，发现在认定事实或适用法律上确有错误，依法提起并对案件进行重新审判。当事人也可以申请再审，但须在判决发生法律效力后两年内提出。

2.4 劳动争议案件的管理

1．劳动争议案件的预防

（1）杜绝野蛮管理。

（2）建立和完善各项规章制度。

（3）明确工作职责和工作内容，规范员工管理，对于签订、变更、解除劳动合同以及工资支付等劳动争议多发地带尤其要提高警惕。

（4）在对员工关系进行重大处理之前，应该事先与劳动法律专业人员进行沟通。

（5）当出现劳动争议苗头时，应该及时堵漏，在矛盾激化以前化解矛盾。

2．劳动争议案件的处理技巧

企业在遇到劳动争议时，应主动与员工协商。发生仲裁或诉讼时，应当掌握以下应对技巧，具体如图13-5所示。

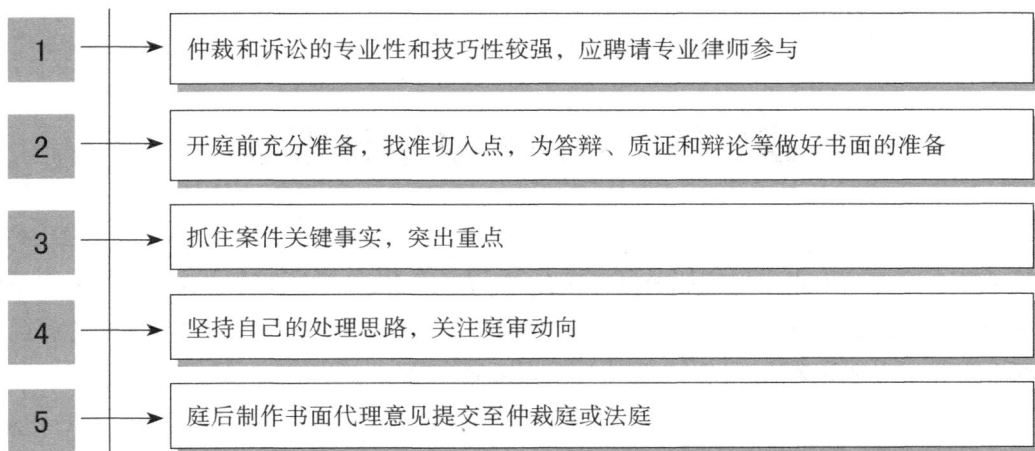

1	仲裁和诉讼的专业性和技巧性较强，应聘请专业律师参与
2	开庭前充分准备，找准切入点，为答辩、质证和辩论等做好书面的准备
3	抓住案件关键事实，突出重点
4	坚持自己的处理思路，关注庭审动向
5	庭后制作书面代理意见提交至仲裁庭或法庭

图13-5 劳动争议案件的处理技巧

【范本】劳动争议仲裁申请书

劳动争议仲裁申请书

申请人			被申请人			
姓名			企业名称			
性别		年龄	法定代表人		职务	
民族		用工性质	住所地			
工作企业			电话			
家庭住址			邮编			
电话						
邮编						

请求事项：

　　事实和理由（包括证据和证据来源、证人姓名和住址等）：

此致

××市劳动争议仲裁委员会

申请人：（签名或盖章）

＿＿＿＿年＿＿月＿＿日

第3节　劳动争议举证管理

当事人在举证期限内提交证据材料确有困难的，应当在举证期限内向人民法院申请延期举证，经人民法院准许可以适当延长举证期限。当事人申请人民法院调查收集证据的、适用普通程序审理的案件，应当在举证期限届满前7日提出。

3.1　劳动争议举证的内容

1. 原告举证的内容

原告向人民法院提起劳动争议诉讼时应当提交以下列证据材料。

（1）原告、被告、第三人基本情况的证据材料。当事人为自然人的，应证明其姓名、性别、出生年月日、民族、工作企业、户籍所在地和现居住地；当事人为企业、个体经济组织、国家机关、事业组织、社会团体的，应证明其工商登记情况或法人登记情况；被告住所地不在本院辖区的，应提交劳动合同履行地在本院辖区的相关证据；列企业为当事人的应证明企业招用人员人数。

（2）劳动仲裁申诉人向劳动争议仲裁委员会提交的申诉书及劳动仲裁委员会的回执或受理通知书。

（3）劳动争议仲裁委员会作出的仲裁裁决书或不予受理的书面裁定、决定和通知。

（4）证明原告收到仲裁文书时间的相关证据材料。

2. 用人企业的举证责任

（1）劳动者已举证证明在用人企业处提供劳动，但用人企业主张劳动关系不成立的，用人企业应当提交反证。

（2）用人企业应就劳动者已领取工资的情况举证。

（3）用人企业延期支付工资，劳动者主张用人企业系无故拖欠工资的，用人企业应就延期支付工资的原因进行举证。

（4）劳动者主张加班工资的，用人企业应就劳动者实际工作时间的记录举证。

（5）双方当事人均无法证明劳动者实际工作时间的，用人企业就劳动者所处的工作岗位的一般加班情况举证。

（6）用人企业减少劳动者劳动报酬，应就减少劳动报酬的原因和依据举证。

（7）用人企业应就解除劳动合同或事实劳动关系所依据的事实和理由举证。

（8）用人企业主张劳动者严重违反劳动纪律或企业规章制度的，应就劳动者存在严重违反劳动纪律、企业规章制度的事实以及企业规章制度是否经民主程序制定并已向劳动者公示的事实举证。

（9）用人企业应就各种实际已发生的工伤赔偿支付事实举证。

（10）依法应由用人企业承担的其他举证责任。

3．劳动者的举证责任

（1）劳动者主张工资标准应当高于劳动合同约定或已实际领取的工资数额，劳动者应就其主张的工资标准举证。

（2）劳动者主张用人企业减少劳动报酬的，应就用人企业减少劳动报酬的事实举证。

（3）劳动者主张订立无固定期限劳动合同的，由劳动者就订立无固定期限劳动合同条件成立举证。

（4）劳动者主张工伤赔偿的，应就存在因工伤害的事实及工伤认定、伤残等级及鉴定时间、工伤住院治疗起止时间及费用、同意转院治疗的证明及所需交通费和食宿费、应安装康复器具的证明及费用等举证。

（5）女员工主张"三期"（孕期、产期、哺乳期）权利的，应就存在"三期"的事实、起止时间以及是否存在晚育、难产、领取独生子女证等应增加产假的事实举证。

（6）依法应由劳动者承担的其他举证责任。

3.2 劳动争议案件的证据管理

1．证据分类

（1）书证，即以其所记载的内容证明案件事实的证据，实务中大部分的证据都是书证，如劳动合同及其他协议、规章制度、辞职报告等。

（2）物证，即以其自身形态证明案件事实的证据，如企业为了证明员工毁坏公司财物而提供的被员工毁坏的物件等。

（3）视听资料，即以录像或录音所反映的图像、音频证明案件事实的证据，如电话录音等。视听资料在实务中被广泛运用，但是需要注意的是一定要保证视听资料的完整和清晰。

（4）证人证言，即证人向仲裁庭或法庭所作的证明案件事实情况的陈述。除法定情形外，证人必须当庭接受当事人的质证，未出庭接受质证的证人所提供的证言不得作为定案的依据。

（5）当事人陈述，即当事人在仲裁或诉讼过程中向仲裁庭或法庭所作的关于案件事实的叙述，其中最为典型的便是当事人的承认，即对对方当事人主张的事实或诉讼请求的认可。

（6）鉴定结论，即专业鉴定机构利用专业知识对某项案件事实进行鉴定后所作的结论性意见，在劳动争议案件中使用最多的是笔迹鉴定和对相关电子资料的真伪鉴定。

（7）勘验笔录，即由劳动争议仲裁委员会或人民法院安排的勘验人员对被勘验的现场或物品所作的记录。在劳动争议案件中较少涉及勘验笔录。

2．举证的要点

在举证时，一般要注意以下几个要点。

（1）须在举证期限内提交证据，但可以申请延期举证。

（2）须提交证据原件。

（3）外文证据应附有中文。

（4）若提交的证据是在境外形成的，应当履行相关外交程序。

（5）提供证据目录。

（6）按对方当事人的人数提供证据副本。

3.3　举证的风险防范

1．举证的风险

就行为举证责任而言，当事人在诉讼中可能面临以下举证风险。

（1）提供证据不充分的举证风险

当事人应当提供可以充分证明所主张事实的证据。除法律另有规定外，原告起诉或被告反诉时，对自己提出的诉讼请求所依据的事实或反驳对方的诉讼请求所依据的事实，有责任提供证据加以证明，没有证据或证据不足的，负有举证责任的当事人应承担不利甚至败诉的后果。

（2）提供证据虚假的风险

当事人提供的证据必须真实。虚假的证据不具有证明力。伪造证据、提供虚假证据，严重触犯法律者还可能触犯刑法，被追究刑事责任。

（3）不能提供原始证据的风险

当事人提供的证据应当是原始证据。除出示原件或者原物确有困难并经人民法院准许外，向法院提供证据应当提供原件或原物，非原件或原物的证明力将有可能不被采信并导致败诉；若证据在境外形成的，还应履行相应的证据效力证明手续，否则会导致证据无效。

（4）提供取得方式不合法证据的风险

当事人取得证据的方法必须合法。以侵害他人合法权益或者违反法律禁止性规定的方法取得的证据，不能作为认定案件事实的依据，当事人须承受证据无效的风险。

（5）证据证明力不强的风险

当事人应当尽量提供证明力较强的证据。证明力弱的证据将在认定与质证中被证明力大的对方证据吞噬，给己方带来不利后果。

（6）证人不出庭的风险

提供证人证言的，证人须亲自出庭作证（除证人确有困难不能出庭的五种情形外），否则会导致证言效力降低甚至不被法院采信的后果。

2．举证风险的防范

（1）电子邮件、网页、手机短信等存在事后取证难、认证难的问题。因此，对于比较重要的通知、文件等，最好采用纸质方式加以保存。

（2）对网页证据进行保全时可以要求相关网站提供协助，可通过公证、摄像、下载等形式保存网页。

（3）在发送或接收传真后，可以通过电话等方式向对方确认，可采用电话录音。

（4）确保传真件的清晰、完整，传真件中应当包含发件人、收件人、发收传真的号码、发件时间等原始信息。

（5）若存在多份传真件，应突出强调传真件之间的连续性和关联性，以达到相互印证的目的。

（6）收集其他相关证据对传真件加以佐证，增强传真件的证明力，如双方事先就采用传真形式进行信息传递的相关约定。

学习笔记

通过学习本章内容，相信您已经有了不少学习心得，请仔细记录下来，以便巩固学习成果。如果您在学习中遇到了一些难点，也请如实写下来，方便今后重复学习，彻底解决这些学习难点。

同时，本章列举了大量实用范本，与具体的理论内容互为参照和补充，方便您边学边用。请如实填写您的运用计划，以使工作与学习能够更好地结合。

我的学习心得：

1. _____
2. _____
3. _____

我的学习难点：

1. _____
2. _____
3. _____

我的运用计划：

1. _____
2. _____
3. _____

第 14 章

员工类别管理

企业与企业的重要区别在于人力资源，人力资源与人力资源的重要区别就在于对员工的管理方式。企业要做好员工关系管理、培养出优秀的人才，就需要对员工进行科学的分类和管理。一般来说，企业可以按照高层、中层和基层，男性和女性，核心和非核心，技术类和非技术类等常规标准对员工进行分类管理。企业对员工进行分类管理的目的是提升员工和管理者的素质，提高企业的管理水平，保证企业的可持续发展。

第1节　新入职员工管理

1.1　新入职员工的特点

新入职员工包括刚走出校园的毕业生、进城务工人员、下岗再就业人员，也包括有工作经验的职场中人。新员工通常都会具有以下一些特征，具体如图14-1所示。

1 缺乏对职场礼仪等职业素养知识的了解

2 对工作流程不熟悉，不能独立处理异常情况；在工作时缺乏计划性，没有明确的目标和定位；对成本、质量、安全等缺乏概念

③ 不善于与人沟通，缺乏团队协作精神

④ 缺乏对自身工作角色的认知，心高气傲，不愿从基层工作做起；工作进展不顺利时，缺乏自我反省

⑤ 心理承受力较低，遇到压力和困境时，不能积极面对和自我调整

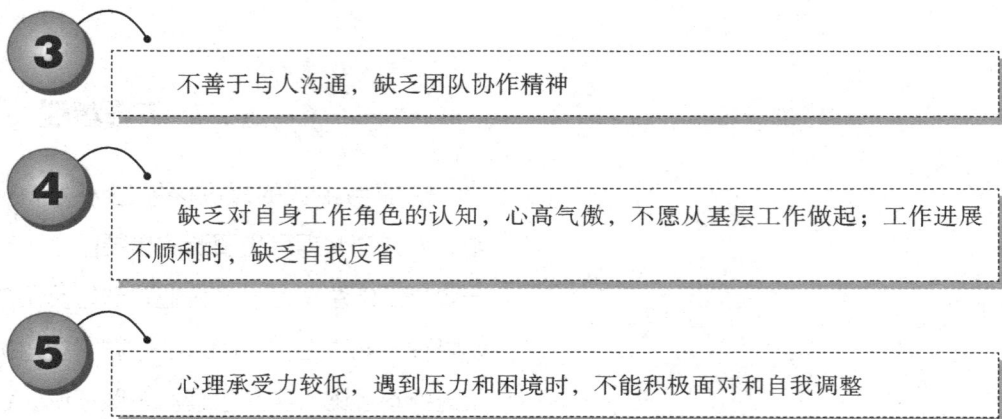

图14-1　新入职员工的特点

1.2　新入职员工的培训内容

新员工的培训通常包括意志培训、认知培训、职业培训和技能培训四个方面的课程。

1．意志培训

意志培训的形式主要是军训，其目的是培养新员工吃苦耐劳的精神、朴素勤俭的作风、良好的纪律意识和团队协作意识。军训的时间通常为一周，有的企业会安排一个月。

军训通常在白天进行，晚上则开展多样化的活动，以丰富生活，淡化军训的枯燥感。比如结合企业的实际情况开展演讲竞赛、辩论赛和小型联欢会等，这样可以促进新员工之间的熟悉和交流。

2．认知培训

认知培训主要由管理者和人力资源部门主讲，介绍企业概况、企业主要管理者、企业制度、员工守则和企业文化等内容，学习的方式为集中培训。认知培训主要帮助新员工全面而准确地认识企业、了解企业，从而尽快找准自己在企业中的定位。

认知培训的时间通常为两天，有的企业还会安排1天时间带领新员工进行内部参观，并安排座谈交流。认知培训结束后往往会进行认知测验，以强化员工的理解和记忆。

3．职业培训

为了使新员工，尤其是刚走出校门的学生和进城务工人员完成角色转换，企业可对新员工进行职业培训。职业培训的内容主要包括礼仪礼节、人际关系、沟通与谈判、科学的工作方法（如工作计划管理、接受与下达工作指令、工作汇报、工作总结等）、压力管理与情绪控制、团队合作技能等，培训的方式是集中培训，内外部均可。

4．技能培训

技能培训主要是结合新员工即将上任的工作岗位而进行的专业技能培训，现在很多企业的"师徒制"就是技能培训的形式之一。当然，不同的企业，培训的内容不一样，时间安排也不一样。

1.3　新入职员工管理的注意事项

企业在对新入职员工进行管理时，要注意以下几个要点。

（1）新员工培训时机要选择一个人员相对集中的时段。例如，新员工达到一定的规模和数量时（一般以10人为限）。

（2）新员工的培训内容应以企业文化、规章制度和安全教育等内容为主，让新员工更多地了解企业的历史和文化，争取最大限度地形成普遍的价值认同。

（3）在对新员工进行培训时，可以请企业的高管给新员工打气。

（4）建立一套切实可行的后续跟踪制度。该制度应在新员工完成试用期，符合企业录用条件并成为正式一员的时候开始使用。

（5）合理地为新员工作出适当的职业生涯规划。经过试用期后，新员工的性格、能力、素质都已经得到一定程度上的展现，这时企业就需要根据他们表现出来的特点寻找到切入点，适时地为他们设计一个符合个人发展的职业规划。这样的规划可以帮助员工找到自己发展的方向，也有助于他们在工作中投入激情。

（6）对于新员工来说，明确试用期限和薪资待遇应该是他们入职前最关心的问题。如果企业给出的答案弹性比较大，可能会让他们觉得人为因素含量过高，可能会对企业产生信任危机。所以，企业管理人员在与新员工谈论此类问题时，要尽可能地给出一个肯定的答复。

（7）刚刚从学校毕业的新员工无法很快适应高强度的劳动，所以对他们的工作安排应该更注重有序性与合理协调性。

（8）新员工很希望接触新事物，但可能苦于找不到适当的渠道，所以，企业派督导人员对他们进行指导、督察很有必要。

第2节　在职员工管理

企业必须注重对在职员工的内部开发。为了使他们的贡献最大化，企业可以考虑适当授权，以鼓励他们参与决策并实现工作上的自主。此外，企业还可以考虑因人设岗，或者根据员工的特点建立以培训开发结果为导向的考核制度和以激励为目的的高薪酬制度。

2.1　在职员工的特点

企业管理人员应对在职员工进行有针对性的管理。在职员工一般具有以下几个特点，具体如图14-2所示。

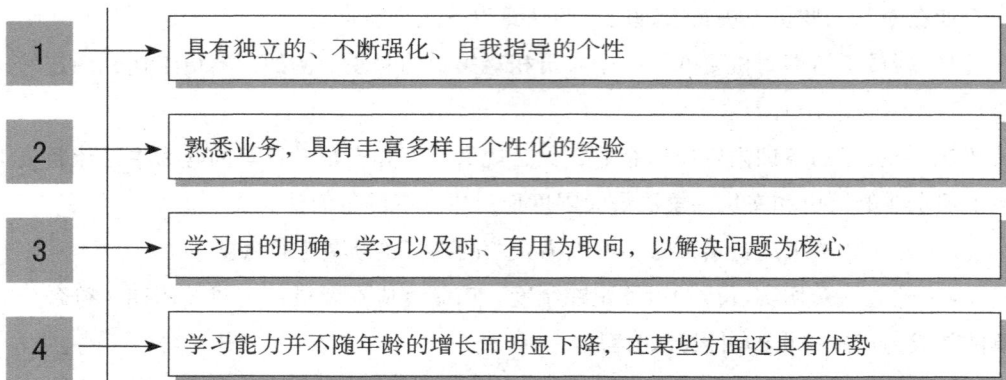

1	具有独立的、不断强化、自我指导的个性
2	熟悉业务，具有丰富多样且个性化的经验
3	学习目的明确，学习以及时、有用为取向，以解决问题为核心
4	学习能力并不随年龄的增长而明显下降，在某些方面还具有优势

图14-2　在职员工的特点

2.2　在职员工的教育培训

在职员工的教育培训采用内部培训、外派培训和员工业余自学相结合的方式，实行"内培为主、外派为辅"的原则。

1．内部培训

内部培训主要对员工进行企业文化、规章制度、业务知识、专业技能和智力开发等方面的培训，具体如图14-3所示。

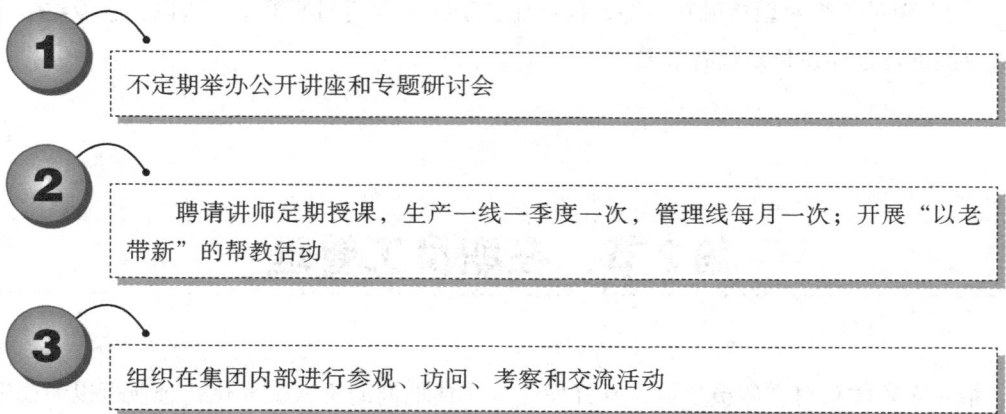

1　不定期举办公开讲座和专题研讨会

2　聘请讲师定期授课，生产一线一季度一次，管理线每月一次；开展"以老带新"的帮教活动

3　组织在集团内部进行参观、访问、考察和交流活动

4 组织进行岗位技能竞赛和技术演练

5 开展知识创新、科技创新和管理创新的课题评选活动

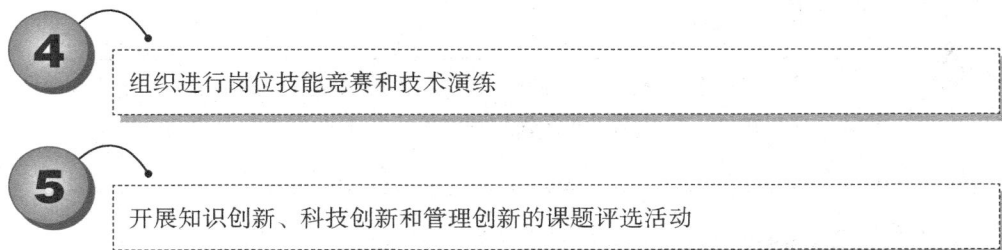

图14-3 内部培训的内容

2．外派培训

外派培训是企业根据工作需要，选派员工到公司以外的培训机构或院校进行重点培养。外派培训的内容和方式具体如图14-4所示。

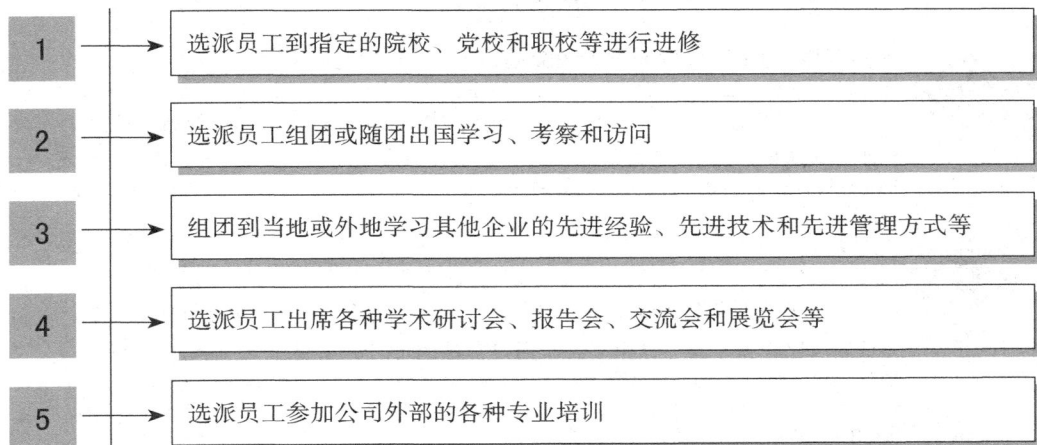

1 选派员工到指定的院校、党校和职校等进行进修

2 选派员工组团或随团出国学习、考察和访问

3 组团到当地或外地学习其他企业的先进经验、先进技术和先进管理方式等

4 选派员工出席各种学术研讨会、报告会、交流会和展览会等

5 选派员工参加公司外部的各种专业培训

图14-4 外派培训的内容和方式

3．员工业余自学

员工可以根据个人职业生涯的发展需要，自己选择学习方向，利用业余时间参加自学考试或函授学习并取得毕（结）业证书、资格证书。

2.3 在职员工管理的注意事项

1．培训的风险控制

现实中经常出现以下情况：企业花费很多的金钱和精力送员工去培训，但是培训结束后，员工却以此为"资本"跳槽。为了避免类似的情况发生，企业与员工签订培训协议书是非常有必要的。员工培训协议书主要有以下几项内容，具体如图14-5所示。

1 培训费用的支付说明

可以采取企业完全支付的方式，也可以采取企业和员工按照一定的比例分别支付。一般来说，在接受培训之前，员工需要向企业交纳一定的保证金

2 培训学习期限的说明

规定培训的起止时间，并按照实际学习的时间计算

3 纪律要求

参加培训时，员工代表的是企业的形象，不可以因个人行为使企业形象受损

4 在员工培训期间，对其应享受的待遇、福利作出规定和说明

特别要对一些特殊事项作出详细的说明，免除员工的后顾之忧，安心地接受培训

5 奖惩规定

对于培训期间表现良好、考核成绩优异的员工，企业应给予奖励；对于表现比较差、学习结束后无法通过考核的员工，则要给予一定的惩罚

6 违约

一旦员工发生违反协议规定的情况，企业须按照事先签订协议的相关规定对其处理

7 免责声明

员工因个人行为而造成的法律责任或因自身过失或不正当行为而致病（伤），企业对此不负任何责任

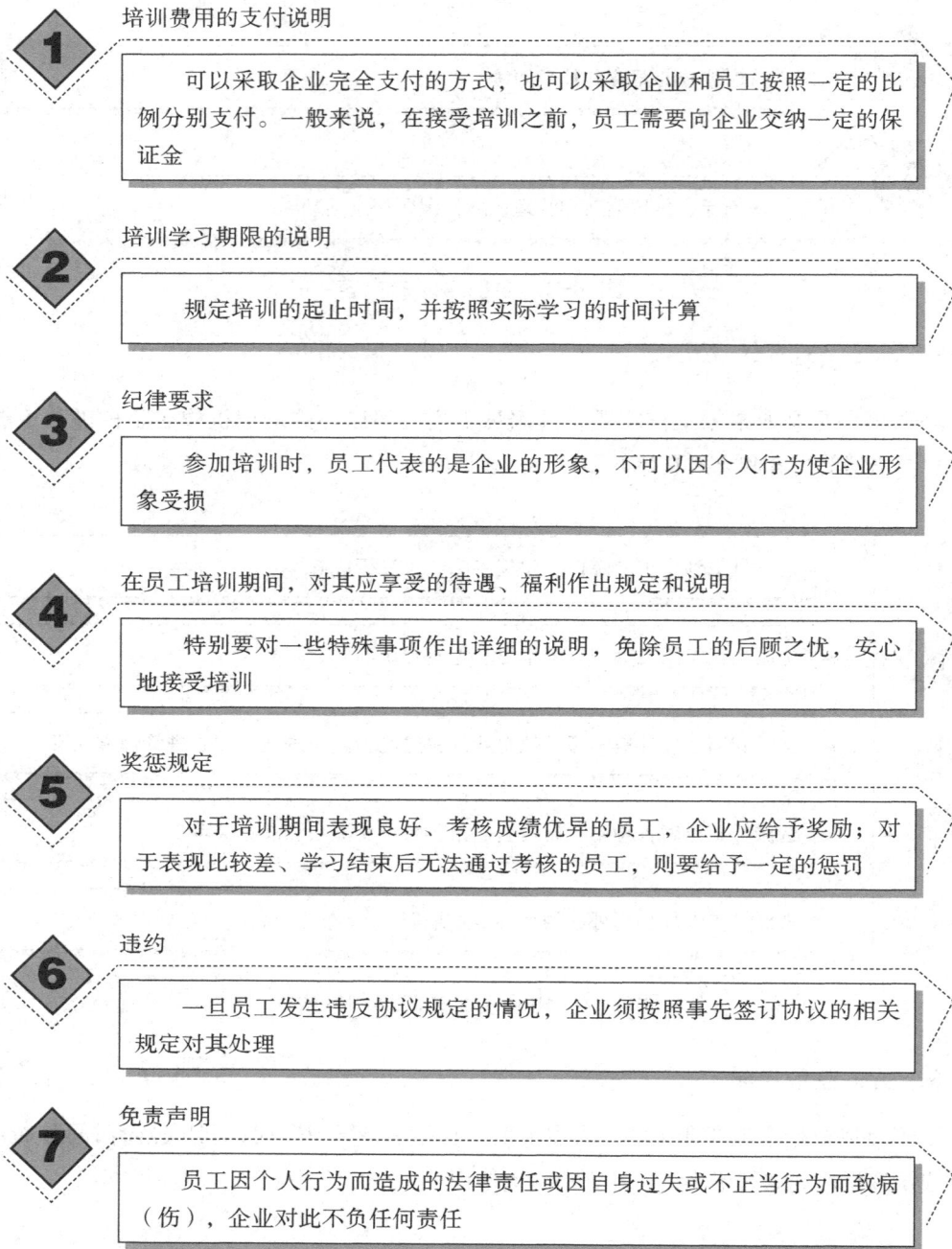

图14-5　员工培训协议书的主要内容

2. 晋升、降职和辞退的注意要点

晋升、降职和辞退是企业处理在职人员的三种不同手段，处理得好会对企业的发展起促进作用，处理不好会滋生矛盾，影响生产。

（1）处理三类问题应有法可依。企业应该对于符合什么条件可以晋升或者违犯什么条款应该降职或辞退有明确的规定，不可随心所欲。

（2）须按企业的程序办事。申请、复核和审批等程序必须依照企业规定进行，不得越级、越权或违背工作程序。

（3）须做到公平、公正。企业对待晋升、降职和辞退要有统一的标准和尺度，不可因人而宽松不一，更不得带有感情色彩。

（4）须符合国家法律法规。关于辞退，企业要根据《劳动法》相关规定处理关于提前结束劳动合同的问题和补偿问题等。

（5）须注意策略和方式方法。方式方法不当，更容易造成矛盾，引发事外事件，所以企业要正确处理晋升、降职，特别是辞退问题。

（6）须做好人员的交接工作。除极特殊的情况，企业都应先落实接替人员，并且认真做好交接工作。一般不宜在某项工作尚在进行的中途进行人员变动。

（7）须把握人员变动的时间。一般而言，人员变动应选在生产淡季或工作不太繁忙时。

第3节　女员工管理

3.1　女员工的特点

女员工感情细腻，心思敏感，易受到周围环境和氛围的影响。管理女员工时，企业应结合女性特点，坚持"以人为本"的核心管理思想，尊重、信任、关怀、帮助女员工，使其产生心灵共鸣，不断激发其自尊心、上进心和荣誉感。相对于男员工，女员工有自己的特点，具体如图14-6所示。

1 生理特殊性

这是由女员工的生理和心理特点决定的。特殊的心理、生理使女员工有特殊的要求，特殊的生理特征要求企业对女员工进行特殊的劳动保护

2 心思敏感性

女员工感情细腻、心思敏感，易受到周围环境和氛围的影响

3 家庭多重性

除从事社会劳动外，女员工还承担着大量的家务劳动和子女教育任务，这使得她们在精神和体力上承受着特殊压力

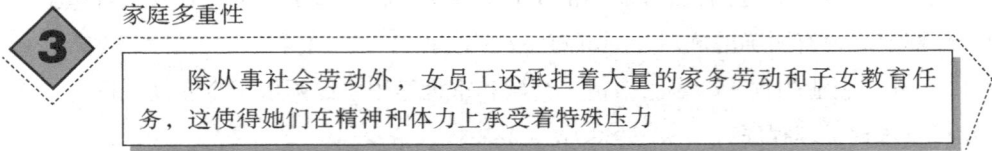

图14-6　女员工的特点

3.2　女员工的培训内容

企业应引导广大女员工工牢固树立终身学习的理念，不断提高自身的学习能力和创新能力，形成建功立业学先进、奋发向上比成绩、扎扎实实作贡献的良好风气，为企业发展作出自己的贡献。具体来讲，企业要引导女员工做好以下几方面工作，具体如图14-7所示。

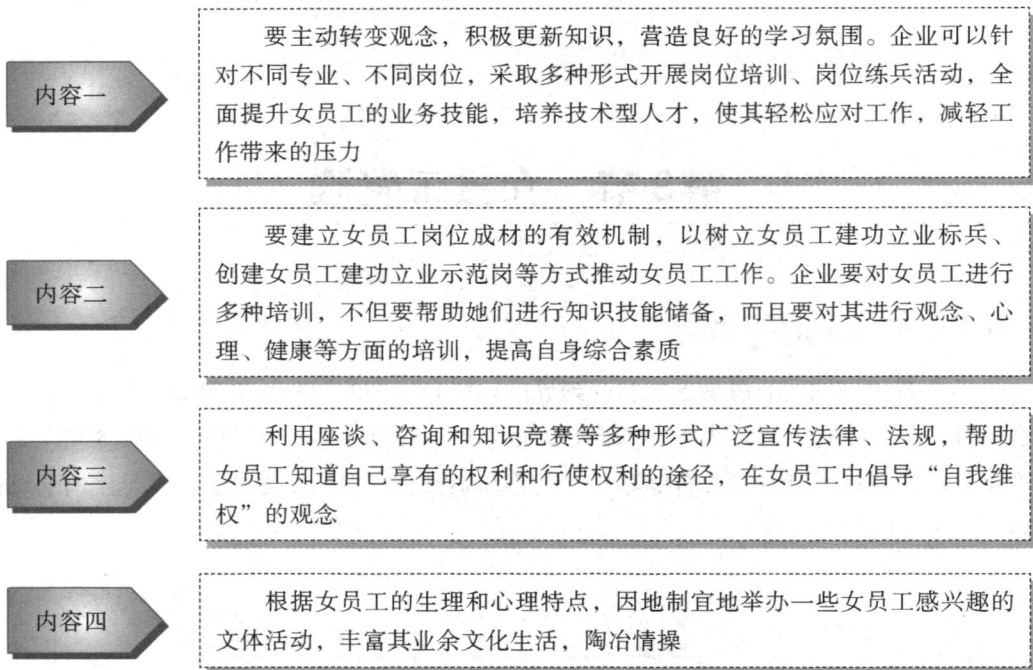

内容一　要主动转变观念，积极更新知识，营造良好的学习氛围。企业可以针对不同专业、不同岗位，采取多种形式开展岗位培训、岗位练兵活动，全面提升女员工的业务技能，培养技术型人才，使其轻松应对工作，减轻工作带来的压力

内容二　要建立女员工岗位成材的有效机制，以树立女员工建功立业标兵、创建女员工建功立业示范岗等方式推动女员工工作。企业要对女员工进行多种培训，不但要帮助她们进行知识技能储备，而且要对其进行观念、心理、健康等方面的培训，提高自身综合素质

内容三　利用座谈、咨询和知识竞赛等多种形式广泛宣传法律、法规，帮助女员工知道自己享有的权利和行使权利的途径，在女员工中倡导"自我维权"的观念

内容四　根据女员工的生理和心理特点，因地制宜地举办一些女员工感兴趣的文体活动，丰富其业余文化生活，陶冶情操

图14-7　女员工的培训内容

3.3　女员工管理的注意事项

1. 女员工三期假期的规定

女员工三期假期的规定具体如图14-8所示。

1 孕期

全国统一规定为：产前检查每月一次，每次半天，工资正常发放

2 产期

一般来说，女工产前产后加起来共98天假期。对于晚育的女工，有些地区增加30天的假期，有的地区增加60天，也有的地区没有晚育假。对于晚育的女工，其丈夫有护理假，也叫陪产假，各地区的护理假时间不同，有3天、5天、10天、15天、30天不等。产期和护理期的员工工资正常发放

3 哺乳期

在哺乳期，女员工每天有1小时的哺乳时间，也就是说哺乳期的女工每天的工作时间是7个小时，工资正常发放

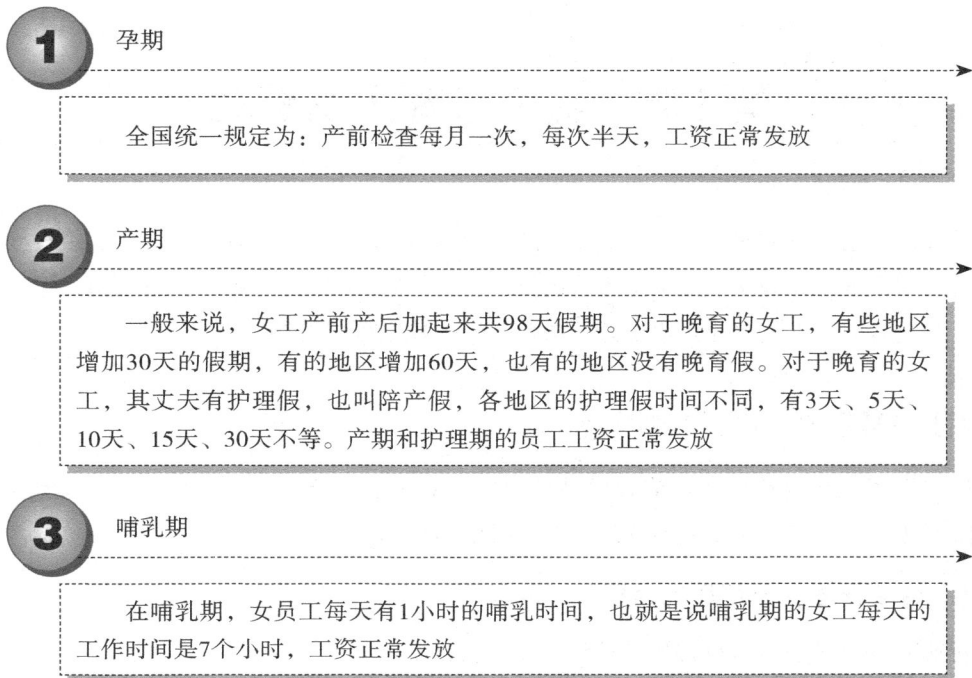

图14-8 女员工三期假期的规定

一般情况下，企业不能与处于三期期间的女工解除劳动关系，即使劳动合同到期也不能终止，须自动顺延到女工三期结束。例如，怀孕期间的女员工不能胜任其工作，企业不能解雇；工作业绩很差，甚至是零，不能解雇；企业效益不好，需要搬迁到外地，不能解雇。但搬迁后员工无法履行劳务合同时，企业可以在支付完经济赔偿后与员工解除劳务合同。

2．与时俱进推动女工工作全面发展

（1）加强女员工组织自身建设，加强女员工管理人员培训，进一步增强女员工的工作能力、凝聚力和影响力。

（2）切实维护女员工的合法权益和特殊利益，充分发挥广大女员工在两个文明建设中的积极作用。

（3）积极组织开展各项有益女员工身心健康、展示女员工风采的活动。普及女性健康知识、关心女员工身心健康，定期组织女员工进行妇科检查，积极帮助女员工增强自我保护和自我保健意识。

（4）真心真意解决女员工具体困难。为困难女员工办实事，解决女员工的后顾之忧。

第4节 基层管理人员管理

企业基层管理人员的价值观与组织目标、经营理念相一致，他们希望在实现自我职业理想的同时完成组织发展的目标，他们能够与组织同甘共苦，拥有一种强烈的"主人翁"意识。对于这类员工，企业要给予充分的信任，并建立授权机制。

4.1 基层管理人员的特点

基层管理人员的最大特点或者说是最大价值就在于执行。企业的经营目标和整体绩效是否能够达成，直接取决于基层管理者的执行能力和沟通反馈能力。

1．基层管理人员培训的目标

企业对基层管理人员进行教育培训的基本目标如下。

（1）明确企业的经营目标和经营方针。

（2）培训基层管理人员的领导能力和管理才能。

（3）使基层管理人员具有良好的协调、沟通能力。

2．基层管理者的素质结构

基层管理者的素质可以分为基本素质、专业技术素质和管理素质，具体如图14-9所示。

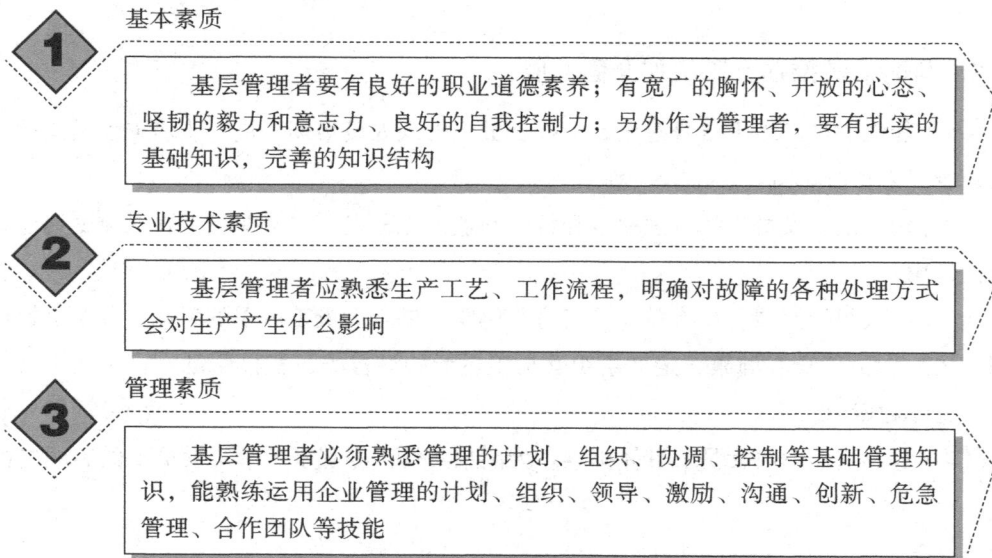

1 基本素质

基层管理者要有良好的职业道德素养；有宽广的胸怀、开放的心态、坚韧的毅力和意志力、良好的自我控制力；另外作为管理者，要有扎实的基础知识，完善的知识结构

2 专业技术素质

基层管理者应熟悉生产工艺、工作流程，明确对故障的各种处理方式会对生产产生什么影响

3 管理素质

基层管理者必须熟悉管理的计划、组织、协调、控制等基础管理知识，能熟练运用企业管理的计划、组织、领导、激励、沟通、创新、危急管理、合作团队等技能

图14-9 基层管理者的素质结构

4.2 基层管理人员的培训内容

1．提升基层管理人员水平的要点

（1）树立开放应变心态，提升基层管理者的"承载力"

基层管理者的承载、容纳能力决定了其所在团队所能达到的承载水平。

（2）从"细"着手理事，提高职业化经营素养

基层管理人员首先需要调整自身角色定位，用职业化的精神和专业化的方式去思考和处理问题。

（3）以"粗"思维管人，提高人力资源开发水平

过细的管人不仅容易让员工做事束手束脚，而且容易使其缺乏被信任、被尊重的感觉，进而消减积极性。基层管理人员既要懂得授权，在授权范围内给予员工自主权，也要适度放权。

（4）不断提升自身基础素质，提高业务操作技能

基层管理人员可以通过参加各种学习班来不断提升自身基础素质，提高业务操作技能。

2．基层管理人员培训的种类

（1）后备管理人员培训。

（2）培训发展计划。

（3）再培训计划。

（4）调职、晋升教育培训。

3．基层管理人员培训的内容

基层管理人员培训的内容具体如表14-1所示。

表14-1 基层管理人员培训的内容

序号	培训内容	课程概述	培训目的
1	现代企业领导艺术	领导行为与管理行为的辩证关系；领导者的素质；成功企业及其领导人的经验；方阵游戏；案例分析	有效提升企业基层管理者的领导力
2	企业风险与危机管理	企业家们如何看待风险和危机；企业全面风险管理的基本理念；建立企业全面风险管理体系；风险管理的有效性测试；企业全面风险管理实务操作	帮助基层管理者树立风险和危机管理意识，提升风险防范和危机化解的能力

（续表）

序号	培训内容	课程概述	培训目的
3	创造学习型组织	为什么要成为学习型组织；怎样才能成为一个学习型组织；组织承担的学习责任；个人承担的学习责任	提升基层管理者创建学习型组织的能力，促进企业形成学习创新的良好氛围
4	企业教练——如何辅导与培训下属	企业教练的意义和作用；成为优秀的企业教练；企业教练模式；被训练者的学习	帮助基层管理者明确作为管理者的角色定位，掌握作为团队领导者必需的指导、辅导和培训下属的技能
5	高效管理者成功要素	积极主动、以终为始、要事第一、双赢思维、知彼解己、同理心沟通、协作增效、不断创新	培养企业基层管理者成为高效管理者所需的能力

4.3　基层管理者管理的注意事项

1．加强基层管理者的培训

遇一般性问题一线员工可以自行消化，但到了需要升级求助的时候，必须要协调沟通、提高层面的问题。如果基层管理者没有处理问题的方式、方法，也没有处理问题的思路，那么就很容易使员工对自己失去信任。因此，企业要加强对基层管理者的培训。

2．加强基层管理者的管理能力

如果基层管理者不懂得与员工进行有效的沟通，那么就无法掌握员工的工作进度及工作情况，也就不能很好地管理员工。因此，企业要加强基层管理者的管理能力。

3．防止职能错位

在企业中，基层管理者可以划分为两种：一种是基层管理者每天都很忙，但做的全是员工的工作，而员工却很清闲；另一种是基层管理者每天无事可做，但班组工作一踏糊涂。因此，企业要合理安排各基层管理者的职责，防止职能错位。

4．奖惩分明

企业应对表现优秀的基层管理者给予一定的奖励，对表现较差的基层管理者进行惩罚，这样做可以强化激励机制。

第 5 节 实习生管理

5.1 实习生的特点

目前，刚走出校门进入企业的实习生大多数是独生子女，在各自的家庭中处于中心地位。亲缘关系由于"精简"而变得松散，这一方面有可能造成人际关系的日益疏远，缺乏人际交往、团队协作的能力；另一方面自我意识增强带来了创新意识的增强，不甘于"随大流"，乐于创新、张扬个性。他们更重视自我感受，善于独立思考，希望在平等交流中追求真理，同时乐于在对社会现实思考中选择真知。具体来说，现在的实习生具有以下四个特点。

（1）在行为方式上，他们追求自我支配和自主决策。

（2）在生活中，他们追求自立自强，努力实现自我价值。

（3）在企业中，他们重视自身权利及权利的实现，敢于接受他人对自己的质疑，追求公平竞争。

（4）在思想道德中，他们重经济而轻政治、重物质而轻精神、重个性而轻共性。

5.2 实习生的学习内容

1．就职前的培训

（1）致新员工欢迎信。

（2）让本部门其他员工知道实习生的到来。

（3）准备好办公场所。

（4）准备好本部门的内训资料。

（5）指定一位资深员工作为实习生的导师。

（6）为实习生布置好第一项工作任务。

2．部门岗位的培训

（1）入职后第一天

实习生到人力资源部报到后，需要参加实习生入职须知培训（由人力资源部负责），然后再到部门报到。部门负责人代表本部门全体员工欢迎实习生的到来，带领实习生参观部门及企业，并向其介绍本部门的其他员工及工作职责要求等。

（2）入职后一周内

一周内，部门负责人须与实习生进行非正式的谈话，主要是重申其工作职责，谈论工作中出现的问题及回答实习生的提问。同时，部门负责人还要对实习生的工作表现做出评判，并为其制定一些短期的绩效目标及下次绩效考核的时间。

（3）入职后第十天后

人事专员与部门负责人共同讨论实习生的工作表现，并与实习生就考核表现进行谈话，同时告知实习生企业绩效考核的要求与标准。

3．企业的整体培训

（1）企业的历史与愿景、组织架构、主要业务。

（2）企业的政策与福利、相关工作程序、绩效考核标准与要求。

（3）企业内各部门职能介绍、员工培训计划与程序。

（4）企业整体培训资料的发放，回答实习生提出的问题。

4．实习生培训目标

实习生培训目标如图14-10所示。

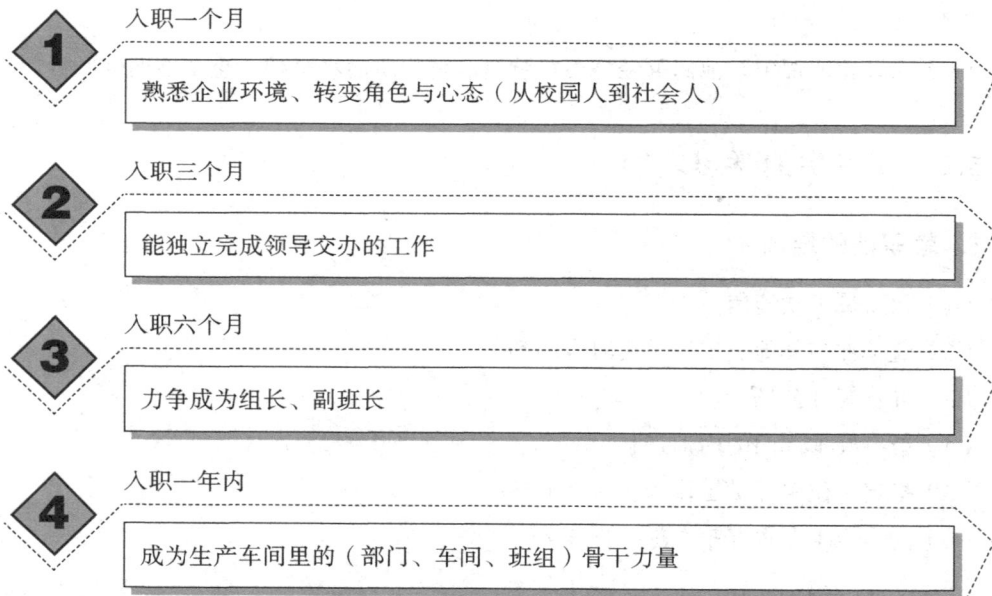

1 入职一个月

熟悉企业环境、转变角色与心态（从校园人到社会人）

2 入职三个月

能独立完成领导交办的工作

3 入职六个月

力争成为组长、副班长

4 入职一年内

成为生产车间里的（部门、车间、班组）骨干力量

图14-10　实习生培训目标

5.3　实习生管理的注意事项

（1）企业要为实习生制定培养方案并贯彻落实。在初步实习计划的基础上，结合生产

流程和生产进度细化实习计划。

（2）企业要对实习生的实习过程和效果进行考核，跟进实习生提交的实习心得，了解实习生在实习过程中的表现，并做好汇总记录。

（3）企业要对实习生的工作表现进行评估，以作为未来对实习生分配工作的依据。

学 习 笔 记

通过学习本章内容，相信您已经有了不少学习心得，请仔细记录下来，以便巩固学习成果。如果您在学习中遇到了一些难点，也请如实写下来，方便今后重复学习，彻底解决这些学习难点。

同时，本章列举了大量实用范本，与具体的理论内容互为参照和补充，方便您边学边用。请如实填写您的运用计划，以使工作与学习能够更好地结合。

我的学习心得：

1. ＿＿＿＿＿＿＿＿＿＿＿＿＿＿＿＿＿＿＿
2. ＿＿＿＿＿＿＿＿＿＿＿＿＿＿＿＿＿＿＿
3. ＿＿＿＿＿＿＿＿＿＿＿＿＿＿＿＿＿＿＿

我的学习难点：

1. ＿＿＿＿＿＿＿＿＿＿＿＿＿＿＿＿＿＿＿
2. ＿＿＿＿＿＿＿＿＿＿＿＿＿＿＿＿＿＿＿
3. ＿＿＿＿＿＿＿＿＿＿＿＿＿＿＿＿＿＿＿

我的运用计划：

1. ＿＿＿＿＿＿＿＿＿＿＿＿＿＿＿＿＿＿＿
2. ＿＿＿＿＿＿＿＿＿＿＿＿＿＿＿＿＿＿＿
3. ＿＿＿＿＿＿＿＿＿＿＿＿＿＿＿＿＿＿＿

第 **15** 章

人力资源信息化管理

········· **关键指引** ·······

员工信息管理对企业来说很重要。员工信息管理是指利用软件或是企业自有的表格，把员工的个人信息全部记录下来，以备急用。企业一般使用ERP管理员工信息。ERP是英文Enterprise Resource Planning的缩写，意思是企业资源规划。ERP把企业的物流、人流、资金流、信息流统一起来进行管理，以求最大限度地利用企业现有资源，实现企业经济效益的最大化。

第1节 人力资源信息化管理系统的特点

人力资源信息化管理主要包括三个方面：一是数据电子化；二是流程电子化；三是管理电子化。人力资源信息化管理即运用数学模型、信息管理模型和计算机仿真模型，对企业的人力资源管理进行优化控制和战略分析，从而为企业管理和决策提供支持。

1.1 人力资源信息化管理系统的作用

通过建立人力资源信息化管理系统，能够在企业的整体战略、员工关系管理等方面起到重要的作用。

1. 有助于提高人力资源管理部门的工作效率

影响人力资源管理部门工作效率的因素主要包括以下三个。

（1）员工每月的工资计算与处理。

（2）员工的考勤休假处理。

（3）员工信息管理等业务内容。

处理上述事务往往要花费人力资源管理人员的大量时间，而信息技术在人力资源管理中的应用，将极大地降低例行性工作所占用的时间比例。人力资源管理信息化强调员工的自助服务，如果员工的个人信息发生了变化，那么ERP就可以及时更新信息，再经过一定的批准，程序即可生效。

2．有利于人力资源管理业务流程优化

（1）信息系统的投入，避免了手工作业分散、隔离、盲目等现象的出现，实现了各管理功能的关联，充分保证了信息共享，促使人力资源业务流程规范化，从而使各项人力资源管理职能在实际运用中得到很好的衔接。

（2）人力资源管理系统能够快捷、方便获得各种统计分析报告，同时可以为企业的管理与决策提供准确、全面、及时的人力资源信息支持。

3．避免企业人事决策的盲目化，规避运作风险

在企业进行重要的人事决策和经营决策前，需要收集大量的相关信息，并进行有效信息的筛选。人力资源信息化管理系统在企业中的运用，能够为企业经营管理中的人事决策和经营决策提供更加翔实和丰富的信息。从而避免了决策的盲目性，使每一项决策都有据可循。

同时，人力资源信息系统运行的程序化和层级及功能授权，也避免了擅自行事或权责不明。工作流程和权力分配的设定，明确了工作中的各级关系，每项工作都有明确的责任人。另外，人力资源信息系统对不同权限的负责人提供不同的功能，从而避免越权带来的潜在风险，减少不必要的损失。

1.2　人力资源信息化管理系统的功能模块

人力资源信息化管理系统是企业全面实现人力资源管理的支撑平台，其系统主要包括以下10个方面的功能模块。

1．人事管理

实现员工的基本信息管理，档案、合同、奖惩等信息的录入、统计，人员流动管理。

2．员工招聘与配置

（1）通过应用互联网，能够在供给方和需求方两个层面分别创建员工自助服务系统，使求职者能与空缺岗位匹配，并处理其他环节。

（2）进行员工招聘过程的管理，优化员工招聘过程，减少业务工作量。

（3）对招聘员工的成本进行科学管理，从而减少员工招聘成本。

（4）为选择聘用人员的岗位提供辅助信息，并有效帮助企业进行人才资源的挖掘。

3．员工薪酬管理

（1）随着安全性电子邮件的处理和电子签名的诞生，员工薪酬的调整实现了各层级之间无障碍的审批程序。

（2）能够根据企业跨地区、跨部门、跨工种的不同薪资结构及处理流程，制定与之相适应的薪资核算方法。

（3）与时间管理直接集成，能够及时更新员工的工资信息，对员工的薪资核算实现动态化管理。

（4）通过和其他模块的集成，自动根据要求调整员工的薪资结构及相关数据。

4．员工福利管理

运用互联网和其他先进技术，将员工福利管理推进到了一个新的高度。企业可以根据自身需求制定员工福利整体解决方案，实现多层次、全方位的员工福利体系。

5．企业绩效管理

通过互联网和相关软件，企业可以掌握组织核心竞争力的状况，并合理利用员工已有的知识、技能配置岗位。同时，平衡计分卡、绩效考核等现代管理理念的引入，为企业绩效管理工作的有效开展提供了管理技术和信息技术的双重保障。

6．员工培训管理

通过互联网，企业可以进行培训课程的安排和公告、演示。

7．企业组织架构

实现了企业组织架构的建立与重组，以及职务和职称体系的建立和调整。

8．人力资源规划和分析

实现了对企业的人事、薪资、考勤、培训、机构等基础数据的分析，能够快捷、方便地获得各种统计分析结果报表或统计图，为企业实现战略目标提供了人力资源要素的决策支持。

9．绩效考核反馈评价

提供了一个科学、系统的绩效考核评价反馈系统，使企业获得对所有员工综合素质、工作能力的评价，并为企业评价员工工作效果、规划员工职业发展方向和员工自我管理职业发展道路提供了理论依据。

10．员工满意度调查和分析

提供了员工在线满意度调查，并对调查结果进行分析，为企业了解员工，改善管理提供了科学的依据。

第2节　人力资源信息化管理系统的建设

2.1　人力资源信息化建设的模式

企业的规模不同，人力资源信息化管理系统的建设模式也不同，企业不同的发展阶段，其人力资源信息化系统的建设模式也可能不同。常见的人力资源信息化管理系统的建设模式主要有以下四种。

1．自主开发模式

这种模式主要依靠企业自身的力量从事企业信息化建设，能够充分、真实地反映企业的实际业务要求，系统实施比较容易且风险较小。但对于企业自身员工的素质要求较高，因此该模式不适合中小企业使用。

2．合作开发模式

这种模式是企业与系统集成商、软件公司联合进行企业信息化建设，它可以有效规避企业自主开发模式中开发经验少、技术力量薄弱的问题。企业人员参与开发与建设全过程可以使系统的实用性得到保证，且系统的使用与维护也比较方便。该模式比较适合中小企业使用。

3．整体引进模式

该模式实际上是通过购置商品化软件实现企业信息化，一般商品化软件功能完善、使用方便、价格昂贵。对于中小企业来说，成本过高可能造成软件包中的很多功能模块根本无法使用。

据统计，购置成套商品化管理软件的用户模块使用率不足40%，浪费十分严重。由于商品化软件不是根据中小企业的实际需要量身定制的，因此容易脱离企业实际，且它的适用性较差，项目实施风险也较大，因此该模式不适合中小企业使用。

4．系统托管模式

这是一种适合经济实力和技术实力都比较差的中小企业的信息化的最佳模式。系统托管模式是指中小企业租用专业的软件托管服务商的融合商务平台提供的企业信息化系统，在该平台上实施企业信息化应用，系统建设与维护及升级的工作由托管商完成。

对于中小企业来说，企业信息化价格昂贵是最主要的问题，在线托管企业信息化系统可以很好地解决这一问题，从一次性大的建设投入到租用企业信息化系统的模式减少了企业的费用支出。该模式适用于所有企业的信息化建设工作，尤其适合中小企业使用。

2.2 人力资源信息化管理系统的建设流程

企业可以从以下三方面建设企业信息化。

1．充分利用资源，完善网络基础设施建设

随着网络技术的迅速发展，企业也会不可避免的进入网络信息时代，计算机网络基础设施是加速信息化建设的前提条件，企业必须建设充分体现本企业特色的、生产过程自动化和管理现代化的计算机信息网络，充分利用现有资源建设高速、大容量、高水平的信息网络，从而实现资源共享。

2．分步实施，层层开展

分步实施又称渐进式实施，主要是指企业为了避免项目实施风险，使信息化能够在平稳的状态下顺利执行，在具体实施步骤上遵循"分步实施，层层开展"的基本原则，这是中小企业实施信息化的最佳途径。

（1）中小企业信息化的建设目的是增进信息交流，包括企业内的信息交流，这是通过企业内部网络联通实现的。企业可以利用企业局域网实现办公自动化，以达到信息的快捷传递和共享的目的。

（2）从最基本的管理系统开始，各种管理软件在企业的应用比较早，且大多数已成型，因此选用成型的管理软件对于中小企业实施企业信息化没有任何风险。

（3）建立企业网站，逐步探索电子商务。由于互联网在全球迅速普及，建立企业门户网站不仅可以展示企业形象，提高企业知名度，而且有助于加强企业与社会之间的联系、沟通及信息互动交流。

（4）在企业管理等诸多方面条件具备的情况下，建立完善的企业信息化系统，包括生产过程控制的自动化、管理决策的信息化等。企业信息化建设是一个庞大的系统工程，从"分步实施，层层开展"的具体过程来说，每一步的目标应该是"一步到位"的，而对于建设长远目标来说，应该是"循序渐进"的。

3．建立一支高素质的信息技术队伍

企业要加速信息化建设进程，必须制定有效措施加强综合人才的培训，通过各种方式将现代信息技术与先进管理理念和管理模式进行融合，发挥信息技术与经济管理工作在企业员工管理中的重要作用。

第3节　人力资源信息化管理软件的选择

一款好的人力资源信息化管理软件能够帮助企业在正确的时间里选择到正确的人，再将其安排到正确的岗位上，发挥其正确的作用，从而实现企业员工关系管理的精益化目标。

3.1　选择软件供应商的要点

企业面对众多的人力资源信息化管理软件，要怎样才能选择出适合本企业实际情况的软件呢？其实，选择的过程并不仅仅是选择软件的过程，更重要的是检查软件供应商及其系统综合能力的过程。一般来说，企业可以从以下三个方面进行考虑，具体如图15-1所示。

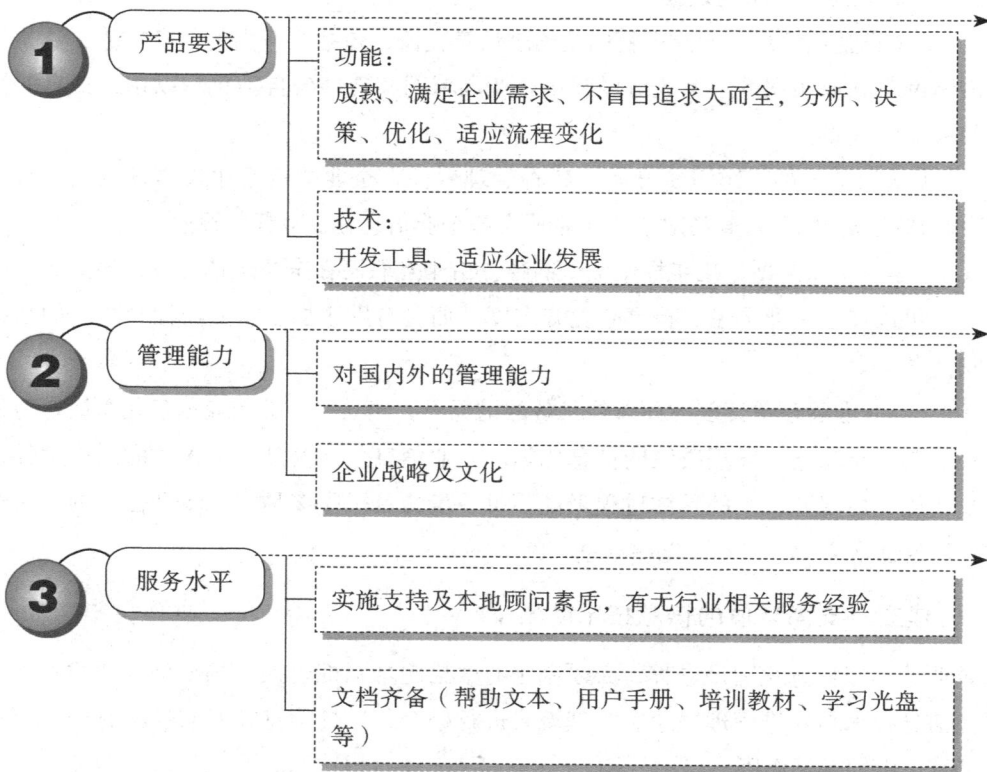

1　产品要求

> 功能：
> 成熟、满足企业需求、不盲目追求大而全，分析、决策、优化、适应流程变化

> 技术：
> 开发工具、适应企业发展

2　管理能力

> 对国内外的管理能力

> 企业战略及文化

3　服务水平

> 实施支持及本地顾问素质，有无行业相关服务经验

> 文档齐备（帮助文本、用户手册、培训教材、学习光盘等）

图15-1　选择软件供应商的要点

3.2　人力资源信息化管理软件的选择步骤

选择的过程并不仅仅是选择软件的过程，更重要的是检查软件供应商及其系统综合能力的过程。以下是企业选择软件供应商的九个步骤。

1．寻找供应商，发出邀请通知

企业应参考各种媒体信息，然后选择出10家左右的软件供应商，并向他们发出邀请通知。

2．第一轮演示

第一轮演示开始后，软件供应商会派软件顾问到企业进行实地调研。在这里，建议给每家软件供应商一天的准备时间。

3．第一轮评选，选出前五家软件供应商

所有软件供应商在第一轮演示结束后，企业应该立即组织相关人员进行评分，并根据软件供应商提供的报价方案及评分结果，选出排名在前五名的软件供应商进入下一轮角逐。

4．第二轮演示

这一轮由于软件供应商相对较少，因此企业接待的时间较充裕，可以为每个顾问安排一周的调研时间。

5．参观案例

企业在第二轮评选中，需要参观各软件供应商的实施案例。企业应对将要参观的案例有所限定，一般包括地域上的要求、规模上的要求、行业上的要求。

6．第二轮评分，两家进入最后一轮角逐

第二轮评分时，企业的相关人员应在原来的评分表上增加一些内容，如对所参观的实施案例的评价、对本企业某些特殊要求的解决方案、对软件顾问的评价及对本企业需求的满足等。最后，企业应选出两家软件供应商进入下一轮角逐。

7．软件供应商顾问自由发挥

企业应安排一两次辩论会，让两家软件供应商的顾问就各自软件系统的优缺点进行辩论。企业这样做可以更清楚地了解这两家软件供应商的优缺点。

8．商务谈判

企业在最终确定软件供应商之前进行商务谈判，可以获得商务谈判的主动权。商务谈判需要考虑诸多方面的内容，如购买的模块、用户数、增加用户的费用、各模块的报价、实施费用、每年的维护费用、硬件要求及实施计划等。

9. 抉择

企业应指派相关人员撰写分析报告，从两家软件供应商的优点、缺点和风险点三个方面展开论述。另外，企业应选择负责人或企业主要领导根据分析报告及商务谈判的结果进行抉择。

下面是某企业的软件供应商选择评分表，供读者参考。

【范本】软件供应商选择评分表

··

软件供应商选择评分表

评选项目（每项满分10分）	权数	公司1	公司2	公司3	……	公司10
软件公司						
公司软件开发实力						
软件公司的发展前景						
软件公司的声誉						
软件公司实施软件开发的实力						
软件公司的行业背景						
曾涉足过的行业						
对本企业未来发展的适应性						
软件系统						
系统的稳定性						
二次开发功能						
二次开发后的升级兼容						
数据安全						
实体可扩展性						
适应本企业未来规模的发展						
适应本企业信息化的持续发展						
信息化平台的建立						
本企业ERP实施成功对该软件公司的意义						
软件公司制定的解决方案的可行性						
演示效果						
售后服务承诺						

（续表）

评选项目（每项满分10分）	权数	公司1	公司2	公司3	……	公司10
实施顾问的资历						
软件功能						
采购						
仓储						
销售						
生产计划						
车间管理						
成本核算						
质量控制						
设备管理						
财务管理						
与已存系统的兼容性						
CAD接口						
机器WEB接口						
合　计						

3.3　常用ERP软件的特点

1. SAP

SAP创立于1972年，是全球商业软件市场的领导厂商，也是ERP产品的第一大厂商。SAP R/3的人力资源系统是一个功能完善、适用于全企业范围的系统。它可以为企业的人力资源管理提供各个方面的支持。另外，作为企业集成管理信息系统中的主要部分，SAP的人力资源系统可以和企业的其他业务应用系统（如财务系统、生产计划系统、设备维护系统、销售系统、项目管理系统和后勤系统）完全集成在一起。

适用特点：R/3适用于那些管理基础较好且经营规模较大的企业，普通企业在选择R/3时，要充分考虑软件的适用性和价格。

2. Oracle

Oracle公司是国际著名的软件公司，Oracle关系数据库是其主要软件产品。Oracle Manufacturing又称Oracle企业管理系统，它和Oracle Financials称为Oracle财务信息系统，组成了一套完整的集生产、人力资源、工程、财务、分销为一体的应用产品。

适用特点：Oracler的核心优势就在于它的集成性和完整性。这些功能集成在一个技术体系中，对于集成性要求较高的企业，Oracle是十分理想的选择。但企业如果对开放性要求较高，那么Oracle显然无法胜任。

3．用友

用友软件股份有限公司是亚太本土最大的管理软件、ERP软件、集团管理软件、人力资源管理软件、客户关系管理软件和小型企业管理软件公司，它已形成了三条产品业务线，分别面向大、中、小型企业提供软件和服务。

适用特点：用友主要面向大中型制造业集团企业的高端企业管理软件。用友完全基于SOA架构，在性能优化及伸缩性方面，用友通过纵向伸缩策略和多线程架构来体现。

4．金蝶

金蝶国际软件集团有限公司是我国第一个Windows版财务软件及小企业管理软件——金蝶KIS、第一个纯JAVA中间件软件——金蝶Apusic和金蝶BOS、第一个基于互联网平台的三层结构的ERP系统——金蝶K/3的缔造者，其中金蝶K/3和KIS是我国中小型企业市场中占有率最高的企业管理软件。

适用特点：金蝶K/3人力资源管理系统是基于企业人力资源管理进行设计和开发，适用于国内大中型集团企业，同时兼容中小型企业的应用需求，它可以帮助企业实现基础人事管理、专业人力资源管理和员工自助服务等三个层面的应用。金蝶采用的是Web应用技术，既可以独立运行，又可以与金蝶K/3其他系统无缝集成，从而为企业提供更完整、全面的企业应用解决方案。

5．易助

神州数码控股有限公司是我国最大的IT分销服务及系统集成商，这几年逐步在国内开拓市场，在电力、金融等领域具有不俗的表现，尤其是其制造部分，具有一定的优势。

适用特点：神州数码的易助软件适用于中小型企业，它针对中小企业业务模式简单、需求单一的特点，重点增强了财务模块和进销存模块。

6．浪潮

浪潮集团有限公司是我国著名的企业管理软件、分行业ERP及服务供应商。它在咨询服务、IT规划、软件及解决方案等方面具有较强的优势，并形成了PS、GS、GSP三大主要产品。

适用特点：浪潮GS企业管理软件是浪潮基于多年服务于大型集团企业信息化建设的经验，并充分汲取国内外著名管理软件的设计思想，转为集团型企业制定的一套数据集中、管理集中、决策集中的全面解决方案。

3.4 开源ERP系统比较

要将ERP软件真正与企业融为一体，企业首先要考虑自身情况，再去选择适合的ERP软件。开源ERP软件系统比较如表15-1所示。

表15-1 开源ERP系统比较

系统名称	ADempiere (Compiere)	Openbravo ERP	恩信	Open ERP	Web ERP	Sequoia ERP	Opentaps
授权协议	BSD协议	PL1.1协议	GPL协议	GPL协议	GPL协议	GPL协议	GPL协议
支持中文	支持（中文繁体）	支持（中文简体）	支持（中文简体）	支持（中文简体）	支持（中文繁体）	支持（中文简体）	支持（中文简体）
编程语言	Java、JavaScript、PL/SQL	Java、JavaScript、PL/SQL	Java	python	PHP	Java	Java
数据库环境	JDBC、（API）Oracle	Oracle、PostgreSQL（pgsql）	HSQL、IBMDB2、Microsoft SQLServer、MySQL	Postgre SQL	MySQL	Oracle、Microsoft SQLServer、IBMDB2、MySQL、PostgreSQL	（API）、BMDB2、Microsoft SQLMySQL
部署环境	B/S，C/S	B/S	B/S	B/S，C/S	B/S	B/S	B/S
适用企业：规模行业	分销行业、制造业等	分销行业	制造业、分销行业等	分销行业	分销行业	分销行业、制造业等	分销行业（支持电子商务）、制造业等
用户数量	国外最多，国内中等	国外最多，国内较少	国外最多，国内较少	国外最多，国内较少	国外最多，国内最少	国外偏中等，国内较少	国外最多，国内较少
互联网下载数量	1 406 464次	750 354次	0次	7 895次	197 178次	980次	390 882次

学 习 笔 记

　　通过学习本章内容，相信您已经有了不少学习心得，请仔细记录下来，以便巩固学习成果。如果您在学习中遇到了一些难点，也请如实写下来，方便今后重复学习，彻底解决这些学习难点。

　　同时，本章列举了大量实用范本，与具体的理论内容互为参照和补充，方便您边学边用。请如实填写您的运用计划，以使工作与学习能够更好地结合。

我的学习心得：

1. _____
2. _____
3. _____

我的学习难点：

1. _____
2. _____
3. _____

我的运用计划：

1. _____
2. _____
3. _____

参考文献

1. 滕宝红，刘珍. 新活力·新s进员工内训手册. 广州：广东经济出版社，2004

2. 徐恒熹. 员工关系管理. 北京：中国劳动社会保障出版社，2008

3. 甘斌. 员工培训与塑造. 北京：电子工业出版社，2008

4. 朱少军. 现场管理简单讲. 广州：广东经济出版社，2005

5. 郑时勇. 优良生产管理技术. 广州：广东经济出版社，2006

6. 曾伟. 品质技术控制. 北京：中国经济出版社，2007

7. 塞艾诺. 班组长如何保安全. 深圳：海天出版社，2007

8. 程延园. 员工关系管理. 上海：复旦大学出版社，2008

9. 哈佛商学院出版公司. 时间管理——高效率人士的成功利器. 朱信凯，李艾明译. 北京：商务印书馆. 2007

10. 李旭穗，倪春丽. 员工关系管理. 广州：华南理工大学出版. 2011

11. 李慧波. 团队精神. 北京：新华出版社，2004

12. 滕红琴. 完美沟通的艺术：你是最受欢迎的人. 北京：中国发展出版社，2009

13. 李景元. 现代企业车间主任现场管理运作实务. 北京：中国经济出版社，2004

14. 詹婧，孟续铎. 员工关系管理精选案例分析（普通高等教育规划教材）. 北京：机械工业出版社，2014

15. 刘磊，韩佳. 员工关系管理实务. 北京：中国财富出版社，2010

16. 史江涛. 员工关系，沟通对知识管理的作用机制研究. 北京：经济科学出版社，2012

17. 伍利民. 员工精神激励感知与组织公民行为关系研究. 北京：中国社会科学出版社，2012

18. 刘平青. 员工关系管理——中国职场的人际技能与自我成长. 北京：机械工业出版社，2012

《丰田精益管理：员工关系（图解版）》
编读互动信息卡

亲爱的读者：

感谢您购买本书。只要您通过以下三种方式之一成为普华公司的**会员**，即可免费获得普华每月新书信息快递，在线订购图书或向我们邮购图书时可获得免付图书邮寄费的优惠：①详细填写本卡并以**传真（复印有效）或邮寄**返回我们；②**登录普华公司官网注册成普华会员**；③**关注微博：@普华文化（新浪微博）**。会员单笔订购金额满300元，可免费获赠普华当月新书一本。

哪些因素促使您购买本书（可多选）

○本书摆放在书店显著位置　　　　　○封面推荐　　　　　○书名

○作者及出版社　　　　　　　　　　○封面设计及版式　　○媒体书评

○前言　　　　　　　　　　　　　　○内容　　　　　　　○价格

○其他（　　　　　　　　　　　　　　　　　　　　　　　　　　　　　）

您最近三个月购买的其他经济管理类图书有

1.《　　　　　　　　　　　》　　　　2.《　　　　　　　　　　　》

3.《　　　　　　　　　　　》　　　　4.《　　　　　　　　　　　》

您还希望我们提供的服务有

1. 作者讲座或培训　　　　　　　　　2. 附赠光盘

3. 新书信息　　　　　　　　　　　　4. 其他（　　　　　　　　　　）

请附阁下资料，便于我们向您提供图书信息

姓　　名　　　　　　　　联系电话　　　　　　职　　务

电子邮箱　　　　　　　　工作单位

地　　址

地　　址：北京市丰台区成寿寺路11号邮电出版大厦1108室　北京普华文化发展有限公司（100164）

传　　真：010-81055644

读者热线：010-81055656

编辑邮箱：jialufan@puhuabook.cn

投稿邮箱：puhua111@126.com，或请登录普华官网"作者投稿专区"。

投稿热线：010-81055633

购书电话：010-81055656

媒体及活动联系电话：010-81055656　　　　　邮件地址：hanjuan@puhuabook.cn

普华官网：http://www.puhuabook.cn

博　　客：http://blog.sina.com.cn/u/1812635437

新浪微博：@普华文化（关注微博，免费订阅普华每月新书信息速递）